中国财政科学研究院年度智库报告

中国绿色财政报告 2022

聚焦 碳达峰碳中和

主　　编 ◎ 邢　丽　傅志华
执行主编 ◎ 陈少强　樊轶侠

中国财经出版传媒集团
中国财政经济出版社

序 言

党的十八大以来，以习近平同志为核心的党中央提出了全面深化改革的一系列新思想、新战略、新目标。党的十八届三中全会提出"全面深化改革的总体目标是完善和发展中国特色社会主义制度，推进国家治理体系和治理能力现代化"。2017年，习近平总书记在党的十九大报告中指出，推进绿色发展，加快建立绿色生产和消费的法律制度和政策导向，建立健全绿色低碳循环发展的经济体系。构建市场导向的绿色技术创新体系，发展绿色金融，壮大节能环保产业、清洁生产产业、清洁能源产业。党的十九大报告全面阐述了绿色发展的时代背景、现状、理念、建设重点和目标等，成为我国之后一段时期绿色发展的行动指南，也意味着推动我国经济绿色转型已成为时代的选择。党的十九届四中全会进一步提出"坚持和完善生态文明制度体系，促进人与自然和谐共生"。生态文明建设是推进国家治理体系和治理能力现代化的重要内容。

构建与绿色发展和生态文明建设相适应的国家治理体系，对财政提出了新的、更高的要求。从本质上来讲，绿色发展涉及经济增长、环境保护乃至共同促进社会和谐的问题，其中关键问题在于协调既有利益冲突及应对不确定性风险。一方面，财政政策在环境保护、污染防治、自然生态保护等方面履行必要的职能；另一方面，财政政策在促进产业结构绿色转型、产业绿色竞争力提升与经济绿色发展方面扮演着重要角色。在绿色发展背景下，以往以经济增长为核心的政策措施显然已经不能满足社会发展要求。近年来，在实现经济复苏和应对气候变化的双重压力下，美国、欧盟、日本、韩国等也纷纷提出了绿色发展战略，实施"绿色新政"，绿色经济成为国际经济发展的新动能，绿色财政成为主要国家财政政策转型的重要意蕴。那么，绿色财政的理论依据是什么？绿色财政的理念演变、逻辑起点、作用机制是什么？如何对现有的财政政策体系进行调整，才能解决中国所面临的绿色发展问题呢？理解这些问题，对于更好地发挥财政在国家治理体系和治理能力现代化建设中的作用至关重要。

相较于绿色金融在理论和实践层面受到的高度关注，绿色财政领域的理论研究、实践探索尚待加强。近年来，环保财政支出、生态补偿、绿色税收等支出快速增长、政策出台较多，但基础理论研究和政策探索性研究偏少，理论一定程度上滞后于实践。众所周知，在绿色发展议题中，外部性和公共品理论为公共部门介入环境保护、环境规制、排放权交易等活动提供了理论支撑并引导实践发展。相比之下，学术界仍较少从财政理论的层面阐述绿色财政的功能和特质，甚至很难科学、严谨地回答"为什么需要绿色财政"的问题。本书的上篇将研究聚焦于阐释绿色财政的理论和政策框架，总结绿色财政的政策体系和近年实践做法，从理论和实践两方面阐明绿色财政在绿色发展和生态文明建设中的功能作用。

随着中国"碳达峰碳中和"目标的提出，财政如何更好地服务绿色低碳发展，也是当前中国财政理论和实践需面对的重要问题。深入贯彻习近平生态文明思想，立足新发展阶段，贯彻新发展理念，构建新发展格局，坚持系统观念，处理好发展和减排、整体和局部、短期和中长期的关系，把碳达峰碳中和纳入经济社会发展全局，以经济社会发展全面绿色转型为引领，以能源绿色低碳发展为关键，推动实施包含财政政策在内的"1+N"政策体系，是当前和未来一段时期需要进行整体性、系统性推进的重要改革内容。本书的下篇将研究聚焦于"碳达峰碳中和"，在阐述碳达峰碳中和概述基础上，从高碳产业转型、能源低碳转型、资源型城市低碳转型、政府投融资创新等角度，分析"双碳"目标实现过程中的技术创新、制度创新及其互动关系，在此基础上提出实现"双碳"目标的财政政策创新路径与体制保障。

总体来看，绿色财政建设是一项系统性工程，绝不局限于促进生态文明建设的直接财政收支，而是把绿色发展理念融入财政制度建设的方方面面。基于国家治理现代化理念下的绿色财政发展必须坚持系统性思维，处理好政府与市场、政府与社会、中央与地方的关系，通过绿色财政活动、绿色财政体制改革、绿色财政法治建设等，推动生态文明建设和绿色发展不断迈上新台阶。

目 录

上篇 绿色财政的理论和政策

绿色财政的基础理论 ……………………………………… 傅志华 樊轶侠 3
 一、引言 …………………………………………………………………… 5
 二、文献述评 ……………………………………………………………… 6
 三、绿色财政的逻辑起点与目标拓展 …………………………………… 9
 四、绿色财政政策基本框架及其特点 ………………………………… 13
 五、绿色财政的价值整合与制度协调 ………………………………… 16

中国绿色财政支出 ……………………………………………… 覃凤琴 18
 一、绿色财政支出政策回顾 …………………………………………… 20
 二、绿色财政支出政策评述 …………………………………………… 35

中国绿色税收实践 ……………………………………………… 邢丽 刘昶 42
 一、中国逐渐形成多环节覆盖、多税种共治、
   多政策组合的绿色税收体系 ……………………………………… 44
 二、中国绿色税收政策改革成效显著 ………………………………… 59
 三、中国现行绿色税收政策体系尚存完善空间 ……………………… 63
 四、中国绿色税收政策改革建议 ……………………………………… 64

绿色财政政策未来走向 ……………………………………… 陈少强 覃凤琴 69
 一、提高"双碳"战略目标的适配性 ………………………………… 71
 二、提升绿色财政的统筹性 …………………………………………… 73
 三、提升绿色财政的治理能力 ………………………………………… 81

下篇　聚焦碳达峰碳中和的财政政策

碳达峰碳中和财政政策概述 ……………………………… 陈少强　何妮 89
　一、碳达峰碳中和财政政策的逻辑 ……………………………………… 91
　二、碳达峰碳中和财政政策面临的挑战 ………………………………… 98
　三、碳达峰碳中和财政政策展望 ………………………………………… 103

碳排放密集型行业低碳转型的财政政策 …………………………… 金殿臣 110
　一、高碳行业绿色低碳发展财政政策的必要性 ………………………… 112
　二、高碳行业绿色低碳转型财政政策基本情况 ………………………… 119
　三、高碳行业绿色低碳转型财政政策存在的问题 ……………………… 126
　四、高碳行业绿色低碳转型财政政策改善的建议 ……………………… 129

能源绿色低碳转型的财政政策 ……………………………… 陈少强　李默洁 133
　一、能源绿色低碳转型财政政策的实践 ………………………………… 135
　二、能源绿色低碳转型财政政策面临的问题与挑战 …………………… 146
　三、完善能源绿色低碳转型财政政策的建议 …………………………… 149

资源型城市低碳转型的财政政策 ……………………………… 陈少强　刘婉莹 152
　一、实施资源型城市低碳转型财政政策意义重大 ……………………… 154
　二、资源型城市低碳转型财政政策探索 ………………………………… 156
　三、资源型城市低碳转型财政政策的成效与问题 ……………………… 160
　四、完善资源型城市低碳转型财政政策的相关建议 …………………… 171

碳边境调节机制国际进展及应对之策 ……………………… 邢丽　高小萍　王帆 175
　一、碳边境调节机制的形成 ……………………………………………… 178
　二、碳边境调节机制的发展趋向 ………………………………………… 183
　三、碳边境调节机制的影响 ……………………………………………… 189
　四、中国碳减排实践与碳边境调节机制应对 …………………………… 192

财政支持碳减排投融资的路径与政策创新研究 …………………… 樊轶侠 204
　一、我国财政支持碳减排投融资的必要性 ……………………………… 206
　二、我国财政支持碳减排投融资的可行性 ……………………………… 210
　三、国际上财政支持碳减排投融资机制创新的主要经验做法 ………… 211
　四、财政支持碳减排投融资机制创新的基本原则 ……………………… 216
　五、我国财政支持碳减排投融资政策创新的具体思路和建议 ………… 218

上篇

绿色财政的理论和政策

绿色财政的基础理论

傅志华　樊轶侠

摘　要：绿色财政是现代财政制度的重要组成部分。绿色财政建设是一项系统性工程，其并不局限于直接促进生态文明建设的财政收支，而是致力于将绿色发展理念融入财政制度建设的方方面面。绿色财政的目标不断拓展，反映了国家对绿色发展理念认识不断深化，体现了经济、社会、环境的统一。基于国家治理现代化理念下的绿色财政发展必须坚持系统性思维，处理好政府与市场、政府与社会、中央与地方的关系，通过绿色财政活动、绿色财政体制改革、绿色财政法治建设等，推动生态文明建设和现代化经济体系建设不断迈上新台阶。

关键词：绿色发展；绿色财政；生态文明；财政体制改革

[作者简介]

傅志华，经济学博士，中国财政科学研究院副院长、研究员、博士生导师。中国财政学会常务理事兼副秘书长，中国财政学会区域财政研究专业委员会主任委员等社会职务。

樊轶侠，经济学博士，中国财政科学研究院资源环境和生态文明研究中心副主任、研究员、博士生导师。中国财政学会区域财政研究专业委员会副秘书长。研究方向为绿色财政政策、税收理论与政策、数字经济等。

The Fundamental Theory of Green Finance

Fu Zhihua   Fan Yixia

Abstract: Green finance is an important part of the modern fiscal system. Green fiscal construction is a systematic project, which is not limited to the fiscal revenue and expenditure that directly promotes the construction of ecological civilization, but is committed to integrating the concept of green development into all aspects of the construction of the fiscal system. The expanding target of green finance reflects the deepening understanding of the national concept of green development, and reflects the unity of economy, society and environment. Based on the concept of national governance modernization, green fiscal development must adhere to systematic thinking, properly handle the relationship between the government and the market, the government and society, the central and local governments, and promote the construction of ecological civilization and the construction of a modern economic system to a new level through green fiscal activities, green fiscal system reform, and green fiscal rule of law construction.

Keywords: green development; green finance; ecological civilization; fiscal system reform

一、引言

中国2015年召开的中共十八届五中全会将绿色发展与创新、协调、开放、共享发展理念共同构成五大发展理念。党的十九大进一步将建设生态文明提升为"中华民族永续发展的千年大计"。"努力走向生态文明新时代",这是时代的要求,是气候变化、资源约束趋紧、环境污染严重、生态系统退化问题日益突出等多重全球性危机不断深化的必然结果,也意味着人类文明形态出现了划时代的变化。这些危机对中国的发展同样提出了严峻的挑战,"加快发展方式绿色转型,协同推进经济高质量发展和生态环境高水平保护"是应对这些危机、实现可持续发展的必由之路。

文明形态的变化、发展方式革命,也要求作为国家治理基础和重要支柱的财政转型。"绿色财政"与生态文明形态相适应,与促进人与自然和谐共生的现代化建设相适应,既要应对和分担生态环境保护、资源节约利用、应对气候变化等方面的公共风险,又要将财政政策的目标拓展到经济效率和公平之外,注重推动绿色发展,进而推动国家治理体系和治理能力现代化目标的实现。

绿色财政是现代财政制度的重要组成部分。相较于一般公共财政,绿色财政在政府与市场关系、政府治理机制、央地事权与支出责任划分、支出绩效评价等方面呈现一些新特点。绿色财政建设是一项系统性工程,绝不局限于促进生态文明建设的直接财政收支,而是把绿色发展理念融入财政制度建设的方方面面。基于国家治理现代化理念下的绿色财政发展必须坚持系统性思维,处理好政府与市场、政府与社会、中央与地方的关系,通过绿色财政活动、绿色财政体制改革、绿色财政法治建设等,推动生态文明建设和绿色经济体系建设不断迈上新台阶。

然而,绿色财政领域的理论研究、实践总结、时代探索尚待加强。虽然近年来环保财政支出、生态补偿、绿色税收等研究快速增长,但基础性理论研究偏少。众所周知,在绿色发展议题中,外部性和公共品理论为公共部门介入环境保护、环境规制、排放权交易等活动提供了理论支撑并引导实践发展。然而,相比之下,学术界仍较少从财政理论的层面阐述绿色财政的功能和特质,甚至很难科学、严谨地回答"为什么需要绿色财政"的问题。如果市场和规制政策能够有效应对生态环境问题,各国为什么还要绿色财政投入?绿色财政在可持续发展中的作用与绿色金融是否具有明显差异?绿色财政的理念演变、逻辑起点、作用机制是什么?理解这些问题对于构建绿色财政理论体系和制定绿色财政政策都至关重要。随着中国"碳达峰碳中和"目标的提出，财政如何更好地服务绿色低碳发展，也是当前中国财政理论和实践需应对的重要问题。

本文在经验事实的基础上，深入分析绿色财政的内涵外延、逻辑起点和目标拓展，勾勒绿色财政的政策体系，阐明绿色财政在生态文明和现代化经济体系建设中的功能作用。

二、文献述评

现有研究可能并未注意到绿色财政的基础性理论问题，人们似乎很少讨论"为什么需要绿色财政？"换言之，绿色财政的价值何在？市场发挥主导作用的经济体系下，绿色财政与绿色金融政策、环境规制政策有何区别与联系？绿色财政发展演变体现出怎样的逻辑起点和目标拓展？本文将尝试对这些问题给出理论解释，在此之前，有必要回顾与本文直接相关的三类文献。

（一）绿色财政的内涵与外延

1. 内涵

从内涵看，绿色发展是一种模式创新，是建立在生态环境容量和资源承载力的约束条件下，将生态文明作为实现可持续发展根本目的的一种新型发展模式。具体来说包括以下几个要点：一是要将环境资源作为社会经济发展的内在要素；二是要把实现经济、社会和环境的可持续发展作为绿色发展的目标；三是要把经济活动过程和结果的"绿色化""生态化"作为绿色发展的主要内容和途径。

联合国环境规划署（UNEP）2011年提出绿色经济概念，其官方定义是："绿色经济是一种改善人类福祉和社会公平同时显著降低环境风险和生态稀缺性的经济。"还有理解认为，绿色经济就是经济的绿色化、绿色的产业化。OECD的绿色增长报告（2011）确定了四组指数来衡量绿色增长，即环境和资源生产率、经济资产和环境资产、生活环境质量、经济机遇和政策响应。近年来，在实现经济复苏和应对气候变化的双重压力下，美国、欧盟、日本、韩国等纷纷提出了绿色发展战略，实施"绿色新政"，绿色经济发展迅速，成为国际经济发展的新动能。

绿色财政与绿色发展相融相通。一方面，绿色财政从优化资源配置、引导市场行为、促进社会公平等方面，为绿色发展提供制度保障；另一方面，绿色发展为绿色财政提供思想底蕴和物质源泉。绿色财政可分为微观、中观和宏观三个层面。微观层面着眼于直接的绿色预算和财政收支层面，即从财政自身的行为出发，体现绿色发展理念。中观层面着眼于引导市场、社会融入绿色发展理念，如引导绿色消费、推动绿色科技创新等。宏观层面侧重于对一级政府层面，基于区域对生态文明思想的认识，推动经济社会方方面面的绿色转型。绿色财政的关键问题在于协调既有利益冲突及应对不确定性风险。

绿色财政的目的在于支持生态文明建设，推动经济社会不断迈向人与自然和谐共生，是生态文明理念在财政领域的具体实践。国家绿色发展战略落地，离不开地方、企业、个人等行为主体。财政作为经济社会的"血液"，渗透到这些相关主体中，并由相关主体之间相互运行机制所构成。绿色财政运行的主体包括中央以及地方各级财政部门、地方政府，还包括企业、个人。绿色财政的具体表现方式不能仅理解为财政贴息、财政补助、税收优惠等，更应被理解为绿色发展理念在财政运行各环节的深入体现。在财政作为国家治理基础参与经济社会主体运行的过程中，全面绿色转型得以推进、可持续发展战略深入实施，人与自然和谐共生的现代化建设顺利开展，其推进的过程则是绿色财政运行的过程。

2. 外延

政府间财政关系、污染治理的权责划分、环境PPP等是国外绿色财政研究的重要领域。事实上，财政分权理论是公共品理论和外部性理论的延续，即是讨论多级政府架构下生态公共品和环境公共服务究竟由哪一层级的政府承担、如何划分权责的问题。以Oates（Oates，1999；Oates & Portney，2003）为代表的研究者识别了不同类型生态环境质量的政府间角色定位与职责分配。

公共品理论和外部性理论是以往绿色财政研究的两大理论基石。随着科斯关于产权理论问题的形成以及1972年OECD提出"污染者付费"的原则，排污费制度的理论基础进一步得到巩固。当生产或消费环节存在经济行为主体不通过市场供求关系而影响他人经济环境利益的外部性问题时，如环境污染问题，一般有两种解决方法：一是在产权清晰的条件下将外部性内部化，通过设定一定范围内的配额赋予其稀缺性，使其具备商品价值和交易的可能。二是污染者付费，政府根据污染危害程度向排放者征税，用税收来弥补排放者私人成本与社会成本的差距，再通过市场机制分配环境资源。无论是对生态系统服务进行所有者产权界定，使其具有某种稀缺性的商品交易价值，还是对其受益者征收税金或费用，实质上都在一定程度上实现了生态产品的经济价值。产权交易、政府税收、财政补贴等，都是解决生态和环境外部性问题的重要手段。

绿色低碳发展已成为当今世界发展趋势。绿色财政发展起源于公共产品和外部性理论，伴随着环境、气候问题突出和社会矛盾加剧，单纯以解决环境问题为核心的公共政策显然已经不能满足现实需求。环境、资源、气候、生态都是公共产品或准公共产品，若这些产品提供机制缺失，资源配置效率必将与高质量发展相悖。绿色财政政策不仅要通过保护生态环境提升自然资源和环境质量，直接影响物质资本和劳动力；还要实施诸如研发补贴、税收优惠等刺激性政策引导企业进行绿色技术投资，降低能源消耗和绿色生产成本，促进全要素生产率提高。

各国政府对如何处理好经济发展、环境保护及社会和谐三者之间的关系倍加关注。2014年，联合国政府间气候变化专门委员会首次用整整一章论述"社会、经济和伦理概念及方法"（IPCC，2014）。同样，德国全球变化咨询委员会也指出，向低碳、可持续的全球经济体系过渡是一种根本性的转变，这种转变是一个有计划的、由政策引起的过程，其核心涉及经济结构、技术和体制机制的深刻革新。气候风险是人类生存的根本风险，与私人风险或者金融风险顺周期传导转化为经济风险进而演变为社会风险不同，气候风险直接从长期不可持续发展终点逆向转化为经济风险和社会风险，如碳资产定价敞口引发的系统性金融风险、主权绿色债券评级风险，再如财政因大规模发放可再生能源补贴或绿色低碳转型引发的赤字风险。

各国政府纷纷出台了一系列与绿色发展相适应的绿色财政政策，其目的不仅是为了保护环境和提高环境效益，更是为了促进产业结构绿色低碳转型，进而在未来的全球竞争中赢得先机。无论是以应对创新外部性及不确定性为主的绿色财政支出，还是以内化环境外部性成本为主的绿色财政投入，都无法完整涵盖绿色财政的要义，绿色财政内涵与外延的理解不断走向深化。

（二）绿色财政政策及其效应

国内对绿色财政的研究较为零散，多以探索绿色财政政策体系为主。大多数研究聚焦于环境税、资源税等绿色税收政策，强调税收和政府补贴作为环境公共政策工具的积极作用，缺少较为系统的绿色财政政策效应分析。有学者（2016）认为，绿色财政与现代财政制度相统一，应使得财政政策、财政支出等环节的绿色理念得到充分展现，并且强调集约、可持续等理念。魏吉华等（2018）提出，绿色财政是伴随生态文明建设的推进，衍生出的一种更契合人与自然生命共同体利益诉求的新型财政模式。卢洪友（2019）从财政收入、支出、转移支付等方面，系统梳理了中国生态环境财政理论演进和制度变迁，指出中国生态环境财政理论框架有待建立，以更好地将"绿色"因素深度融入财政制度建设。祁毓（2019）

基于环境公共政策框架,从环境税政策的持续性、协调性、公平性等方面梳理了环境税费政策效应,提出税收、支出与转移支付政策的联动研究是建立现代绿色财政体系的重要线索。缪小林、赵一心(2019)对我国国家重点生态功能区转移支付制度的资金补偿效应和制度激励效应进行实证检验。

还有一些学者从资源型城市转型、清洁发展、环境分权、"双碳"目标等角度拓展了绿色财政研究。如陈诗一、祁毓(2022)从"减缓"和"适应"两个关键环节,对我国应对气候变化过程中财政政策的工具、作用、影响和公共政策协同体系进行系统性分析和设计。总的看来,绿色财政及其效应的研究较为滞后,政策路径研究尚缺少系统性、全面性和前瞻性,与财政在生态文明建设和绿色发展战略推进中的重要地位不相匹配。

(三)绿色财政与绿色金融的关系

随着绿色金融理论与实践探索的不断推进,已有少量学者将财政、金融政策协同应用于国家低碳治理中,基于财政金融协同视角分析了地方政府债务和债券管理、支农服务等,并在大气污染治理的财政金融政策协同方面做了零散的探究。朱民等(2022)指出,我国在财政支持绿色金融发展政策体系、绿色金融改革创新的建立和实践过程中已经取得了一定的成效,但在充分发挥财政支持绿色金融的激励约束、政策协调稳定等方面还面临一系列挑战,如缺乏系统性的宏观财政整体策略、缺乏引导资金流向绿色金融的有效机制、资金杠杆作用发挥不足、风险分担发挥功能不足等问题。文书洋等(2021)在国际经验事实和实证分析的基础上,提出使用"绿色财政+绿色金融"的政策组合模式,能够提升经济增长的速度和长期稳态水平。

现有研究尚未能满足绿色低碳目标下减排和固碳的双重要求,缺乏财政金融政策内在协同机理方面的理论分析,对"绿色财政+绿色金融"协同实现绿色低碳目标的可行性路径的政策研究成果甚少。

三、绿色财政的逻辑起点与目标拓展

(一)绿色财政的逻辑起点:生态环境风险

风险经常与不确定性混淆,尽管风险总是涉及一定程度的不确定性,但不确定性并不一定是风险。我们认为不确定性是"一种不完整的知识状态，可能是由于缺乏信息或对已知甚至已知内容的分歧"。因此，不确定性可能会带来积极的结果，创造机会和利益。它们也可能会产生潜在的负面结果。这些不确定的、潜在的负面结果就是我们所说的风险。

在生态文明建设目标下，我们发现了两种不同的风险类型：一种是实施风险，另一种是间接风险。实施风险指因生态环境保护或修复实施产生的直接负面影响；间接风险是指实施生态保护或环境规制政策可能产生的间接负面影响。如能源转型是低碳转型的重中之重，诸如逐步淘汰的煤矿开采和使用、电网的稳定性受损、能源系统的灵活性难以掌握、消费者对新能源的不接受等，都是实施风险；而供应链安全、空气质量、失业、高碳资产贬值等都是间接风险。

生态环境风险往往伴随着经济、技术、政治和环境因素的重叠。在部门层面，由于成本高，企业在环境保护、使用可再生能源等方面面临挑战，这给投资者带来了不确定性，对融资机制创新的需求倍增，且技术投资成本上升。在个人层面，缺乏可重新就业的专业技能，而生态环境保护和可再生能源的就业增长和潜在的再就业是相对应的社会机会。

同样，当工人生计和民生福祉由于机会不平等而受到影响时，社会风险就会出现。生态环境风险发生于特定区域和背景的，在一个地区起作用的政策措施可能不适用于另一个地区。总的来说，在生态环境保护的不同阶段、不同领域和不同利益相关者中，风险是普遍存在且相异的。

上述风险在一定情况下可能转化为公共风险，需要政府这只手去"托"；在一定情况下转化为企业内部成本，需要企业自身消化或由一定的碳定价机制实现价格化。甚或一定条件下风险得以消除，呈现为特定形式的收益。系统分析特定区域的经济、政策、社会、技术风险，同时考虑其中的风险—成本转化机制和收益结构，将有助于减轻可能影响我们的治理风险。也即是说，处理好风险—成本—收益三者之间的关系，才能真正实现生态文明建设目标，否则可能产生大于收益的系统性成本。而与市场、社会共担生态环境风险并平衡相应的风险—成本—收益关系，是绿色财政的逻辑起点。

（二）绿色财政的功能定位：基于国家治理理念的阐释

绿色发展是以资源、环境、经济、社会的协调发展为目标，而资源节约、环境保护、经济转型、社会共治都离不开政府导向作用和支持方式创新。

整个国家治理系统包括经济系统、社会系统和自然系统，绿色财政在三大系统的共生中发挥了重要作用。绿色财政体现"两山"理论的新经济发展观，拒绝以牺牲生态环境为代价换取经济的一时发展，让经济发展和生态文明相辅相成、相得益彰，让良好环境成为人民生活质量的增长点，为经济系统现代化保驾护航。绿色财政是社会民生的重要保障，国家重点生态功能区生态补偿、区域间横向流域生态补偿等都在一定程度上体现了对生态地区可持续发展的支持。如完善绿色财政支出绩效考核评价体系，均衡性转移支付与专项转移支付相结合，综合生态补偿与分类生态补偿相结合等，都体现了财政改善民生、推动社会系统发展的治理理念。

绿色财政侧重强调以效率、和谐、可持续为目标的发展方式，其要义是要处理好人与自然和谐共生的问题，为自然系统现代化和绿色发展发挥基础性作用。例如，绿色财政需贯彻山水林田湖草沙冰是一个生命共同体的新系统观，对山水林田湖草沙冰进行统一保护、统一修复，构建以国家公园为主体的自然保护地体系，完善相应资金保障机制，均体现了这一新系统观。

首先，与自然系统现代化相适应的绿色财政，要按照"算大账、算长远账、算整体账、算综合账"的要求，深刻践行"绿水青山就是金山银山"的发展理念，对黄河、长江、海洋等精准施策，多维保护，坚决守好改善生态环境生命线，为促进自然生态系统治理体系和治理能力现代化而积极行动。

其次，与经济社会绿色发展相适应的绿色财政，可从以下几方面着眼：一是在财政改革发展中全面树牢绿色发展理念，二是全面构建绿色产业政策体系，三是全面推进绿色创新，四是全面强化制度性供给。2021年，我国生态文明建设开启了以降碳为重点战略方向、推动减污降碳协同增效、促进经济社会发展全面绿色转型、实现生态环境质量改善由量变到质变的新阶段。然而，自上而下保持生态文明建设战略定力，统筹资源节约、污染治理、生态保护、应对气候变化工作，亟须财政从资金保障、税收扶持、市场引导、平台搭建等方面予以支撑，更好发挥财政治理效能。

最后，绿色财政需与金融、交易市场等手段相结合，形成多元共治的格局。单独运用行政、经济或是社会治理的某一类手段很难达到治理效果，绿色公共政策工具的运用应将这些机制结合起来，形成相互支撑、相互配合的多元体系。

（三）我国绿色财政的目标拓展：社会目标与社会偏好

绿色财政是为了解决一系列环境、气候及社会问题以提高民生福祉的重要政策工具，从这个角度看，绿色财政、民生财政与生态环境公共政策具有内在统一性。例如，当经济效率被附加上零碳、生物多样性约束，社会偏好便产生了分歧，这会影响一国在经济发展与能源、气候、就业等方面公共风险的平衡。这种从外部性到社会目标的拓展，反映的是国家对绿色发展理念认识不断深化，体现了经济、社会、环境的统一。

在绿色财政的发展演变中，不断运用经济学原理研究绿色社会发展的社会目标和偏好。诸如绿色发展的基本背景、基础条件、主要动因、演进历程、重点领域、关键措施和成本效益等。作为具有中国特色的绿色财政研究，当然要以中国的绿色发展或绿色低碳转型为研究对象，分析绿色发展或者绿色转型中地方政府、企业、个人等行为主体的风险—成本—收益结构，化解或平衡绿色转型中的经济社会风险。

在我国，绿色财政被赋予了更多政策含义，如促进区域之间、城乡之间协调发展，推动基本公共服务均等化等。

其一，通过绿色财政制度推动区域协调发展。我国地大物博、幅员辽阔，但现有的区域经济分布格局呈现出明显的非均衡发展态势。绿色财政制度将生产、消费等环节的外部性问题内部化，有助于缩小区域发展差距和实现区域间的均衡发展。如黄河流域生态保护和高质量发展就是以高水平保护促进高质量发展，生态保护和高质量发展相得益彰来推动区域发展转型。区域协调发展并不意味着实现地区间GDP或人均GDP的绝对收敛，而是发挥各地区比较优势，建立符合当地要素禀赋、发展阶段的经济发展方式，通过生态产品价值实现体现绿色发展要素的贡献。

其二，通过绿色财政制度推动城乡融合发展。如基于生态资源的特有性、稀缺性和重要性，成立自然保护区、自然保护小区、生态保护区、生态廊道、风景名胜区、森林公园等，并实行特定的财政扶持。建立多元化、市场化的生态补偿制度有助于发现生态价值，为盘活生态资产、消除生态贫困、推动乡村振兴注入新的活力。综合考虑生态系统服务价值、生态保护机会成本和原住居民劳动价值，切实提高生态补偿机制运行效率，推动城乡融合发展。

其三，通过绿色财政制度推进基本公共服务均等化。生态转移支付既是生态资源价值实现的有效路径，也是推进基本公共服务均等化的重要手段。我国财政部于2011年印发《国家重点生态功能区转移支付办法》，中央财政在均衡性转移支付项下设立国家重点生态功能区转移支付；2018年，为规范转移支付分配、使用和管理，财政部门进一步制定了《中央对地方重点生态功能区转移支付办法》。部分省市初步建立了省内流域生态补偿机制。这些资金分配都在一定程度与地区基本公共服务水平挂钩。

我国绿色财政还发挥了优化资源配置、引导正向激励、强化约束控制、加大绿色投资等方面的作用。如鼓励正向激励，对经济主体有利于资源节约、环境保护等的正外部性给予相应的税收减免或财政补贴，把外部效益转化为经济主体的内部效益；通过财政补贴、加速折旧、投资抵免等税式支出政策，鼓励和吸引社会资本投入绿色发展相关领域；鼓励新技术的开发和推广，培育新增长点、形成新动能。此外，生态文明建设中需要政府大量资金投入，包括基础设施的公共投资，环境保护、应对气候变化等财政投入，研发财政补贴等，这决定了绿色财政还必须与市场、社会主体协同发力，形成全社会推动绿色发展的磅礴力量。

四、绿色财政政策基本框架及其特点

绿色财政实质是使财政更能体现生态文明建设的目标和要求，起到推动生态文明建设的作用。从内容上看，绿色财政主要包括绿色政府间财政关系、绿色税收、绿色财政支出以及绿色政府采购等。

绿色财政作为绿色公共政策工具的经济手段，是经济社会发展到一定阶段的产物，并因理念、技术、方法学的革新而变化。自20世纪70年代以来，生态环境治理经历了从以政府行政命令为主导的一元结构，到政府行政手段、经济手段与市场手段相结合的二元结构，再到政府、市场、公民社会互动的多元结构，参与生态环境治理的主体呈现多样化，生态环境治理手段趋向多元。在这种多元治理结构下，每一种政策工具既有优势也有劣势，可以扬长避短、协调配合。

各国普遍采用的绿色激励约束经济手段主要有七类，即：明晰产权；建立市场；税收手段；收费制度；财政和金融手段；责任制度；债券制度；押金—退款制度。这些经济手段的目的是确保环境、资源的合理使用代价，防范和化解公共风险。如税收、收费、补贴、政府采购等"绿色化"，它不直接干预经济主体的微观活动，而是间接影响人们的行为模式，为其创造一定的政策选择空间，通过利益导向机制激励市场主体保护环境、节能减排、绿色消费。

实践中各种政策工具的运用并非只是简单取舍，往往需要依据环境问题本身的特点及社会条件来选择合适的政策组合。

（一）绿色财政政策的基本框架

第一，绿色政府间财政关系。政府间财政关系与经济发展转型的理念密不可分，并随着经济绿色转型的过程而发展变化。仅以环境事权为例，环境事权可以从不同角度进行分类。从事权功能角度划分，可分为宏观调控、公共服务、市场监管与调节等事权；从性质角度来划分，分为能力建设类（管理、监察、监督、执法等能力）事权、环境工程设施建设和运营事权、落后产能淘汰事权、减排技术研发和推广事权、环境责任兜底事权；从支出预算管理的角度，可分为环境保护事务、环境监测与监察、污染防治等十多大类事权。这些分类和具体内容都会随着绿色发展理念的深入而调整、完善。以生态补偿为重点的转移支付制度，本身就是政府间财政关系的重要组成部分。中央和地方的绿色财政事权划分是异常繁复、动态调整的过程，既受限于国家行政体制改革的进展，又要与国家区域发展战略等总体布局相衔接。

第二，绿色税收政策体系。绿色税收最早由英国经济学家庇古提出，将税收作为调节社会成本与排污者生产成本之间差距的手段。尽管国内外学者对绿色税收的具体内涵尚未形成完全统一的认识，但多数认为，绿色税收包括以合理利用资源、加强环境保护、应对气候变化为目的，设立的诸如环境税、碳税等税种及各种税收激励约束措施。建立完善的绿色税收体系是实现人与自然和谐共生、推动可持续发展的重要制度基础。例如，环境税、碳税等市场化政策工具对于引导整个社会生产和消费观念转变具有重大意义，欧盟等一些经济体早已开征此类税收。《联合国发展中国家碳税手册》（2021）的数据显示，截至2021年5月，已实施了64个碳定价政策，另外3个计划实施；其中33项是碳排放税，主要适用于国家层面。此外，增值税、企业所得税等税种中的税收优惠政策，也是政府常用的引导企业绿色低碳发展的方式。

第三，绿色财政支出政策。绿色财政支出方式可分为直接支出和间接支出，前者主要包括节能环保支出、绿色转移支付和一些生态环境领域的补偿性支出等，后者主要包括支持绿色发展、引导绿色消费等的间接绿色支出。例如，财政支出在推动绿色技术创新、新能源开发利用等方面发挥着重要作用，可通过生产者补贴、消费者补贴及投资补贴等，支持能源领域的绿色低碳转型。此外，一些国家通过绿色财政支出预算体系、绿色财政支出绩效评价、绿色财政监督体系和生态补偿标准化等方面的有效探索，充分发挥财政制度在生态环境保护和推动绿色发展中的重要作用。

第四，绿色政府采购政策。随着绿色发展理念的渗透，各国根据本国政府的政策倾向，在政府采购的实施过程中采用了不同的绿色产品标准，即将绿色政府采购作为绿色财政的组成部分之一。如对产品的环境因素抽象为共性目标，如节能、废物减排、提高资源利用效率等。针对特定产品的物理或化学特性规定具体的指标性标准或范围。或是直接引用现有的生态标志作为产品的绿色标准，如获得美国环保署"能源之星"的标志产品。据全球环境标志网络组织（GEN）的调查，生态标志的认证过程较为公正，产品检测指标也能够量化，因此，社会认可度较高、利益相关方的冲突较小，在进行政府绿色采购时直接采用生态标志的标准，政府采购人员能够更为方便快捷地识别绿色产品和服务，故对政府绿色采购具有很强的示范和推进作用。

（二）绿色财政政策的特点

一般财政政策重点是以基本公共服务均等化为努力方向，促进经济增长、加强宏观调控和维护社会公平等是其追求的目标。绿色财政政策除了要化解环境外部性、应对气候变化外，还需要促进经济及社会的可持续发展。

第一，绿色财政政策体系构建是一种长期性根本性制度建设，这种转变的关键就在于以财政引导经济社会绿色转型，促使一些变革性技术突破，使生态系统服务功能更加合理、科学，使绿色产业、绿色生产技术、绿色消费在未来市场占据主导地位，并带动社会分配及公平问题的解决。

第二，绿色财政政策体系构建与技术进步和方法学创新密不可分。政府难以识别绿色投资能否在市场上占据主动权并获得成功，难以鉴别生态补偿的量化标准和实际机会成本，因为绿色发展状况和产品定价只能由未来市场需求所决定。这一过程伴随着高度不确定性和公共风险，可能导致旨在推动绿色发展的财政政策存在公平与效率损失的风险。相较于教育、医疗等领域财政政策，绿色财政政策制定和评估的难点就在于，不仅要解决环境外部性问题，还有应对研发活动外部性和产业转型不确定性问题，多重挑战对财政治理提出了更高要求。绿色财政受方法学的影响，如随着近年来生态系统服务概念被引入国内，诸如GEP核算等一系列研究，使得对我国特定地区生态系统服务价值评估成为可能，为财政开展生态补偿核算提供重要参考依据。

第三，绿色财政政策体系构建更加注重激励与约束的兼容。绿色财政受制于政府与市场关系，政策体系会随着市场体系和经济发展阶段的变化而变化。在经济发展初期、市场体系不完备的情况下，一国往往运用更多的命令—控制型政策工具，以行政约束、标准设定等方式倒逼绿色发展、约束市场行为。而随着市场化改革的深入，政府更多采取市场性政策工具，比如环境税费、绿色投资、绿色基金、绿色债券等形式，前瞻性地、以可持续发展为导向的政策来引导市场主体的绿色行为。一方面，政府提供约束性框架，以前瞻的制度供给对市场行为进行约束，诸如环境保护、生态补偿机制设计、产业布局及转型升级、企业关停并转之后的人员安置及再培训等。另一方面，政府提供激励性框架，对市场主体行为进行引导，包括直接财政投入、税收优惠等引导，也有充分利用市场效率优势的间接引导，如绿色产业引导基金、金融贴息、政府采购等。

五、绿色财政的价值整合与制度协调

绿色财政是新一轮财税体制改革的重要内容，它不仅涉及财税政策工具的创新，而且涉及社会目标的渐进式变化、经济系统中风险—成本—收益结构的全面深刻调整。党的二十大报告指出："尊重自然、顺应自然、保护自然，是全面建设社会主义现代化国家的内在要求。必须牢固树立和践行绿水青山就是金山银山的理念，站在人与自然和谐共生的高度谋划发展。"加快发展方式绿色转型，深入推进环境污染防治，提升生态系统多样性、稳定性、持续性，积极稳妥推进碳达峰碳中和，这四项重要部署为推动绿色财政发展指明了前进方向。

当前，我国绿色低碳转型还面临诸多挑战：统筹经济发展与能源总量控制的长效机制亟待构建；现代能源治理体系和以新能源为主体的新型电力系统亟待建立；生态环境监管效能有待进一步增强；减污降碳协同增效机制亟待建立健全；绿色科技创新体制机制尚未理顺，绿色产业支持体系和生态产品价值实现机制尚不健全；深度参与并引领全球气候治理的能力和水平有待提升；等等。绿色财政政策体系构建需同时实现经济发展、环境保护及社会可持续三重红利，推动政府绿色治理实践。为此，我们特别强调绿色财政领域的价值整合与制度协调。在未来的研究中，可能要把握如下几点：

其一，关于绿色财政相关政策协调性的问题。税收、财政补贴、政府采购、转移支付等政策实施需强调系统观，政策制定者需要以协调的方式制定激励措施，以确保在所有方面同时取得进展。如果政府以风能、太阳能或其他间歇性能源为电动汽车提供动力，那就必须保证能在智能电网和能源储存方面同时进行投资，以确保电网稳定。如针对新能源汽车的税收优惠政策和消费侧补贴政策从功能上有一个重合，是否需要并存值得考虑，还必须保证新能源汽车支持方向符合产业发展的技术导向。总之，需要恰当地挑选政策工具并进行有效组合。这些工具建立了最佳激励的条件，且不会过度。

其二，关于绿色财政激励体系评估的问题。之所以强调激励体系评估的问题，是因为其关系到政策实施能否达到预期效果。就其性质而言，这些激励措施是在技术不确定条件下实施的，有时方向感并不明确，较长期的经济和社会愿景未必吻合。如针对降碳为重点的生态文明建设新要求，财政只有重新设定明确的目标，才能准确把握政策走向。对于政策目标的实现方式，一个核心问题是关于技术变革方面的共识，政策路径和评估需紧跟技术演变新形势，并建立保障措施，使政治上制定的激励措施与不断变化的新市场形势紧密结合起来。

其三，关于绿色财政政策与金融政策、产业政策、规制政策的协调。坚持市场在资源配置中的决定性作用，完善碳排放权交易机制和绿色税收体制，引导和规范市场主体减污降碳行为。例如，绿色金融政策措施逐渐被引入实践，财政可依据企业环境信用评价等级等，建立起全方位的激励约束体系，财政金融协同发力，解决信息不对称、环境风险分析及应用能力建设等问题。通过多层次政策体系构建，推动政府、市场、社会多元共治、协调配合，不断完善有利于绿色发展的体制机制。

参考文献：

[1] 陈诗一，祁毓. "双碳"目标约束下应对气候变化的中长期财政政策研究 [J]. 中国工业经济，2022（05）：5-23.

[2] 卢洪友. 建国以来生态环境财政理论及制度变迁 [J]. 地方财政研究，2019（10）：24-32.

[3] 吕文洋，张琳，刘锡良. 我们为什么需要绿色金融？——从全球经验事实到基于经济增长框架的理论解释 [J]. 金融研究，2021（12）：20-37.

[4] 茆晓颖. 绿色财政：内涵、理论基础及政策框架 [J]. 财经问题研究，2016（04）：83-87.

[5] 缪小林，赵一心. 生态功能区转移支付对生态环境改善的影响：资金补偿还是制度激励？ [J]. 财政研究，2019（05）：17-32.

[6] 祁毓. 环境税费理论研究进展与政策实践 [J]. 国外社会科学，2019（01）：53-63.

[7] 魏吉华，蒋金法. 绿色财政支出：理论与实践——对党的十九大关于深化绿色发展的思考 [J]. 当代财经，2018（12）：26-36.

[8] 朱民，潘柳，张娓婉. 财政支持金融：构建全球领先的中国零碳金融系统 [J]. 财政研究，2022（02）：18-28.

[9] Oates W. E. An Essay on Fiscal Federalism [J]. *Journal of Economic Literature*, 1999, 37（3）：1120-1149.

[10] Oates W. E and P. R. Portney. The Political Economy of Environmental Policy [J]. *Handbook of Environmental Economics*, 2003（1）：325-354.

中国绿色财政支出

覃凤琴

摘 要：党的十八大以来，按照党中央、国务院的部署，财政部门通过加大财政支出力度、不断完善绿色财政补贴政策、规范转移支付制度、优化绿色采购政策以及健全绿色基金制度等支出手段践行绿色发展理念，带来了经济效益、社会效益和生态效益。但是，也存在绿色支出的绩效评价体系不健全、绿色财政支出政策存在不确定性、绿色财政支出的事权和支出责任不清晰等问题。对此，我们提出加强绿色财政支出政策的统筹协调、建立动态的绿色财政支出进出机制、明晰绿色财政事权和支出责任、完善绿色财政支出绩效评价体系、形成政策合力，加快建立多元化投入机制以及完善其他配套政策等建议。

关键词：绿色财政支出；减污降碳；绿色低碳发展

[作者简介]

覃凤琴，经济学博士，中国财政科学研究院资源环境和生态文明研究中心助理研究员。研究方向为财税理论与政策、环境公共经济学、生态补偿财政政策、"双碳"财政政策。

China's green fiscal expenditure

Qin Fengqin

Abstract: Since the 18th National Congress, according to the deployment of the CPC Central Committee and the State Council, fiscal departments have practiced the concept of green development by increasing financial expenditure, continuously improving green financial subsidy policies, standardizing transfer payment systems, optimizing green procurement policies, and improving green fund systems, which has brought economic, social and ecological benefits. However, there are also some problems, such as the imperfect performance evaluation system of green expenditure, the uncertainty of green fiscal expenditure policy, and the unclear authority and responsibility of green fiscal expenditure. We propose to strengthen the overall coordination of green fiscal expenditure policies, establish a dynamic green fiscal expenditure import and export mechanism, clarify green fiscal authority and expenditure responsibility, improve the green fiscal expenditure performance evaluation system, form policy synergy, accelerate the establishment of a diversified investment mechanism and improve other supporting policies.

Keywords: green fiscal expenditure; pollution reduction; carbon reduction; green low – carbon development

随着经济社会的快速发展，环境污染问题日益突出，生态环境的容纳能力和承载已经超负荷，甚至有可能发展成为制约经济和社会发展的瓶颈。为解决环境污染问题，有必要对生态环境进行治理。由于环境的外部性问题、产权不清晰、信息不对称等因素，政府应当运用激励和约束工具予以有效干预，以促进清洁生产、低碳消费、绿色发展。财政是国家治理的基础和重要支柱，自党的十八大习近平总书记把生态文明建设作为中国特色社会主义"五位一体"总体布局和"四个全面"战略布局的重要内容以来，财政在实现国家治理现代化和包括绿色发展在内的新发展中都应该发挥着重要的作用，财政支出是财政的重要组成部分，在支持生态文明建设中也发挥着不可或缺的作用。

一、绿色财政支出政策回顾

党的十八大以来，中国用实际行动践行绿色发展理念，各级财政按照中央、国务院的部署，坚持以习近平生态文明思想为指导，着力优化财政支出结构，坚持把生态环保投入放在重要位置优先保障，为打好污染防治攻坚战、推动绿色发展提供了有力支撑。

（一）绿色财政支出力度不断加大

1. 绿色财政支出规模逐年增长

党的十八大以来，中央财政支持生态环保的相关支出逐年增长，具体如图1所示。

2. 中央绿色财政支出明确重点支持方向

生态环保中央财政支出的重点支持方向为：一是将污染防治攻坚作为重点保障和优先支出领域，支持打好大气、水、土壤等污染防治标志性重大战役，其中包括北方地区冬季清洁取暖试点项目、分两批将40个城市纳入黑臭水体治理示范政策范围。二是推进农村环境综合治理，财政部在这期间主要做好资金保障服务。三是开展重点生态保护修复，包括实施长江经济带生态保护修复奖励政策，加快推动形成长江大保护格局；推进山水林田湖草生态保护修复工程试点；实施"蓝色海湾"整治行动和渤海综合治理，支持海洋生态保护修

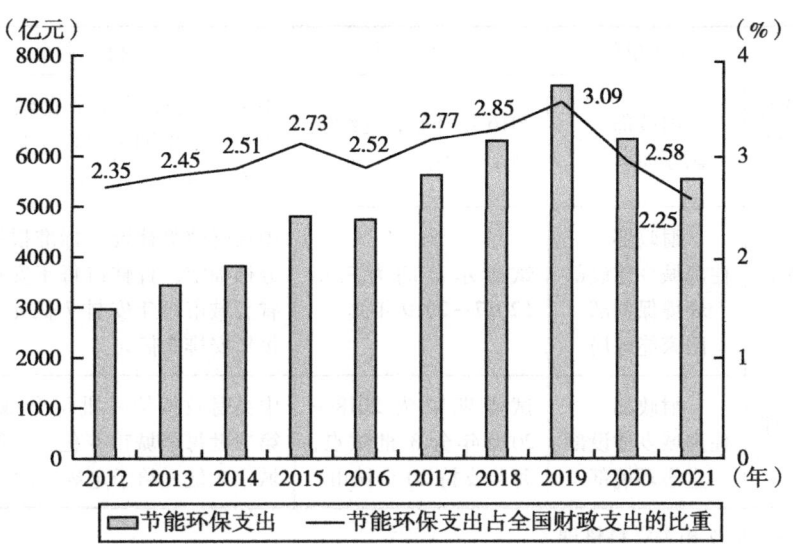

图 1　党的十八大以来中国节能环保支出及占一般公共预算支出的比重

资料来源：根据财政部官网数据整理。

复。四是对符合条件的从事污染防治的第三方企业减按 15% 的税率征收企业所得税。

3. 中央财政专项资金更加绿色低碳

党的十八大以来，中央财政通过一系列财政专项资金支持生态环境保护，包括山水林田湖草生态保护修复工程试点、蓝色海湾整治行动（海洋修复）、北方清洁取暖试点、黑臭水体治理示范城市等试点，基本情况如表 1 所示。

表 1　党的十八大以来中央财政示范试点

项目	牵头单位	基本情况	投入资金
国家节能减排财政政策综合示范城市	财政部 国家发改委	自 2011 年开始，中央财政分 3 批选择 30 个示范城市实施综合示范。	奖励资金根据城市性质分档，分别给予 4 亿—6 亿元奖励，中央财政连续三年对入选城市给予专项资金支持。
山水林田湖草生态保护修复工程试点	财政部 原国土资源部 原环境保护部	2016—2018 年实施了 3 批 25 个"山水林田湖草生态保护修复工程"试点，每批 3 年时限。	中央财政按照首批和第二批每个试点 20 亿元、第三批每个试点 10 亿元的标准下拨资金，2016 年以来，中央财政已累计下达重点生态保护修复治理资金 360 亿元。

续表

项目	牵头单位	基本情况	投入资金
蓝色海湾整治行动（海洋生态修复）	财政部 国家海洋局	2016年开始，连续实施了4年。	中央财政按照每个直辖市、省会城市、计划单列市总额4亿元，一般地级市总额3亿元的标准安排奖励资金。
北方地区清洁取暖试点	财政部 住房城乡建设部 环境保护部 国家能源局	试点示范期为三年（2017—2019年）。	中央财政奖补资金标准根据城市规模分档确定，直辖市每年安排10亿元，省会城市每年安排7亿元，地级城市每年安排5亿元。
黑臭水体治理示范城市	财政部 住房城乡建设部 生态环境部	试点期限为2018—2020年分3批试点，每年支持20个城市。	中央财政按第一批每个城市6亿元，第二批每个城市4亿元，第三批每个城市3亿元给予定额补助。

资料来源：根据相关资料整理。

（二）财政补贴政策不断完善

财政补贴是指国家为了实现特定的政治经济目标，对指定事项由财政安排专项基金向企业或个人提供的一种补贴。我国现行财政补贴主要有价格补贴、亏损补贴、职工生活补贴和利息补贴等。补贴的范围包括工业、农业、商业、交通运输、建筑、外贸等国民经济各部门和生产、流通、消费各环节、居民生活各方面。绿色补贴是指为了鼓励削减污染，或者是为削减污染所必需的措施提供的财政资助，包括赠款、软贷款、税收补贴。绿色补贴激励经济主体采纳某种环境友好型措施的支付，如对安装污控设备的支付。这种绿色补贴通常所采用的形式为拨款、贷款和税收贴息，其资金来源通常是环境费。部分绿色补贴政策如表2所示。

表2　　　　　　　　　中央层面绿色补贴政策

补贴项目名称及补贴依据	补贴对象及方式	补贴时限
农业资源与生态保护资金（财农〔2017〕42号）	符合条件的农民、新型农业主体和项目承担者 资金由省政府制定详细的实施计划和提供补贴	2011年至今
可再生能源电价补贴（《中华人民共和国可再生能源法》）	电网企业 方式：按照可再生能源上网能源提供电力补贴	2012年至今

续表

补贴项目名称及补贴依据	补贴对象及方式	补贴时限
新一轮退耕还林还草补助（财农〔2018〕66号）	退耕还林还草的农民 按照任务和补贴标准测算和安排，提供给省级政府	2014年至今
节能减排资金（财建〔2015〕161号）	节能减排机制创新、基础设施建设、重点行业、重点产业的示范、推广、改造和升级 方式：资金支持	2015年至今
防治水污染资金（财建〔2015〕226号）	水污染防治、水源保护、恢复等 以奖代补方式	2015年7月至今
低排放汽车购置优惠税（财税〔2015〕104号、财税〔2016〕136号）	购买引擎不超过1.6升的乘用车 方式：（1）车辆购置税减征后的税率为5%；（2）车辆购置税减征后的税率为7.5%；2018年1月日恢复10%	（1）2015年10月1日—2016年12月31日；（2）2017年1月1日—2017年12月31日
太阳能发电的特惠增值税（财税〔2016〕81号）	太阳能产生的电能，按照增值税的50%在征收时退换	2016年1月1日—2018年12月31日
空气污染防治资金（财税〔2016〕600号、财税〔2018〕578号）	北方冬季清洁供暖试点、关键领域、氢氟碳销毁企业 方式：资金支持	2016年8月至今

资料来源：根据财政部等官方网站数据整理。

表2显示的是党的十八大以来我国部分绿色补贴政策，通过这类政策实施，对我国的绿色发展起到了一定的促进作用，为了进一步说明我国对绿色发展的大力支持，以近年来新能源汽车补贴政策为例进一步分析（见专栏1）。

◇ 专栏1

政府补贴政策助推我国新能源汽车产业发展

为支持汽车产业转型升级，推进绿色产业发展，促进新能源汽车产业链拓展，带动相关就业，培育和扩大新能源汽车市场，引领绿色消费，我国制定和实施了一系列支持新能源汽车产业发展的财政支出政策。在中央层面，实施了支持新能源汽车的购车补助、充电基础设施建设和新能源公交车运营的财政补贴政策以及购置新能源汽车的政府采购政策。在地方层面，也实施了支持新能源汽车的相关配套财政补贴政策和政府采购政策。

1. 政府补贴新能源汽车取得良好效果

新能源汽车财政支出政策的实施，取得了良好的政策效果。一是促进新能源汽车产业发展，有效培育了市场。中国已连续三年成为全球最大的新能源汽车市场，且有效推动了新能源汽车的技术进步和产业发展质量的提升，产品实际性能和功能大幅提升。二是促进节能减排目标的实现，减少石油对外依存度。2020年我国新能源汽车保有量达到500万辆，每年减少石油消耗量750万吨，石油对外依存度下降近2个百分点。三是促进技术进步，创新溢出效应显著。在新能源汽车市场规模快速增长的带动下，其成功吸引大量的资本、人才、技术加速集聚，以新能源汽车为纽带，促进各产业交织融合发展，带动了投资、就业、税收和出口的增长，新产业正在孕育新的发展动能。四是带动新能源汽车产业链投资市场形成。新能源汽车产业具有较好的经济带动作用。据中汽中心初步测算，2011—2017年我国新能源整车投资超过1800亿元，带动装备制造、原材料、关键零部件、充电设施等产业链投资超过1.8万亿元。

2. 新能源汽车补贴逐步退坡

一是延长新能源汽车推广应用财政补贴期限。2019年以来，受多种因素影响，我国新能源汽车产销增速大幅下滑，产业发展积累的问题逐步显现。加之疫情的冲击，新能源汽车销量急剧下滑。为支持新能源汽车产业高质量发展，促进汽车市场消费，报经国务院批准，财政部会同有关部门综合技术进步、规模效应等因素，决定将原定2020年底到期的补贴政策延长2年，到2022年底完全退出；同时，平缓补贴退坡力度和节奏，2020—2022年购置补贴分别在上一年基础上平均退坡10%、20%、30%。

二是中央财政按照"以收定支"原则，根据每年收入情况下达补助资金年度预算，由电网企业按照优先顺序拨付至各项目。其中，光伏扶贫、自然人分布式、2019年光伏竞价项目、2020年按照"以收定支"原则确定的新增项目以及自愿转平价项目等优先拨付，其余项目按照统一比例拨付。

三是自2020年起，所有新增可再生能源发电项目均采取"以收定支"方式确定。根据基金征收情况和用电量增长等因素，2020年新增补贴资金额度为50亿元，可用于支持新增风电、光伏发电、生物质发电项目。同时，自2020年起，新增海上风电和光热项目不再纳入中央财政补贴范围，按规定完成核准（备案）并于2021年12月31日前全部机组完成并网的存量海上风力发电和太阳能光热发电项目,按相应价格政策纳入中央财政补贴范围。

国家发展改革委、国家能源局将进一步明确2020年可享受补贴的可再生能源发电类型和分类别的补贴额度,相应出台具体的管理办法,确保新增项目补贴额度控制在50亿元以内。目前,国家能源局已出台2020年风电光伏发电管理办法,正在研究生物质发电项目的管理办法。为引导行业健康有序发展,确保"以收定支"原则有效落实,未出台管理办法以及未按照管理办法纳入国家可再生能源发电补贴规模范围的项目,将不享受中央财政补贴政策。

(三)生态转移支付政策进一步规范

生态转移支付又称绿色转移支付,包括纵向生态转移支付和横向转移支付。

1. 纵向生态转移支付

生态环境保护是功在当代、利在千秋的事业,也是一种跨区域、跨时期的公共品或公共服务供给行为。在我国现行政府治理框架下,政治财政中央集权和行政地方分权是其主要特征,即一方面将大量的环境、教育、医疗卫生等事权下放地方以保证公共品供给的效率,同时将官员考核任免、税收立法和预算决算等政治财政权力收归中央以加强中央政府的宏观调控。但地方政府尤其是市县政府财力与事权的不匹配使其长期陷入财政困难的境地,特别是基础教育和医疗卫生等巨大的地方政府支出责任给其带来沉重的支出负担,加之以相对经济增长率为主要考核目标的官员晋升机制,使得地方政府在环境保护等公共事务治理上缺乏激励和能力。此外,出于全局的考虑,中央政府在各地设立国家重点生态保护区、国家公园、酸雨控制区或者二氧化硫污染控制区等进行环境保护,但环境受益的外溢性也使得当地居民与政府的成本收益不成比例,即保护的显性成本与发展的机会成本由当地承担,而保护的受益却是跨区域甚至是全国性的,如果没有相应的补偿方案,将难以保证其持续性和有效性。政府间的纵向转移支付是解决这一矛盾的重要设计,就环境类转移支付而言,既是将支出责任上收,弥补地方政府财力不足的重要举措;也是通过上级中央考核验收的方式监督地方政府进行环境治理的重要手段。我国规范的政府间转移支付是1994年分税制改革之后逐步确立的,经过几十年的发展,转移支付的内容范围和名称几经变化,初步形成了以一般性转移支付和专项转移支付为主体的转移支付体系（见图2）。

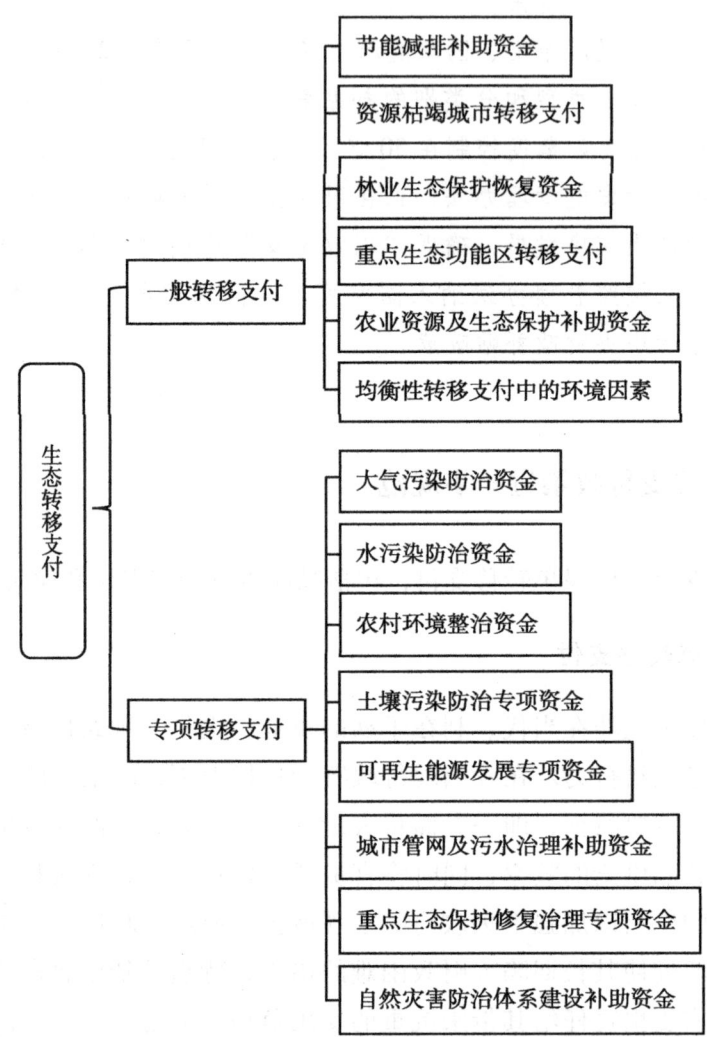

图 2　中国现行生态转移支付

资料来源：主要依据2021年中央对地方转移支付预算表整理而成。

2. 横向生态转移支付

（1）横向生态补偿逐步发展。

横向生态转移支付是基于生态补偿的转移支付，即按照"谁受益谁付费"的原则，由生态服务的受益区政府向该服务的提供区政府支付一定的财政资金，使后者提供的生态服务成本与效益基本对等，从而激励其提高生态产品或服务的有效供给水平。横向生态补偿是传统纵向转移支付的辅助和补充，一直以来，在我国的横向生态补偿中，纵向财政转移支付是重要的资金来源渠道，但是却存在仅仅依靠纵向转移支付难以覆盖治理所需的全部资金等问题，而且横向生态环境治理更多的是涉及同级不同地区的利益，所以有必要引导和推动补偿地和受偿地政府的积极参与，在补偿体系内部建立起可持续、有针对性的资源流通渠道。因此，横向转移支付应运而生，许多专家学者进行了相关的研究，各级政府也积极探索实践，将其作为传统纵向转移支付的辅助和补充，通过在省市之间、水域之间进行资源互换和补充，以期实现更高效、更精准的流域生态保护。

（2）各级政府密集出台政策法规。

一是党中央、国务院高度重视全国各地流域的生态环境污染问题，对横向生态补偿也给予了重点关注和大力支持，先后出台了生态补偿机制的相关文件（见表3），着力建立生态补偿机制以推动流域生态环境保护工程。

表3　　　　　　　　　　中央层面横向生态补偿政策

政策名称	年度	制定部门	内容
《关于进一步加强生态保护工作的意见》（环发〔2007〕37号）	2007	原环境保护部	指出"研究流域上下游之间、资源开发与生态保护之间、自然保护区内外的生态补偿途径，研究建立遗传资源获取与惠益共享机制"，这是流域横向生态补偿最早的萌芽。
党的十八大报告《坚定不移沿着中国特色社会主义道路前进 为全面建成小康社会而奋斗》	2012	中共中央	党的十八大首次把生态文明建设与政治、经济、文化、社会建设并列，单列一章论述，并提出深化资源性产品价格和税费改革，建立反映市场供求和资源稀缺程度、体现生态价值和代际补偿的资源有偿使用制度和生态补偿制度。
《中共中央关于全面深化改革若干重大问题的决定》	2013	中共中央	党的十八届三中全会进一步作出"坚持谁受益谁补偿的原则，完善对重点生态功能区的生态补偿机制，推动地区间建立横向生态补偿机制"的具体部署，推动流域生态补偿迈向更高水平。
《国务院办公厅关于健全生态保护补偿机制的意见》（国办发〔2016〕31号）	2016	国务院办公厅	推进横向生态保护补偿。鼓励在具有重要生态功能、水资源供需矛盾突出、受各种污染危害或威胁严重的典型流域开展横向生态补偿试点。

续表

政策名称	年度	制定部门	内容
《关于加快建立流域上下游横向生态补偿机制的指导意见》（财建〔2016〕928号）	2016	财政部、原环境保护部、国家发改委、水利部	流域横向生态保护补偿主要由流域上下游地方政府自主协商确定，中央财政对跨省流域建立横向生态保护补偿制度给予引导支持，推动建立长效机制。
《中央财政促进长江经济带生态保护修复奖励政策实施方案》（财建〔2018〕6号）	2018	财政部、原环境保护部、国家发改委、水利部	推动长江流域相邻省（市）及省（市）内建立横向生态保护补偿机制。
《关于建立健全长江经济带生态补偿与保护长效机制的指导意见》（财预〔2018〕19号）	2018	财政部	首次提出以提升流域生态系统中山水林田湖草综合效益为原则，建立多元化生态补偿激励引导机制，多渠道支持长江经济带生态补偿与保护。
《建立市场化、多元化生态保护补偿机制行动计划》（发改西部〔2018〕1960号）	2018	国家发改委等九部门联合	鼓励生态保护地区和受益地区开展横向声讨保护补偿。探索建立流域下游地区提供优于水环境质量目标的水资源补偿机制。提出到2020年，初步建立市场化、多元化生态保护补偿机制。
《支持引导黄河全流域建立横向生态补偿机制试点实施方案》（财资环〔2020〕20号）	2020	财政部等四部门联合	提出2020—2022年开展试点，探索建立流域生态补偿标准核算体系，完善目标考核体系、改进补偿资金分配办法，规范补偿资金使用。
《支持长江全流域建立横向生态保护补偿机制的实施方案》（财资环〔2021〕25号）	2021	财政部、生态环境部、水利部、国家林业和草原局联合制定	2022年长江干流初步建立流域横向生态保护补偿机制。2024年主要一级支流初步建立流域横向生态保护补偿机制。2025年长江全流域建立起流域横向生态保护补偿机制体系。

资料来源：根据相关网站资料整理。

二是地方层面根据中央部署和相关政策文件，积极开展横向生态补偿试点，也出台了一系列政策性文件（见表4）。

表4　　　　　　　　　　　　　地方政策性法规文件

名称	年度	制定机关	主要内容
《关于在子牙河水系主要河流实行跨市断面水质目标责任考核并试行扣缴生态补偿金政策的通知》	2008	河北省政府	河北省政府在子牙河水系开展以跨界断面水质考核和国库扣缴为主要内容的生态补偿，流域生态补偿进入小规模试点阶段。
《关于加快建立流域上下游横向生态保护补偿机制实施方案的通知》	2017	安徽省财政厅、原环境保护厅、发展改革委、水利厅	一是对流域内上下游市级政府间协商签订补偿协议、建立流域横向生态保护补偿机制给予奖励。二是对市级行政区域内建立流域县（区）间横向生态保护补偿机制予以奖励。三是对流域保护和治理任务成效突出的市予以奖励。
《关于建立流域上下游横向生态保护补偿机制的实施方案》	2017	宁夏回族自治区财政厅、原环境保护厅、发展改革委、原林业厅和农牧厅	明确流域上下游市级政府按照"谁获益，谁补偿""谁污染，谁赔偿"的原则，推进建立流域上下游横向生态保护补偿机制。
《关于建立广西横向生态补偿机制的实施意见》	2018	广西壮族自治区发展改革委、财政厅、生态环境厅、水利厅	明确了补偿基准。规定了科学选择补偿方式。合理确定补偿标准。要求建立联防共治机制。
《云南省促进长江经济带生态保护修复补偿奖励政策实施方案》	2018	云南省财政厅、生态环境厅、发展改革委、水利厅	明确要求长江流域各地区尽快建立横向生态补偿机制，并统筹中央和省级资金予以奖励，从而调动长江经济带各流域上下游地区的积极性，形成"成本共担、效益共享、责任共负、多元共治"的流域保护和治理长效机制，初步构建起全省生态补偿制度框架。
《四川省流域横向生态保护补偿奖励政策实施方案》	2019	四川省财政厅、生态环境厅、发展改革委、水利厅	明确2018—2020年，按照"早建早给、早建多给、不建不给"的原则，对四川省与相关省（市）签订补偿协议、建立跨省流域横向生态保护补偿机制的和省内同一流域上下游所有市（州）协商签订补偿协议、建立起流域横向生态保护补偿机制的，给予资金奖励，奖励资金采取先预拨、后清算的模式，资金安排与绩效评价结果挂钩。

资料来源：根据相关网站资料整理。

(3) 横向生态补偿实践取得实质性进展。

由表4可见,随着中央部委对流域横向生态补偿体制机制的不断探索和完善,地方政府也纷纷行动,政策内容更加丰富,方式更加多样,标准更加完善,机制更加成熟。2012年,新安江流域生态补偿试点成为全国首个跨省流域横向生态补偿机制试点,并形成了"新安江模式",在全国推广。多省纷纷建立流域上下游横向生态补偿机制试点(见表5),积极推动跨区流域生态环境协商共治,流域横向生态补偿机制实践取得了实质性进展。

表5　跨省流域横向生态补偿实践

流域	考核时间	补偿主体	补偿依据	补偿方式
新安江流域	第一轮 2012—2014年 第二轮 2015—2017年 第三轮 2018—2020年	中央人民政府、浙江省人民政府、安徽省人民政府	跨省界断面水质检测考核结果	第一轮:中央3亿元,浙、皖各1亿元,水质达标浙付皖,否则皖给浙;第二轮:中央3亿元,浙、皖各2亿元,方式同第一轮;第三轮:中央退坡,浙、皖各2亿元,方式不变。
汀江—韩江流域	2016—2017年 2019—2021年	中央人民政府、广东省人民政府、福建省人民政府	跨省界断面水质检测考核结果	广东、福建每年各安排1亿元补偿资金,作为汀江—韩江流域水环境补偿资金,中央财政根据考核目标完成情况确定奖励金额。
东江流域	2016—2018年 2019—2021年	中央人民政府、广东省人民政府、江西省人民政府	跨省界断面的水质考核为依据	江西、广东两省共同设立补偿资金,两省每年各出资1亿元,中央财政依据考核目标完成情况确定奖励资金并拨付给江西省,专项用于东江源头水污染防治和生态环境保护与建设工作。
九洲江流域	2018—2020年	中央人民政府、广东省人民政府、广西壮族自治区人民政府	跨省界断面水质检测考核结果	广东、广西各出资3亿元,作为九洲江流域水环境补偿资金,中央财政依据考核目标完成情况确定奖励资金并拨付给流域上游省份,专项用于九洲江流域水污染防治工作。

资料来源:根据相关网站资料整理。

(四)绿色采购政策

政府绿色采购主要指政府部门在采购行政办公物资和设备时优先购买符合国

家环境认证标准的绿色产品和服务。政府公职人员是政策推广的重要引领者、示范者,政府也在积极主动推行绿色采购,对于全社会践行绿色经济具有重要的导向和引领作用。

1. 建立绿色采购制度框架

我国政府采购,历来重视绿色采购,也较早建立了绿色采购的制度框架。《政府采购法》和《清洁生产促进法》从法律层面初步对政府采购的节能环保要求作出原则性规定,《政府采购法实施条例》进一步明确了节约能源、保护环境的政府采购目标,而《节能产品政府采购实施意见》《关于环境标志产品政府采购实施的意见》为政府绿色采购搭建起实施框架,与两份意见相配套的《节能产品政府采购清单》《环境标志产品政府采购清单》,具体调整了政府绿色采购的范围。

2. 我国政府绿色采购不断优化调整

一是修改《政府采购法》,扩大采购绿色产品和服务范围,探索实行强制绿色采购制度,鼓励社会团体和企业开展绿色采购。我国最早是在2006年由财政部和环保总局颁布《关于环境标志产品政府采购实施的意见》,之后环境标志产品清单一直在变化,特别是党的十八大以来,2015年实施的《中华人民共和国政府采购法实施条例》再次将"实现节约能源、保护环境、扶持不发达地区和少数民族地区、促进中小企业发展"作为目标。2017年1月20日发布的《关于调整公布第十九期环境标志产品政府采购清单的通知》,再次明确了"环境标志产品政府采购清单",促进环保产品的推广应用及环境保护。2019年4月1日,我国调整了品目清单管理、认证机构等政府绿色采购的执行机制。2020年以来发布的一系列文件,诸如财政部、住房和城乡建设部《关于政府采购支持绿色建材促进建筑品质提升试点工作的通知》,财政部会同生态环境部、国家邮政局印发《商品包装政府采购需求标准(试行)》《快递包装政府采购需求标准(试行)》,财政部会同住房和城乡建设部印发《关于政府采购支持绿色建材促进建筑品质提升试点工作的通知》等,针对绿色建筑采购,财政部已经发布了《绿色建筑和绿色建材政府采购基本要求(试行)》,共18大类60个品种,在具体采购中,采购人和代理机构可以按照中国标准化协会发布的《绿色建材评价标准》进行采购。

二是调整节能产品和环境标志产品政府采购清单。2016—2018年,财政部联合相关部门对节能产品和环境标志产品政府采购清单进行10余次调整,自2019年2月起,简化节能产品、环境标志产品政府采购执行机制,对政府采购节能产品、环境标志产品实施品目清单管理,不再发布"节能产品政府采购清单"和"环境标志产品政府采购清单",扩大节能产品、环境标志产品认证机构范围,进一步优化供应商参与政府采购活动市场环境。综合运用强制采购、优先采购、制订政府采购需求标准等措施,扩大政府绿色采购范围。目前,节能环保产品政府采购规模占同类产品政府采购规模的比例达到 90% 以上,为节约能源、保护环境、应对气候变化发挥了积极作用。

3. 政府绿色采购取得了积极效果

一是政府采购环境标志产品规模宏大。近 10 年来,我国政府采购环境标志产品规模已达 1.3 万亿元,2020 年政府采购的环境标志产品达到 813.5 亿元,占同类产品采购的 85.5%。财政部和生态环境部共发布了 22 期环境标志产品政府清单和 1 期环境标志产品政府采购品目清单,清单中的产品型号从第 1 期 856 个提升至 100 万个,产品品目从 14 大类升至 90 多大类。

二是示范效应明显。中国环境标志制度通过大批绿色产品的市场供给和先行先试的示范效应,有力支撑了中国政府绿色采购制度的落地实施,推动了地方政府强制绿色采购创新实践。同时,认证标准的约束效应,有效提升了中国政府采购绿色化程度,从需求端倒逼企业绿色创新和转型升级。凭借出色的实施成效,中国环境标志产品政府采购获得了国际可持续采购领导力委员会(SPLC)杰出案例奖和美国绿色电子委员会(GEC)绿色供应链创新入围奖。通过大批绿色产品的市场供给和先行先试的示范效应,有力支撑了中国政府绿色采购制度的落地实施,推动了地方政府强制绿色采购创新实践;认证标准的约束效应,有效提升了中国政府采购绿色化程度,同时,多重传导机制从需求端倒逼企业绿色创新和转型升级。

(五)绿色发展基金

我国的绿色发展基金起步较晚,但发展势头迅猛。党的十八大以来,我国政府"坚持绿色发展,着力改善生态环境",明确提出加快推进绿色城市、智慧城市、人文城市建设,加快财税体制和投融资机制的改革,创新金融服务。

1. 绿色产业成为产业引导基金的重要投向

国际国内对绿色发展基金日益重视,2015 年在《生态文明体制改革总体方案》中首次提出建立绿色金融体系,将其提升到国家战略高度。在 G20 峰会上,绿色金融首次被写入 G20 峰会公报中。2016 年将"发展绿色金融，设立绿色发展基金"列入"十三五"规划。随后，我国也陆续出台相关的政策支持绿色发展基金，2020 年 7 月 15 日国家绿色发展基金正式揭牌运营，具体发展历程如表 6 所示。

表 6　　　　　　　　　政府绿色产业引导基金的发展历程

时间	内容
2015 年 11 月	我国也将"发展绿色金融，设立绿色发展基金"列入"十三五"规划。绿色发展基金可以充分运用政府与市场的双轮驱动，有效化解金融创新的资金瓶颈问题。
2016 年 7 月	G20 财长和央行行长会议正式将绿色发展、绿色金融的七项倡议写入会议公报。之后，在 G20 峰会上，绿色金融首次被写入 G20 峰会公报中。
2016 年 8 月	中央全面深化改革领导小组第二十七次会议审议通过《关于构建绿色金融体系的指导意见》，中国人民银行、财政部等七部委联合印发了《关于构建绿色金融体系的指导意见》（以下简称《意见》）。《意见》明确提出，通过政府和社会资本合作（PPP）模式动员社会资本，支持各类绿色发展基金，首次提出中央财政整合现有节能环保等转向资金设立国家绿色发展基金，并鼓励有条件的地方政府和社会资本共同发起区域性绿色发展基金。
2017 年 8 月	中共中央、国务院印发的《关于服务实体经济防控金融风险深化金融改革的若干意见》提出设立绿色基金，支持低碳生产和绿色发展。
2018 年 6 月	中共中央、国务院印发的《关于全面加强生态环境保护 坚决打好污染防治攻坚战的意见》提出"设立国家绿色发展基金"。
2019 年 12 月	生态环境部综合司司长徐必久介绍，国家绿色发展基金 2020 年将正式启动运营。
2020 年 7 月	国家绿色发展基金正式揭牌运营，是由财政部、生态环境部和上海市共同设立的国家级政府投资基金，主要投资于环境保护和污染防治、生态修复和国土空间绿化、能源资源节约利用、绿色交通、清洁能源等绿色发展领域。财政部、长江经济带沿线 11 省市、部分金融机构和相关行业企业共同向基金出资，基金规模 885 亿元，其中，中央财政出资 100 亿元。

资料来源：根据相关资料整理。

2. 绿色产业引导基金募资主要来源于政府

目前，绿色产业引导基金募资来源主要是政府及出资平台（出资平台是指由当地政府出资设立，不从事具体经营业务，仅作为投资、融资或控股平台的国有企业）、金融机构（银行、证券、保险、信托）、企业（包括市场化运作的产业类企业）、私募基金等。政府及出资平台仍是主力，根据各地条件不同，其对外募集的资金来源也有所差异。

通过对注册规模在 10 亿元以上的 58 只绿色产业引导基金出资人结构进行了收集、整理和分析，结果显示，58 只绿色产业引导基金总规模 2658 亿元，政府及出资平台出资占比 42%，金融机构出资占比 41%，企业出资占比 11%，私募基金出资占比 6%（见图 3）。

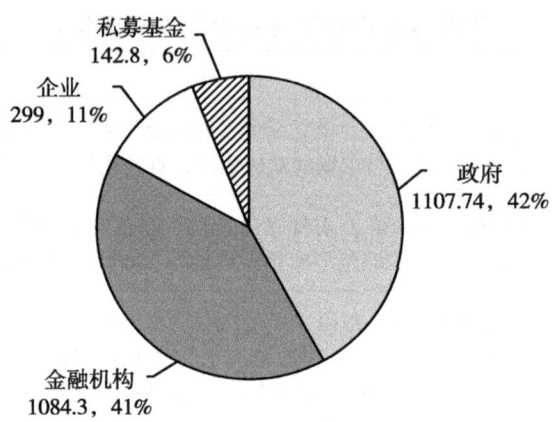

图 3　绿色产业引导基金募资来源结构

资料来源：根据企查查等网站数据整理。

如果剔除国家绿色发展基金，则总规模 1773 亿元，政府及出资平台出资占比上升至 52%，金融机构出资占比下降 29%，企业出资占比 11% 保持不变，私募基金出资占比提高至 8%（见图 4）。

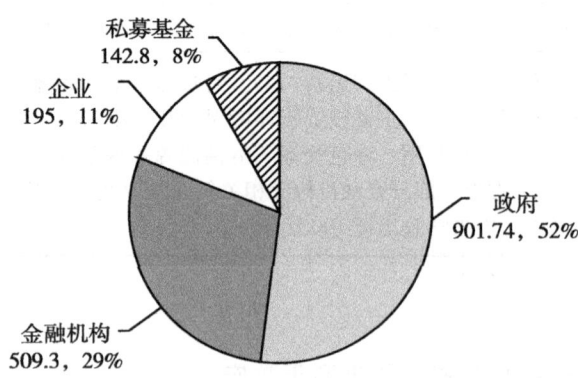

图 4　绿色产业引导基金募资来源结构（剔除国家绿色发展基金）

资料来源：根据企查查等网站数据整理。

从上述数据来看，绿色产业引导基金的募资来源结构与其他政府产业引导基金基本相同，政府及出资平台出资比例在 50% 以上，金融机构是第二大主力，为 30%—40%，剩余为企业与私募基金。

3. 绿色产业引导基金呈倍数撬动社会资本

经测算，目前绿色产业引导基金规模在3000亿元左右，经过放大后，理论规模在6000亿元左右，政府出资的放大倍数基本上在4倍。从出资人结构来看，政府及出资平台的出资额占比超过50%，其次为金融机构出资，占比30%左右，剩余部分的出资人是企业与私募基金，两者规模相当。

根据图中信息的监管数据显示，目前80%的政府产业引导基金实际放大倍数大于4倍，可见，政府产业引导基金在一定程度上发挥了财政资金杠杆作用，带动了社会资本。

从各省的情况来看，基本上政府出资的实际放大倍数理论上也在3—4倍。广西财政厅2020年10月公开信息显示，2016年以来广西政府投资引导基金已参与的科创、产业投资基金及工业、交通产业类大基金实缴金额共121.04亿元，其中自治区本级财政实缴出资27.75亿元，带动社会资本54.78亿元，国有资本17.63亿元，金融机构46.79亿元，以股权投资形式放大财政资金杠杆4倍以上。深圳市创新投资集团有限公司政府产业引导基金管理总部总经理申少军在2019年12月20日由投资家网主办、中国科技金融促进会风险投资专业委员会联合主办的"投资家网2019中国股权投资年度峰会暨颁奖盛典"上称，深圳引导基金过往统计显示，政府产业引导基金设立能够有效继续放大社会出资效益，大概规模在3倍左右①。

政府产业引导基金的引导作用与放大效应可以分为两部分：一是在政府产业引导基金层面上直接引入社会资本；二是政府产业引导基金在作为LP进行投资时，进一步放大基金规模，引入社会资本。

二、绿色财政支出政策评述

党的十八大以来，绿色财政支出政策不断地丰富和完善，为此，我们对已经实施的政策从效果和问题两方面进行简单的评述。

---

① 董瑞华. 绿色产业引导基金能撬动几倍社会资本？[EB/OL]. https://www.zhonghongwang.com/show-278-215390-1.html.

（一）绿色财政支出政策实施取得的成效

1. 经济效益

党的十八大以来，在生态文明建设理念的推动下，财政在绿色发展方面给予了大力的支持，也取得了显著的成效。以绿色发展为取向，深化资源性产品价格和税费改革，创新环境经济政策改革，完善碳交易及排放权交易制度，实施生态补偿，加大改革开放力度，落实民营中小企业政策和减税降费措施，打造法治化、透明化、多元化的市场环境，破除阻碍新技术、新产品、新业态发展的制度藩篱，充分发挥市场经济政策的作用，促进产业绿色转型升级。

党的十八大以来，面对能源供需格局新变化、国际能源发展新趋势，以习近平同志为核心的党中央提出了"四个革命、一个合作"能源安全新战略，为新时代能源高质量发展指明了方向，能源供给侧结构性改革持续推进，能源安全保障能力不断增强，多轮驱动的供应体系基本建成，能源绿色低碳转型步伐加快，能效水平稳步提升，节能降耗成效显著，能源事业取得新进展。其中，财政对光伏等新能源的发展给予了大力的支持，有助于我国的能源结构转型。此外，国家大力支持新能源汽车产业的发展，新能源汽车财政支出政策的实施，取得了良好的政策效果。一是促进新能源汽车产业发展，有效培育了市场。二是促进节能减排目标的实现，减少石油对外依存度。三是促进技术进步，创新溢出效应显著。

2. 社会效益

全社会生态环境保护意识显著提升，绿色发展成为全社会共识。建设生态文明是中华民族永续发展的千年大计，"绿水青山就是金山银山"写入了党章，"生态文明"写入了宪法。越来越多地方把推进生态文明建设和加强生态环境保护作为机遇和重要抓手，努力走发展经济和保护环境双赢之路。企业依法治污、依法排污，保护环境的法治意识、主体意识也在加快形成，全社会关心环境、参与环保、贡献环保的行动更加自觉。建立现代化多元环境治理体系与能力，充分发挥社会各方力量，形成生态文明建设的社会动员能力，建立生态环境保护的内生动力机制。

中国生态文明建设获国际认可。一是国际机构开展的全球可持续发展目标趋势评估表明，中国改善趋势显著。联合国可持续发展解决方案网络（SDSN）与贝塔斯曼基金会联合发布《2019年实现可持续发展目标所需转变及其指数和指示板全球报告》。报告指出，2019年中国的可持续发展目标指数（SDGs①）得分为73.2分，在162个参评国家中排名第39位，比2018年上升了15个名次（2018年共156个国家参评，中国居第54位，可持续发展目标指数得分70.1分），比2017年上升了32个名次（2017年共157个国家参评，中国居第71位，可持续发展目标指数得分67.1分）。2020年②、2021年③和2022年④由于受到疫情影响，全球的SDGs指标整体下降，中国在参评国家中的排位有所下降，但还是位于前三分之一的位置。

二是国际人士积极评价中国生态文明建设的巨大成就。中国大力探索以生态优先、绿色发展为导向的生态文明建设路径，成就受到国际社会的高度关注和赞誉，对分享中国成功经验的兴趣日益浓厚。比如联合国开发计划署署长施泰纳指出，中国政府近几年把自身的发展路径、经验和新发展思路与世界分享，是对世界发展的重要贡献。德国能源观察集团主席汉斯表示，中国城市空气质量有了较大改善，水体更加清洁，大规模的绿化和植树造林工程让越来越多的荒漠变成绿洲，中国在风能、太阳能以及电动汽车等环保科技领域取得重大突破，环保工业生产水平已居全球领先地位；美国自然资源保护委员会中国项目主任芭芭拉·费雯莉指出，中国已成为清洁能源技术研发、生产和应用的全球领军者，这些技术对于加强中国能源安全、保护人民身体健康、维护全球生态安全至关重要⑤。

3. 环境效益

一是在财政资金的支持下，全国环境质量改善明显。截至2020年底，全国337个城市中，202个城市环境空气质量达标，占59.9%，比2015年底提升30.5个百分点；优良天数比例为87.0%，比2015年底提升5.8个百分点；重污染及以上天数比例为1.2%，比2015年底降低1.6个百分点；全国地表水1940个水质断面中，Ⅰ—Ⅲ类比例为83.4%，比2015年底提升17.4个百分点；劣Ⅴ类比例为0.6%，比2015年底下降9.1个百分点；摸清了全国土壤污染底数，部分涉重金

---

① 联合国可持续发展目标（Sustainable Development Goals, SDGs），2015年9月25日，联合国可持续发展峰会在纽约总部召开，联合国193个成员国在峰会上正式通过17个可持续发展目标。

② 《Sustainable Development Report 2020 – The Sustainable Development Goals and Covid – 19》.

③ 《Sustainable Development Report 2021 – The Decade of Action for the Sustainable Development Goals》.

④ 《Sustainable Development Report 2022 – From Crisis to Sustainable Development: the SDGs as Roadmap to 2030 and Beyond》.

⑤ 中国生态文明建设获国际认可 探索高质量可持续发展道路 [EB/OL]. http://www.cnmzppw.com/tv/20200605142320.html.

属区域土壤污染趋势得到遏制。

二是在财政政策和市场双重驱动下，我国继续保持全球第一大新能源汽车市场地位，可再生能源发展势头良好，光伏、风电新增装机和累计装机连续多年位居世界第一。

三是在财政资金的支持下，截至2020年底，我国森林覆盖率提高到23.04%，天然草原综合植被盖度达56.1%，湿地保护率达到50%以上，沙化土地防治成为全球典范，生态产品供给明显增加，生态系统恶化趋势得到基本遏制。

四是财政政策推动绿色转型，推动绿色低碳发展。以推动绿色发展为主题，以生态文明建设实现新进步为目标，有力推动了经济高质量发展，强化节能提高能效，大力调整能源结构，推动绿色低碳发展，进一步提升生态系统质量和稳定性，不断强化财政在推进国家治理体系和治理能力现代化中的支撑作用。

（二）存在的问题

1. 绿色支出的绩效评价体系不健全

自然资源资产产权不明。自然资源资产的所有权确权及登记还未完成，目前，中办、国办印发了《全民所有自然资源资产所有权委托代理机制试点方案》，针对全民所有的土地、矿产、海洋、森林、草原、湿地、水、国家公园8类自然资源资产（含自然生态空间）开展所有权委托代理试点，但是还没有正式实施。

GEP核算体系不健全。环境核算标准、指标难以统一，虽然目前关于环境价值核算的研究很多，但是目前价值核算体系不统一，指标体系不全面、不准确、不统一，评估方法也不够完善，而且不同的研究人员使用的指标类型和方法也都不一样，这样带来的结果就是同一生态系统的评估结果可能都难以统一，更不用说不同系统的生态价值核算。

2. 绿色财政支出政策存在不确定性

目前，财政支出政策在生态文明建设中发挥着不可替代的作用，但是还存在一些不确定性。一是新能源财政补贴政策，并不是长期的可持续的政策，其退坡时间难以确定，如果长期实施会导致相关企业过度依赖政府补贴，企业内生动力不足，难以促进新能源汽车行业的发展。二是财政补贴政策退坡时间不确定，导致企业发展预期不足，会带来一些风险，比如企业的发展规划难以确定等。三是财政支持政策的退坡实践没有科学合理的评价体系，导致有的地方在财政资金退坡后相关的协议难以为继，特别是经济发展较落后的地区，而且财政资金的退坡也会打击地方的积极性。

3. 绿色财政支出的事权和支出责任不清晰

建立权责清晰的中央和地方财政关系是建立现代财政制度的重要内容，也说明政府间的事权和支出责任匹配程度还没有达到最高目标。在独具中国特色的财政分权体制下，我国的环境基本公共服务严重不足，与人民对美好生活的向往之间的矛盾越来越重，这主要是由于传统的将环境保护责任下放给地方政府的弊端日渐凸显，中央政府与地方政府间的事权与支出责任划分不清晰造成的。

（三）绿色财政支出政策建议

1. 加强绿色财政支出政策的统筹协调

加大财政支持力度不是简单的"行业＋增支"的叠加，特别是现阶段我国正处于国际国内严峻形势的关键时期，同时面临严苛的环境约束指标，政府又在过"紧日子"的大背景下，财政政策应着力在及时、精准、有效上下功夫。一是要统筹财政资源，集中力量办大事，而不是简单地加大财政支出。二是优化财政支出结构，下一步我们要通过评估确定财政支出的重点领域，比如加大对推动低碳发展和能源结构转型的先进技术研发的支持，以及加快对成熟低碳技术的推广和应用；通过优化政府采购等政策，加快新型基础设施建设和现有设施的绿色改造；加大对生态建设等的支持，提高生态碳汇能力。三是优化财政补贴政策，随着"碳达峰碳中和"目标的提出，我们面临着仅用40年左右时间就要将85%的化石能源系统变成净零碳排放能源系统的巨大挑战。四是建立绿色采购引导机制，加大绿色产品采购力度，支持绿色技术创新和绿色建材、绿色建筑发展。政府"绿色采购"是公共财政的重要组成部分，所以为社会公众提供绿色环保的产品也是财政的职责所在，通过建立绿色采购引导机制，可以在绿色生产和绿色消费之间架起一座桥梁，对于促进经济社会全面绿色转型有着重要的意义。同时，随着"双碳"目标的提出，对于绿色技术的需求更高，特别是在建材、建筑等高碳排放领域，亟须通过政府绿色采购绿色建材等来引导绿色消费，这也是实现"双碳"目标的重要财政手段。

2. 建立动态的绿色财政支出进出机制

现有的财政支出很多是阶段性的补贴政策，面临着不确定性，所以亟须建立动态机制。特别是在新能源等新兴产业的发展后期，政府补贴政策应该逐步退坡，并探索采用税收政策等市场经济国家通用的财政政策手段，建立长效机制。我们要进一步研究对可再生能源、清洁能源的动态财政补贴政策，更好地推动能源结构转型。因为财政补贴政策不是一劳永逸的，而且还有可能造成相关企业对其的依赖，不利于企业可持续的发展，所以财政补贴政策要逐步退坡或者动态调整。

3. 明晰绿色财政事权和支出责任

根据已出台的《环境保护领域中央与地方共同财政事权和支出责任划分改革方案》，适当扩大中央在跨区域生态环境保护方面的事权，对关乎国家生态安全的重要区域，要进一步加大纵向转移支付力度，充分发挥中央的协调和指导作用。

4. 完善绿色财政支出绩效评价体系

一是加快进行自然资源的测算和自然资源产权体系的建立，为考核评价夯实基础。党的十九届四中全会提出，"推进自然资源统一确权登记法治化、规范化、标准化、信息化，健全自然资源产权制度"。要尽快完成资源环境承载能力普查和自然资源产权登记信息化平台建设，并发布综合评价结论。加快建立统一的流域生态资源产权确权登记系统，制定产权主体权力清单，清晰界定产权主体权利，同时要在此基础上进一步开发生态资源补偿评估鉴定系统，从而推动生态补偿统一标准的建立。

二是选择不同地区、不同条件、有代表性、有典型性的地区作为绿色 GDP 试点，将绿色 GDP 核算体系纳入地方政府考核体系中，在实施过程中把握节奏和力度，考虑各地区差异性，重在纵向对比，避免横向攀比，确保能够合理、科学反映地方真实生态环境保护与经济社会发展情况。

5. 形成政策合力，加快建立多元化投入机制

处理好政府与市场关系，坚持"谁污染，谁治理""谁破坏，谁恢复"的原则，落实市场主体责任，发挥企业污染治理主体作用。发挥财政资金"四两拨千斤"的撬动作用，更多运用市场化的办法，推动国家绿色发展基金尽早注册挂牌，合理推广政府和社会资本合作（PPP），进一步健全排污权和碳排放权等市场交易机制，撬动更多的社会资本进入促进绿色发展领域。

6. 其他配套政策

一是建立健全相关的法律法规体系，目前关于"双碳"的立法是欠缺的，应

该加快相关法律法规的出台。二是发展绿色金融。扩大资金支持和投资,建立完善绿色金融体系,支持金融机构发行绿色债券、创新绿色金融产品和服务,积极推进"双碳"目标的实现。三是推进节能低碳建筑和低碳设施。加快发展超低能耗、净零能耗、低碳建筑,鼓励发展装配式建筑和绿色建材,在基础设施建设运行管理的各个环节,落实低碳理念,建设低碳智慧城市和绿色乡村。四是加大生态保护修复力度,充分发挥碳汇作用,助力实现碳中和。碳汇主要包括人工碳汇和生态碳汇,我国在生态碳汇方面具备较好的基础,比如防护林的建设、生态保护修复工程的试点等。下一步,我们要继续推进天然林资源保护、退耕还林还草等重大工程,强化森林、草原、湿地、沙化土地保护修复和治理,支持开展大规模国土绿化行动,提升生态系统碳汇能力。

参考文献:

[1] 陈少强. 建立国家节能减排财政政策综合示范评价与推广平台[J]. 财政研究,2012(10):33-35.

[2] 陈少强,程瑜. 完善我国节能减排财政政策的总体取向和政策建议[J]. 财政科学,2017(05):5-11.

[3] 戴慧. 新能源汽车补贴政策效果回顾及未来调整建议[J]. 价格理论与实践,2021(09):28-30+50.

[4] 傅志华,苏明. 保障我国能源供应的若干财税政策探讨[J]. 天津经济,2006(02):60-62.

[5] 王金南,程亮,陈鹏. 国家"十三五"生态文明建设财政政策实施成效分析[J]. 环境保护,2021,49(05):40-43.

[6] 郑晓楠,宋英杰. 政府引导基金对环保技术扩散的影响研究[J]. 海峡科技与产业,2021,34(10):42-46.

[7] 周全,董战峰,潘若曦. 《2019年实现可持续发展目标所需转变及其指数和指示板全球报告》分析与政策建议[J]. 环境与可持续发展,2021,46(01):95-101.

[8] 朱晋,赵燕. 绿色产业基金的发展模式与发展策略[J]. 银行家,2017(07):96-98.

中国绿色税收实践

邢 丽 刘 昶

摘　要：为了更好地解决可持续发展问题，中国提出绿色发展新理念，并且改革完善了与绿色发展相适配的税收政策。目前，中国已经基本形成多环节覆盖、多税种共治、多政策组合的绿色税收政策体系。而且，中国的绿色税收政策在助力生态环境质量改善、促进资源节约集约开发利用、促进能源结构优化以及推动社会治理等方面取得显著成效。但是，要实现经济社会发展全面绿色转型的目标，中国的绿色税收政策体系尚存在一定的完善空间。因此，建议强化绿色税收与经济循环各环节的适配性，注重多环节多税种以及多政策之间的协调配合，并全面积极融合"双碳"战略目标，从绿色主体税种、绿色辅助税种以及绿色税收优惠政策等方面改革完善现行的绿色税收政策，进一步发挥其对绿色低碳高质量发展的积极促进作用。

关键词：绿色税收；绿色发展；"双碳"目标；减污降碳

［作者简介］

邢丽，经济学博士，中国财政科学研究院副院长、研究员，硕士生导师。中国财政学会第十届理事会副秘书长、中国国际税收研究会第六届理事会理事。主要研究方向为财政、税收理论与政策。

刘昶，经济学博士，中国财政科学研究院公共收入研究中心助理研究员。主要研究方向为财税理论与政策、政府预算管理。

China's Green Tax Policy Practice

Xing Li　Liu Chang

Abstract: In order to better solve the problem of sustainable development, China has put forward a new concept of green development and reformed and improved the tax policies that are compatible with green development. At present, China has basically formed a green taxation policy system with multi-link coverage, multi-tax co-management and multi-policy combination. Moreover, China's green tax policies have achieved remarkable results in helping to improve the quality of ecological environment, promoting the economical and intensive development and utilization of resources, promoting the optimization of energy structure and promoting social governance. However, to achieve the goal of comprehensive green transformation of economic and social development, China's green taxation policy system still has some space for improvement. Therefore, it is recommended to strengthen the adaptability between green taxation and various links of the economic cycle, pay attention to the coordination and cooperation among multiple links, multiple taxes and multiple policies, and comprehensively and actively integrate the "Double Carbon" (peak carbon dioxide emissions and carbon neutrality) strategic goal, reform and improve the existing green taxation policies in terms of green main taxes, green supplementary taxes and green taxation preferential policies, so as to further The green tax policy should be reformed and improved in terms of green main tax, green supplementary tax and green tax preferential policy, so as to further promote the green, low-carbon and high-quality development.

Keywords: Green Taxation; Green Development; Carbon Peaking and Carbon Neutrality Goals; Reduction of Pollution and Carbon Emissions

党的十八届五中全会明确将"绿色"确立为五大新发展理念之一。为了贯彻和落实绿色发展理念，我国通过环境保护税立法、资源税改革等绿色主体税种改革，消费税、耕地占用税等配套税种改革，以及企业所得税、增值税等节能节水环保和资源综合利用方面税收优惠政策的调整完善，逐渐形成了多环节覆盖、多税种共治、多政策组合的绿色税收体系。这一系列的绿色税收改革措施取得了显著的成效。但是与经济社会发展全面绿色转型的要求相比，我国现行的绿色税收政策体系还有一定的完善空间。因此，未来我国的绿色税收体系还需要进一步改革，以提高其与经济社会发展全面绿色转型的适配性。

一、中国逐渐形成多环节覆盖、多税种共治、多政策组合的绿色税收体系

绿色税收体系也称作绿色税制，一般是指能够实现生态环境保护、资源节约集约利用以及推进绿色生产和消费的税种及税收政策的总称。从我国绿色税收体系的构成看，既包括直接对污染物排放征收的环境保护税和促进资源集约利用的资源税等主体税种，也包括其他直接或间接与环境资源相关的消费税和耕地占用税等绿色相关税种，还包括企业所得税和增值税等涉及节能环保和资源综合利用的绿色税收优惠政策。

绿色税收体系主要从限制和鼓励（或奖励）两个方向发挥作用。一是限制，即通过征税的方式来限制污染环境和浪费资源的产品的生产和消费。二是鼓励或奖励，即通过税收优惠的形式对节能节水环保以及资源综合利用的产品和行为进行鼓励。绿色税收政策通过有限有奖双向发力，助力资源和环境保护，促进经济绿色发展。具体而言，我国在对浪费资源、污染环境的行为实施税收限制的同时，对资源节约型、环境友好型行为的税收激励力度也不断加大，如对购置新能源汽车免征车辆购置税等，较好地体现了税收在资源环境保护方面有奖有限的政策导向（见表1）。

表 1　　　　　　　　　我国绿色税收体系一览表

税种	环节	目标或目的 作用机制	主要内容（如征税对象、优惠政策等）	立法时间
环境保护税	排放	保护和改善环境，减少污染物排放，推进生态文明建设 限制/奖励	针对大气污染物、水污染物、固体废物和噪声等应税污染物征税	环境保护税法 公布：2016年12月 施行：2018年1月1日 环境保护税法实施条例 公布：2017年12月30日 施行：2018年1月1日
资源税	开采、生产	合理开发利用自然资源 限制/奖励	应税资源，如能源矿产、金属矿产、非金属矿产、水气矿产、盐	资源税法 2019年8月26日 2020年9月1日
消费税	消费或消耗、生产、进口	保护环境、节约资源能源 限制/奖励，寓禁于征、更多的是限制，几乎无优惠	部分高耗能、高污染和资源性产品，如鞭炮、烟火、成品油、小汽车（排气量、超豪华）、摩托车（气缸容量）、木制一次性筷子、实木地板、电池、涂料	消费税法（征求意见稿） 2019年12月3日 消费税暂行条例 制定1993年12月13日 施行2009年1月1日 暂行条例实施细则 2008年12月15日
车辆购置税	购置（购买、进口、自产自用）	保护环境、节约能源、鼓励使用新能源 限制/奖励	应税车辆：购置汽车、有轨电车、汽车挂车、排气量超过一百五十毫升的摩托车；城市公交企业购置的公共汽电车辆	车辆购置税法 2018年12月29日 2019年7月1日
车船税	消耗	保护环境、节约能源、鼓励使用新能源 限制/奖励	应税车辆、船舶 对乘用车按排气量分档设置税额 对节约能源、使用新能源的车船可以减征或者免征车船税	车船税法 2011年2月25日通过 2019年4月23日修订 车船税法实施条例 2011年11月23日通过 2012年1月1日起施行
耕地占用税	消耗	合理利用土地资源，加强土地管理，保护耕地 限制/奖励	占用耕地建设建筑物、构筑物或者从事非农业建设	耕地占用税法 2018年12月29日 2019年9月1日 耕地占用税法实施办法 2019年8月29日 2019年9月1日

续表

税种	环节	目标或目的作用机制	主要内容（如征税对象、优惠政策等）	立法时间
城镇土地使用税	消耗	合理利用城镇土地 限制/奖励	在城市、县城、建制镇、工矿区范围内使用土地	城镇土地使用税暂行条例 1988年9月27日 1988年11月1日
企业所得税	生产	奖励	节能节水环保、资源综合利用以及合同能源管理、环境污染第三方治理等方面的所得税优惠政策	—
增值税	生产、消费	奖励	节能节水环保和资源综合利用的增值税优惠政策	—
关税	进口、出口	奖励/限制	降低或取消能源、资源性或环境友好型产品的进口关税，或者提高对环境危害较大的产品的进口关税；征收或者提高高耗能、高污染、资源性产品的出口关税	—

资料来源：财政部网站。

党的十八大以来我国采取了一系列绿色税收改革调整完善措施，目前已经基本形成覆盖开采、生产、流通、排放、消费等多个环节，以环境保护税和资源税为主体、消费税和耕地占用税等绿色税种相配合的多税种共治，以及增值税和企业所得税等多种税收优惠政策系统组合的绿色税收体系。这些改革措施既包括对现有税种和税收政策的调整完善，也包括以立法的形式新开设环境保护税这一里程碑式的改革。并且，逐渐建立起了基本成型的绿色税收法律体系框架，比如，环保税法、车购税法、耕地占用税法以及资源税法全部完成立法。下面将分税种分别论述各自取得的改革进展。

（一）开采和排放环节的绿色主体税种完成立法

绿色主体税种指的是整个税种完全就是为了生态资源环境目的而设立，因此是完全和完整的绿色税种。目前，我国税收体系中的环境保护税和资源税都是完全基于生态资源环境而设计开征的税种。其中，环境保护税以保护生态环境为目的，而资源税则以资源合理开发利用为目的。

1. 通过费改税完成环境保护税立法

环境保护税是在污染排放环节针对污染排放征收的一种税，采用"多排多征、少排少征、不排不征"的正向减排激励机制。我国的环境保护税法自2007年国务院首次提到"研究开征环境税"到2016年正式通过审议真正落地，历经九年磨砺，才得以有了这一专门为环境保护而出台的独立税法，也是我国第一部完整的绿色单行税法。该法也是党的十八届三中全会提出全面落实"税收法定原则"要求后通过的第一部税法，对坚持绿色发展理念和推动生态文明建设都具有重要意义。

2016年12月，《中华人民共和国环境保护税法》（以下简称《环境保护税法》）获表决通过，并于2018年1月1日起施行。《环境保护税法》以法律形式确立了其计税依据、应纳税额、税收减免和征收管理等。《环境保护税法》针对大气污染物、水污染物、固体废物和噪声这四大类、共计117种主要污染因子进行征税；以排污费的缴纳人作为纳税人，根据每污染当量数对应税大气污染物和水污染物计税，以每吨衡量固体废物，而噪声的计税单位是超标的分贝值高低。

"十三五"中后期还对环保税的具体政策进行了一些调整。主要是2018年3月发布的《关于环境保护税有关问题的通知》（财税〔2018〕23号），以及当年10月发布的《关于明确环境保护税应税污染物适用等有关问题的通知》（财税〔2018〕117号）。这两个文件主要是针对环保税在实践中的具体问题进行的一些细节规定。

2. 全面推开资源税改革并完成立法

我国的资源税是对在中国领域和管辖的其他海域开采矿产品或者生产盐的单位和个人征收的税。该税在资源开采环节征收，对于促进资源节约集约利用、加强生态环境保护等发挥着重要作用①。

党的十八大以来，为了促进资源节约集约利用，我国全面推进资源税改革。具体措施包括，推行从价计征改革，扩大资源税征收范围，开展水资源税改革试点工作，逐步将其他自然资源纳入征收范围。2014年12月，煤炭资源税从价计征改革全面实施，煤炭资源税税率幅度定为2%—10%，同时全面清理涉煤收费基金。2016年7月，绝大多数矿产品资源税由从量定额计征改为从价定率计征，并

---

① 中国人大网. 财政部刘昆部长关于《中华人民共和国资源税法（草案）》的说明［EB/OL］. 2019-08-27.

且在河北率先开展水资源税改革试点工作,通过水资源费改税方式,将地表水和地下水纳入征税范围。2017年12月,我国又将水资源税改革试点扩大到北京、天津、山西、内蒙古、山东、河南、四川、陕西、宁夏9省(区、市),连同之前开展改革试点的河北省,目前共有10个省份正在进行水资源费改税试点。10省(区、市)水资源税最低平均税额情况如表2所示。

表2　　　　　　　　试点省份水资源税最低平均税额表　　　　　　单位:元/立方米

省(区、市)	地表水最低平均税额	地下水最低平均税额
河北	0.4	1.5
北京	1.6	4
天津	0.8	4
山西	0.5	2
内蒙古	0.5	2
山东	0.4	1.5
河南	0.4	1.5
四川	0.1	0.2
陕西	0.3	0.7
宁夏	0.3	0.7

资料来源:根据财政部网站相关文件整理。

我国还在前期改革的基础上推进资源税立法,使其成为我国第二部绿色税法。2019年8月我国通过将资源税条例升级为资源税法,并于2020年9月实施。新的资源税法除了对相关的资源产品征税外,还以税收优惠的形式提高资源综合利用率。如税法规定从低丰度油气田、低品位矿、尾矿、废石中采选的矿产品,经国土资源等主管部门认定可以减征20%资源税(见表3)。

表3　　　　　　　　　　资源税改革调整情况表

时间	文件名	文号	备注
2014年10月9日	财政部 国家税务总局关于实施煤炭资源税改革的通知	财税〔2014〕72号	在全国范围内实施煤炭资源税从价计征改革,同时清理相关收费基金。
2016年5月9日	关于全面推进资源税改革的通知	财税〔2016〕53号	扩大资源税征收范围。开展水资源税改革试点工作。逐步将其他自然资源纳入征收范围。

续表

时间	文件名	文号	备注
2016年5月9日	关于资源税改革具体政策问题的通知	财税〔2016〕54号	—
2016年5月9日	关于印发《水资源税改革试点暂行办法》的通知	财税〔2016〕55号	—
2016年12月1日	关于河北省水资源税改革试点有关政策的通知	财税〔2016〕130号	根据（财税〔2016〕55号）有关规定，明确水资源税改革试点有关政策问题。
2017年11月24日	关于印发《扩大水资源税改革试点实施办法》的通知	财税〔2017〕80号	2017年12月1日，在北京、天津、山西、内蒙古、山东、河南、四川、陕西、宁夏9省（区、市）启动水资源税扩大改革试点。
2018年3月29日	关于对页岩气减征资源税的通知	财税〔2018〕26号	为促进页岩气开发利用，有效增加天然气供给，自2018年4月1日至2021年3月31日，对页岩气资源税（按6%的规定税率）减征30%。
2019年8月26日	资源税法		将资源税条例升级为资源税法，于2020年9月1日施行。
2020年6月24日	关于继续执行的资源税优惠政策的公告	财政部 税务总局公告2020年第32号	自2018年4月1日至2021年3月31日，对页岩气资源税减征30%。
2020年6月28日	关于资源税有关问题执行口径的公告	财政部 税务总局公告2020年第34号	—

资料来源：财政部网站。

（二）生产、购置和消费环节绿色辅助税种逐渐完善

除了环境保护税和资源税这一对绿色主体税种外，我国现行税收体系中还有其他一些独立税种的绿色导向性也很明显。典型的如，消费税和耕地占用税等税种，这些辅助税种配合绿色主体税种对保护生态资源环境同样发挥着重要的作用。

1. 消费税

消费税是针对特定消费品或消费行为而征收的流转税。我国在对商品和服务普遍征收增值税的基础上选择特定商品征收消费税。在消费环节加大对特定商品的税收调节力度，有利于合理引导、鼓励或限制特定商品的生产和消费行为。资源和环境因素通常是各国消费税改革调整的重要影响因素，目前国际上普遍存在消费税绿色化（greening）的趋势。我国的消费税通过将部分高耗能、高污染和资源性产品纳入征收范围，其绿色化程度也越来越深。目前，消费税15个税目中有8个税目与绿色相关。比如，鞭炮、烟火、电池和涂料等危害环境的产品税目，以及成品油、木制一次性筷子、实木地板等消耗资源能源产品的税目（见表4）。

表4　　我国消费税税目绿色化情况表

序号	税目	与生态资源环境的关系	备注
1	鞭炮、烟火	燃放污染环境	—
2	成品油	消耗资源 污染环境	—
3	小汽车	消耗资源 排放污染环境	按气缸容量设置不同税率。同时对超豪华小汽车加征消费税。
4	摩托车	消耗资源 排放污染环境	按气缸容量征收。气缸容量小于250毫升（不含）的小排量摩托车不征收消费税。
5	木制一次性筷子	消耗资源	—
6	实木地板	消耗资源	—
7	电池	污染环境	—
8	涂料	污染环境	施工状态下挥发性有机物（VOC）含量低于420克/升（含）的涂料免征消费税。

资料来源：财政部网站。

党的十八届三中全会通过的《中共中央关于全面深化改革若干重大问题的决定》明确提出"调整消费税征收范围、环节、税率，把高耗能、高污染产品及部分高档消费品纳入征收范围"。党的十八大以来，在此改革路线的指导下我国持续完善绿色消费税制度，并对相关政策进行调整。相关改革调整具体如下：

一是提高成品油消费税。为促进环境治理和节能减排，财政部和国家税务总局在45天内连续3次提高成品油消费税。第一次是2014年11月28日发布《关于提高成品油消费税的通知》(财税〔2014〕94号)。通知规定自2014年11月29日起,将汽油、石脑油、溶剂油和润滑油的消费税单位税额在现行单位税额基础上提高0.12元/升。将柴油、航空煤油和燃料油的消费税单位税额在现行单位税额基础上提高0.14元/升。航空煤油继续暂缓征收。此后,又分别于2014年12月12日和2015年1月12日连续两次提高成品油消费税,具体情况如表5所示。

表5　　　　　　　　　提高成品油消费税情况

时间	政策内容	目的	文件
2014年11月28日	一、将汽油、石脑油、溶剂油和润滑油的消费税单位税额在现行单位税额基础上提高0.12元/升。 二、将柴油、航空煤油和燃料油的消费税单位税额在现行单位税额基础上提高0.14元/升。航空煤油继续暂缓征收。 三、本通知自2014年11月29日起执行。	为促进环境治理和节能减排	《财政部 国家税务总局关于提高成品油消费税的通知》(财税〔2014〕94号)
2014年12月12日	一、将汽油、石脑油、溶剂油和润滑油的消费税单位税额由1.12元/升提高到1.4元/升。 二、将柴油、航空煤油和燃料油的消费税单位税额由0.94元/升提高到1.1元/升。航空煤油继续暂缓征收。 三、本通知自2014年12月13日起执行。	为促进环境治理和节能减排	《财政部 国家税务总局关于进一步提高成品油消费税的通知》(财税〔2014〕106号)
2015年1月12日	一、将汽油、石脑油、溶剂油和润滑油的消费税单位税额由1.4元/升提高到1.52元/升。 二、将柴油、航空煤油和燃料油的消费税单位税额由1.1元/升提高到1.2元/升。航空煤油继续暂缓征收。 三、本通知自2015年1月13日起执行。	为促进环境治理和节能减排	《财政部 国家税务总局关于继续提高成品油消费税的通知》(财税〔2015〕11号)

资料来源:财政部网站。

二是对电池和涂料征收消费税。根据《财政部 国家税务总局关于对电池 涂料征收消费税的通知》(财税〔2015〕16号)的规定,自2015年2月1日起对电池和涂料征收消费税。

三是对超豪华小汽车加征消费税,并调整小汽车进口环节消费税。为了引导合理消费,促进节能减排,2016年11月30日调整完善小汽车消费税,对超豪华小汽车加征消费税,并相应调整进口环节的消费税。具体地,在"小汽车"

税目下增设"超豪华小汽车"子税目。征收范围为每辆零售价格130万元（不含增值税）及以上的乘用车和中轻型商用客车，即乘用车和中轻型商用客车子税目中的超豪华小汽车。对超豪华小汽车，在生产（进口）环节按现行税率征收消费税基础上，在零售环节加征消费税，税率为10%[①]。同日，还相应调整了小汽车进口环节消费税。对特定人员进口自用，且完税价格130万元及以上的超豪华小汽车消费税，按照生产（进口）环节税率和零售环节税率（10%）加总计算[②]（见表6）。

表6　　2016年小汽车消费税调整后的税目税率表

子税目	税率	
	生产（进口）环节	零售环节
1. 乘用车		
（1）气缸容量（排气量，下同）在1.0升（含1.0升）以下的	1%	
（2）气缸容量在1.0升以上至1.5升（含1.5升）的	3%	
（3）气缸容量在1.5升以上至2.0升（含2.0升）的	5%	
（4）气缸容量在2.0升以上至2.5升（含2.5升）的	9%	
（5）气缸容量在2.5升以上至3.0升（含3.0升）的	12%	
（6）气缸容量在3.0升以上至4.0升（含4.0升）的	25%	
（7）气缸容量在4.0升以上的	40%	
2. 中轻型商用客车	5%	
3. 超豪华小汽车	按子税目1和子税目2的规定征收	10%

资料来源：财政部网站。

四是延长相关优惠政策期限，并提出后移消费税征收环节，稳步下划地方的改革。为了进一步促进资源综合利用和环境保护，国家延长了对废矿物油再生油品免征消费税政策的实施期限[③]。另外，"十三五"后期还提出后移消费税征收环节并稳步下划地方的改革[④]。按照健全地方税体系改革要求，在征管可控的前提

[①]《关于对超豪华小汽车加征消费税有关事项的通知》（财税〔2016〕129号）。
[②]《关于调整小汽车进口环节消费税的通知》（财关税〔2016〕63号）。
[③]《关于延长对废矿物油再生油品免征消费税政策实施期限的通知》（财税〔2018〕144号），2018年12月7日。
[④]《国务院关于印发实施更大规模减税降费后调整中央与地方收入划分改革推进方案的通知》（国发〔2019〕21号），2019年9月26日。

下,将部分在生产(进口)环节征收的现行消费税品目逐步后移至批发或零售环节征收,拓展地方收入来源。可以预期,在收入激励之下,地方政府会积极改善消费环境,并严格执行消费税政策。比如,长期存在的地炼企业消费税问题有望得到一定程度的解决。

2. 车辆购置税

在对浪费资源、污染环境的行为实施税收限制的同时,对资源节约型、环境友好型行为的税收激励力度也不断加大,如对购置新能源汽车免征车辆购置税等,较好地体现了税收在资源环境保护方面有奖有限的政策导向。

对新能源汽车免征车购税。我国自2014年9月开始对购置符合条件且纳入《免征车辆购置税的新能源汽车车型目录》管理的新能源汽车免征车辆购置税。2014年8月以公告形式发布第一批《免征车辆购置税的新能源汽车车型目录》。第一期政策自2014年9月1日至2017年12月31日,覆盖"十三五"前期部分年份。"十三五"后期对购置新能源汽车免征车辆购置税的政策陆续延续了两次。并且,"十三五"时期一共公布了32批次的目录,并撤销了部分不符合政策要求的车型(见表7、表8)。

表7　　　　　　对购置的新能源汽车免征车辆购置税情况表

政策依据	目录批次	政策周期
《关于免征新能源汽车车辆购置税的公告》(财政部 国家税务总局 工业和信息化部公告2014年第53号)	2014年共3批:第1批至第3批 2015年共3批:第4批至第6批 2016年共3批:第7批至第9批 2017年共6批:第10批第15批	自2014年9月1日至2017年12月31日
《关于免征新能源汽车车辆购置税的公告》(2017年第172号)	2018年共7批:第16批至第22批(期间撤销了一批2017年1月1日以前列入) 2019年共6批:第24批至第29批 2020年共8批:第30批至第38批	自2018年1月1日至2020年12月31日
《关于新能源汽车免征车辆购置税有关政策的公告》(财政部公告2020年第21号)	2021年共批:第39批至第50批 2022年共4批①:第51批至第54批	自2021年1月1日至2022年12月31日

资料来源:财政部、工信部官网。

---

① 截至2022年5月26日。

表8　　　　　　　　　　绿色车辆购置税政策

文件名	文号	备注
《关于免征新能源汽车车辆购置税的公告》	财政部 国家税务总局 工业和信息化部公告2014年第53号	自2014年9月1日至2017年12月31日
《关于城市公交企业购置公共汽电车辆免征车辆购置税的通知》	财税〔2016〕84号	自2016年1月1日起至2020年12月31日止，对城市公交企业购置的公共汽电车辆免征车辆购置税。
《关于减征1.6升及以下排量乘用车车辆购置税的通知》	财税〔2016〕136号	自2017年1月1日起至12月31日止，对购置1.6升及以下排量的乘用车减按7.5%的税率征收车辆购置税。自2018年1月1日起，恢复按10%的法定税率征收车辆购置税。
《科技部关于免征新能源汽车车辆购置税的公告》	财政部 税务总局 工业和信息化部2017年第172号	对2014年第53号的延续，政策周期：自2018年1月1日至2020年12月31日
《关于车辆购置税有关具体政策的公告》	财政部 税务总局公告2019年第71号	细化具体政策。
《关于继续执行的车辆购置税优惠政策的公告》	财政部 税务总局公告2019年第75号	自2018年1月1日至2020年12月31日，对购置新能源汽车免征车辆购置税。具体操作按照2017年第172号公告有关规定执行。
《关于新能源汽车免征车辆购置税有关政策的公告》	财政部公告2020年第21号	此公告虽然颁布于2020年，但是其政策周期为：自2021年1月1日至2022年12月31日

资料来源：财政部网站、工信部网站。

3. 车船税

2012年《中华人民共和国车船税法》（以下简称《车船税法》）正式实施，这是我国首个由暂行条例上升为法律的税种。《车船税法》从法律上体现了鼓励节能减排的政策导向。按照《车船税法》规定，车船税的征税对象为机动车船，并根据乘用车的排气量设置差别税率（额），同时还对新能源汽车、公共交通车辆和节能车船给予税收优惠政策。按照《车船税法》第四条、《车船税法实施条例》第十条规定，财政部、国家税务总局以及工业和信息化部三部门细化了政策规定，对节约能源的车船减半征收车船税并对使用新能源的车船免征车船税的优惠政策。2012年3月6日出台了《关于节约能源 使用新能源车船车船税政策的通知》（财税〔2012〕19号），并根据政策要求公布了第1批和第2批共计两批次的《节约能源 使用新能源车辆减免车船税的车型目录》。2015年5月7日又出台了《关于节约能源 使用新能源车船车船税优惠政策的通知》（财税〔2015〕51号），并据此公布了第三批《享受车船税减免优惠的节约能源使用新能源汽车车型目录》。2018年7月10日出台了《关于节能 新能源车船享受车船税优惠政策的通知》（财税〔2018〕74号），并根据政策要求不定期公布了数十批次的《享受车船税减免优惠的节约能源使用新能源汽车车型目录》。其中，2018年3批，2019年6批，2020年13批，2021年11批，鼓励节能和新能源汽车发展（见表9）。

表9　　　　　　　　　节能新能源车船车船税优惠政策情况表

时间	政策依据	目录批次
2012年	《中华人民共和国车船税法》第四条、《中华人民共和国车船税法实施条例》第十条 《财政部 国家税务总局 工业和信息化部关于节约能源 使用新能源车船车船税政策的通知》（财税〔2012〕19号）	共2批：第1批至第2批
2015年	《财政部 国家税务总局 工业和信息化部关于节约能源 使用新能源车船车船税优惠政策的通知》（财税〔2015〕51号）	共1批：第3批
2018年	《财政部 税务总局 工业和信息化部 交通运输部关于节能新能源车船享受车船税优惠政策的通知》（财税〔2018〕74号）	共3批：第4批至第6批
2019年	《财政部 税务总局 工业和信息化部 交通运输部关于节能新能源车船享受车船税优惠政策的通知》（财税〔2018〕74号）	共6批：第7批至第12批
2020年	《财政部 税务总局 工业和信息化部 交通运输部关于节能新能源车船享受车船税优惠政策的通知》（财税〔2018〕74号）	共13批：第13批至第25批
2021年	《财政部 税务总局 工业和信息化部 交通运输部关于节能新能源车船享受车船税优惠政策的通知》（财税〔2018〕74号）	共11批：第14批至第34批
2022年	《财政部 税务总局 工业和信息化部 交通运输部关于节能新能源车船享受车船税优惠政策的通知》（财税〔2018〕74号）	共4批[①]：第35批至第38批

① 截至2022年5月26日。

4. 耕地占用税与城镇土地使用税

耕地占用税是对占用耕地建设建筑物、构筑物或者从事非农业建设的单位和个人征收的税。征收耕地占用税有利于合理利用土地资源以及保护耕地。我国的耕地资源非常稀缺，根据最新的调查数据显示，我国的耕地面积为12786.19万公顷（191792.79万亩）①，人均不到1.33亩②。所以我国反复重申要坚守18亿亩耕地红线③，并且划定15.5亿亩永久基本农田④。

2018年12月29日，通过《中华人民共和国耕地占用税法》，并于2019年9月1日实施。该税法是一部完善绿色税收体系、落实税收法定、促进耕地资源合理利用的绿色税法。该税采用定额税率，按照不同地区（县级行政区域为单位）的人均耕地面积设置不同的税额，人均耕地面积越少的地区税额越高。而且，对于经济特区、经济技术开发区和经济发达且人均耕地特别少的地区，适用税额可以适当提高，但是提高的部分最高不得超过本条例第五条第三款规定的当地适用税额的50%。另外，占用基本农田的，适用税额应当在本条例第五条第三款、第六条规定的当地适用税额的基础上提高50%。

保护和合理利用非耕地类的农用土地。除了耕地外，对占用非耕地类的农用土地（园地、林地、草地、农田水利用地、养殖水面、渔业水域滩涂以及其他农用地）建设建筑物、构筑物或者从事非农业建设的也须按规定缴纳耕地占有税。适用税额可以适当低于本地区按照本法第四条第二款确定的适用税额，但降低的部分不得超过50%。

除了耕地外，城镇的土地也要得到合理地利用。随着工业化和城镇化的发展，人多地少的矛盾在逐渐加剧。为了合理利用城镇土地，调节土地级差收入，提高土地使用效益，加强土地管理，我国还制定了《城镇土地使用税暂行条例》。城镇土地使用税是对在城市、县城、建制镇、工矿区范围内使用土地的单位和个人征收的税。该税按照实际占用土地面积征收，且按照城镇规模和等级设置不同的税额。该税还以税收优惠的形式促进环境保护和土地资源利用。比如，绿化地带等公共用地免税。而且，对经批准开山填海整治的土地和改造的废弃土地还可以免缴土地使用税5—10年。通过这一系列的税收优惠政策设计更强化了镇土地使用

---

① 国务院第三次全国国土调查领导小组办公室，自然资源部，国家统计局．第三次全国国土调查主要数据公报［R］．2021-08-25.
② 根据第七次全国人口普查结果计算，2020年11月1日零时全国总人口为1443497378人。
③ 全国土地利用总体规划纲要（2006—2020年）。
④ 2018年种植业工作要点。

税绿色税种属性。

(三) 其他绿色税收优惠政策也在逐步完善

除了以上这些独立的绿色税种外,我国现行税收体系中还有其他税种的部分税收优惠政策也发挥了一定的绿色导向作用。这些鼓励和促进生态环境保护和资源节约集约利用的税收优惠政策主要散布于企业所得税、增值税和关税之中,具体政策如下。

1. 企业所得税

企业所得税的绿色化主要体现在通过所得税优惠政策的设计来实现节能节水、环境保护和资源综合利用。比如为了鼓励企业利用先进的设备来减少污染排放和节约用能用水,《企业所得税法》第三十四条规定"企业购置用于环境保护、节能节水、安全生产等专用设备的投资额,可以按一定比例实行税额抵免"。同时,对可以进行税收抵免的专用设备进行目录管理。另外,为了鼓励企业对资源进行综合循环再利用,《企业所得税法》第三十三条规定"企业综合利用资源,生产符合国家产业政策规定的产品所取得的收入,可以在计算应纳税所得额时减计收入"。再比如,为了鼓励专业化的节能和治污企业的发展,国家还制定出台了鼓励第三方节能服务和污染治理的税收优惠政策。

党的十八大以来不断改革完善关于节能节水环保、资源综合利用以及合同能源管理等方面的企业所得税优惠政策。具体的绿色企业所得税政策主要体现在以下两个方面:一是重新制定了节能节水和环境保护专用设备企业所得税优惠目录。随着环保形势的不断发展,《环境保护专用设备企业所得税优惠目录(2008年)》难以完全满足实际需要。因此,2017年9月,财政部、国家税务总局、环境保护部等5部门联合发布《关于印发节能节水和环境保护专用设备企业所得税优惠目录(2017年版)的通知》(财税〔2017〕71号),自2017年1月1日起施行。对企业购置并实际使用节能节水和环境保护专用设备享受企业所得税抵免优惠政策的适用目录进行适当调整,统一按《节能节水专用设备企业所得税优惠目录(2017年版)》和《环境保护专用设备企业所得税优惠目录(2017年版)》执行。二是出台鼓励第三方污染治理的税收优惠政策。2019年4月财政部、税务总局、国家发展改革委和生态环境部发布公告,对符合条件的从事污染防治的第三方企业减按 15% 的税率征收企业所得税①。

2. 增值税

增值税主要是在资源综合利用、节能和使用新能源方面都有优惠政策。从优惠政策类型上来看主要包括免征增值税和即征即退政策，前者如对污水处理劳务、供热企业免征增值税；后者如对新型墙体材料、风力发电和资源综合利用产品及劳务的增值税实行即征即退政策。

党的十八大以来不断改革完善关于节能节水环保、资源综合利用等方面的增值税优惠政策。比如，2019 年完善了资源综合利用增值税政策。即自 2019 年 9 月起扩大磷石膏资源综合利用产品享受增值税即征即退政策的范围，并适当降低产品掺废比例标准；根据政策执行情况，将"废玻璃"项目即征即退比例由 50% 提高至 70%②。

3. 关税

绿色关税政策主要包括绿色进口关税政策和绿色出口关税政策。前者主要是通过降低或取消能源、资源性产品以及环境友好型产品的进口关税，进而降低企业的成本；或者提高对环境危害较大的产品的进口关税等来实现，从严控制"输入型"污染源。后者主要通过征收或者提高高耗能、高污染和资源性（"两高一资"）产品的出口关税来减少相应产品的出口。

在绿色进口关税方面的主要政策，如 2017 年将原税率高于 5% 的污泥干燥机、垃圾焚烧炉、太阳能热水器、风力发电机组、环境监测设备等 27 项环境产品的进口关税税率降至 5%。再如，2018 年根据国务院全面禁止进口环境危害大、群众反映强烈的固体废物的有关精神，同时与进口废物管理目录的调整相衔接，取消了废镁砖、废钢渣、废矿渣等商品的进口暂定税率，恢复执行最惠国税率③。2018 年我国继续执行 APEC 环境产品降税承诺，并继续给予有关最不发达国家零关税待遇。在绿色出口关税方面的主要政策，如为了减少国内两高一资产品的生产出口，我国自 2017 年 1 月起对铬铁等 213 项产品征收出口关税，纳入出口关税的产品项目较 2016 年有所增加。

---

① 《关于从事污染防治的第三方企业所得税政策问题的公告财政部公告》（财政部公告 2019 年第 60 号）。

② 《关于资源综合利用增值税政策的公告》（财政部 税务总局公告 2019 年第 90 号），2019 年 10 月 24 日。

③ 这些产品的进口暂定税率低于最惠国税率。

二、中国绿色税收政策改革成效显著

经过党的十八大以来的绿色税收政策改革，中国税制的绿色化程度进一步提高。绿色税收政策在促进生态环境保护、资源节约集约利用以及能源结构优化等方面的作用效果也很显著。

（一）绿色税收政策助力生态环境质量明显改善

在环境保护税等绿色税收政策的综合作用下，"十三五"规划纲要确定的9项生态环境保护约束性指标全部圆满完成。根据历年《中国生态环境状况公报》的数据显示，"十三五"期间，特别是2020年我国生态环境质量明显改善，主要污染物排放总量大幅减少。另外，从国家生态环境质量监测网的监测结果来看，"十三五"期间，我国生态环境明显改善，是迄今为止生态环境质量改善成效最大、生态环境保护事业发展最好的5年（见表10）。

表10　"十三五"时期生态环境约束性指标实际完成情况

项目	预定目标	完成情况
全国地级及以上城市优良天数比率	84.5%	超额完成（87%）
PM2.5未达标地级及以上城市平均浓度相比2015年下降	18%	超额完成（28.8%）
全国地表水优良水质断面比例提高到	70%	超额完成（83.4%）
劣Ⅴ类水体比例下降到	5%	超额完成（0.6%）
二氧化硫、氮氧化物、化学需氧量、氨氮排放量和单位GDP二氧化碳排放	—	这些指标均在2019年提前完成

资料来源："十三五"规划、《中国应对气候变化的政策与行动》白皮书。

这里以环保税为例来说明绿色税收对生态环境质量改善的重要作用。根据统计数据显示，环保税开征以来，纳税人申报的主要大气污染物二氧化硫、氮氧化物排放量年均降幅分别达3.5%、3.1%，主要水污染物化学需氧量、氨氮排放量年均降幅分别达3.8%、3.3%，环境逐年改善。与此同时，每万元GDP产值对应的污染当量数从2018年的1.16当量下降到2020年的0.86当量，降幅达25.8%①。另外，国家税务总局数据显示，环保税法实施以来，采用自动监测方法申报环保税的纳税人户数由2.3万户增长至4.4万户，纳税人因低标排放累计享受减税优惠102.6亿元，因污水集中处理享受免税红利152.2亿元，因综合利用固体废物享受免税红利39.9亿元②。

（二）绿色税收政策促使资源开发利用效率大幅提升

在资源税等绿色税收政策的综合作用下，有效促进了资源节约集约利用。这里以水资源税为例，重点说明其对促进资源合理开发和可持续利用的重要作用。水资源税在河北省先行试点基础上，从2017年12月1日起，扩大到北京、天津、山西、内蒙古、山东、河南、四川、陕西、宁夏9个省（自治区、直辖市）进行改革试点。国家税务总局数据显示，水资源税改革试点推进以来，黄河流域水资源税试点省份超过7000户纳税人不再抽采地下水，关停自备井超1.25万余眼。2018年全国10个试点省（区、市）共有8.3万户纳税人，缴纳水资源税约210亿元，超采区取用地下水量同比下降超过15%，引导企业节约用水、抑制地下水超采等效应明显，促进了国家节水行动的实施。2019年地下水漏斗区面积减少44.7平方公里，2020年超采区地下水计税取水量较改革前减少6.4%③。2020年北京、河北等10个水资源税试点省份，取用地下水水量占总水量的比例为33.5%，比改革前2016年的41.5%下降了8个百分点。

◇ 专栏1

河北省水资源税试点节水效果显著

河北省是全国水资源最贫乏的省份之一，人均水资源量仅为全国的1/7。由于水资源匮乏，经济社会发展长期依靠超采地下水维持，超采量和超采面积均为全国的1/3，是全国地下水超采最为严重的地区。与此同时，由于大量的钢铁化工等高耗水工业企业的需求，使水资源

---

① 环保税持续释放"绿色效应"绿色之路越走越宽 美丽中国越来越靓［N］.中国税务报，2021-06-11.
② "税收红利点亮绿色经济"系列观察二 从"被动减排"到"主动治污"税收红利助力企业绿色转型［EB/OL］.人民网，2021-06-18.
③ 绿色税制更精准有力［N］.经济日报，2021-01-22.

更加无节制使用,导致地表水的进一步萎缩和地下水严重超采,形成地下超采漏斗。为促进水资源节约、保护和合理利用,加强取用水管理,2016年7月1日,根据财税〔2016〕53号和财税〔2016〕55号,河北省政府颁布《关于印发河北省水资源税改革试点实施办法的通知》(冀政发〔2016〕34号),水资源费改税正式启动。水资源费改税并非是简单的税费平移,相比于水资源费,水资源税的制定更加规范,更具刚性和约束力。

河北省的水资源税对不同行业实行差别税率。工业既包括石油炼焦加工、金属冶炼加工、采掘等重工业,又包括纺织、造纸等轻工业,覆盖了用水大户高耗水企业,因此,工商业负担了超过60%的水资源税收,为缴纳水资源税的第一大行业,2017—2019年分别为65.43%、64.68%、61.53%。2017—2019年工商业所缴纳的税额基数呈现先上升后下降的趋势(见图1)。水资源费改税政策实施后,一方面,政府角度是从非税收入变为税收收入;另一方面,企业角度是从上缴的行政事业性费用变为企业按照税收法规严格执行的纳税义务。因此,政府对于企业的取用水监管将会更为严格,加之地表水中工业的税额标准最高是原水资源费标准的1.5倍,地下水的工业税额标准最高达原水资源费标准的5.25倍,故而费改税后,工业企业的税收负担具有较为明显的上升趋势。进一步,在政府的积极引导下,企业为降低水资源税收负担,积极开展全方位技术改造,选择引进或研发节水设施,或者取用再生水来减少企业的用水量(见图2)。可见,河北省水资源税的征收,不仅提高了企业的节水意识,减少企业的用水量,而且可以促进企业使用更高效的节水设备,加快企业的技术升级,开创节水型社会。

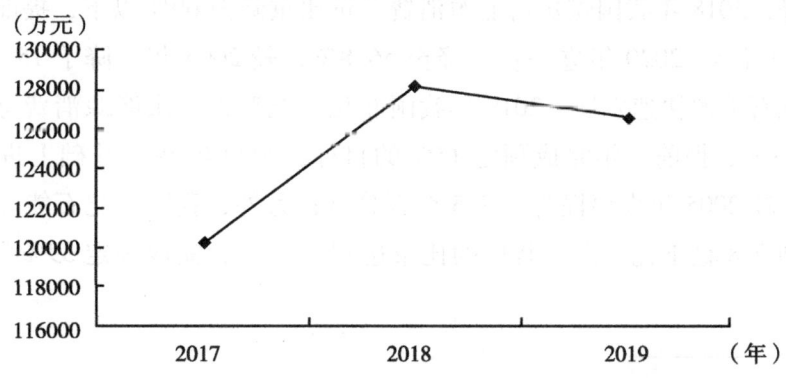

图1 河北省2017—2019年工商业缴纳的水资源税总额

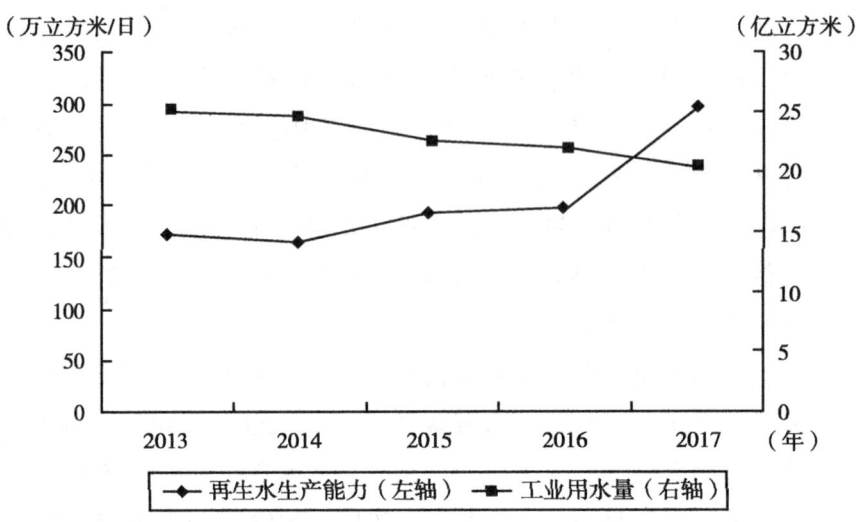

图 2　河北省 2013—2017 年再生水能力和工业用水量

资料来源：高萍，包静. 水资源费改税政策实施效果评估——以河北省为例 [J]. 财政科学，2020，60（12）：5－16.

（三）绿色税收政策促进能源结构不断优化

在一系列绿色税收政策的综合作用下，我国的能源结构也得以优化。党的十八大以来，我国加快调整能源结构，减少煤炭消费、稳定油气供应、大幅增加清洁能源比重。截至 2020 年底，我国全面完成了《能源发展战略行动计划（2014—2020 年）》等提出的各项能源结构优化目标，并且提前一到两年完成了部分指标的目标任务①。一是能源消费结构向清洁低碳加速转化。我国煤炭消费占比持续明显下降，2018 年我国煤炭占能源消费总量比重降至 60% 以下，提前两年完成预定 62% 的目标，2020 年进一步下降至 56.8%，较 2005 年下降了 15.8 个百分点。二是非化石能源快速发展。2019 年我国非化石能源占一次能源消费总量的比重提高到 15.3%，提前一年完成预定 15% 的目标，2020 年在此基础上进一步提升至 15.9%，较 2005 年大幅提升了 8.5 个百分点；另外，我国非化石能源发电装机总规模达到 9.8 亿千瓦，占总装机的比重达到 44.7%，完成预定 39% 的目标②（见表 11）。

---

① "十三五"，我们这样走过：能源结构优化升级 [N]. 人民日报，2020-12-27.
② 《中国应对气候变化的政策与行动》白皮书。

表 11　"十三五"时期能源结构优化调整目标与实际完成情况

项目	预定目标	完成情况
非化石能源占一次能源消费比重	到 2020 年达到 15%	提前一年完成预定目标
天然气比重	到 2020 年力争达到 10%	完成
煤炭消费比重	到 2020 年控制在 62% 以内	提前两年完成预定目标
非化石能源发电装机比重	占总装机的比重达到 39%	完成

资料来源：《能源发展战略行动计划（2014—2020 年）》和《中国应对气候变化的政策与行动》白皮书。

（四）绿色税收政策的社会治理意义更加凸显

除了生态资源环境方面的直接效果外，绿色税收政策在社会治理方面的意义也更加凸显。特别是通过出台环境保护税法和资源税法，绿色税收政策的法治化治理理念渐入人心。比如，通过环保税立法倒逼企业改变发展思路，企业更加重视其在环境保护和治理方面的合法合规经营，越来越多的企业从"被动减排"转向"主动治污"，积极加强污染防治，推行清洁生产。而且，越来越多的企业将环保税的申报和缴纳情况作为环境、社会责任和公司治理（ESG）的重要内容及时向社会公布。

三、中国现行绿色税收政策体系尚存完善空间

党的十八大以来，我国绿色税收体系建设取得突破性进展，其政策效果也逐渐彰显。但是，要实现经济社会发展全面绿色转型的目标，我国的绿色税收政策体系尚有完善空间。具体体现在以下方面。

（一）现行政策重在开采和排放两个环节，其他中间环节相对薄弱

现行绿色税收政策重点聚焦资源开采和污染排放首尾两个环节，中间环节相对薄弱，与经济循环环节充分的适配性尚显不足。整个国民经济包含开采、生产、流通①、消费和排放等诸多环节，从资源开采到废物排放有一套完整的循环体系。

---

① 流通环节包括但不限于进出口、运输以及批发等环节。

目前，我国仅有两部完全的资源环境类税法，即资源税法和环保税法。这两部税法分别从经济循环体系"一头一尾"的资源开采和污染排放两个环节进行管控。尽管也在其他中间环节设置了不同的税种或相应的税收政策，比如生产环节的所得税和增值税政策，进出口环节的关税政策以及消费（零售）环节的消费税，但是总体来看，绿色税收政策在各个环节上的分布和作用力并不均衡，部分中间环节仍然相对较弱。

（二）现行政策存在系统性不强的局限，各税种政策间尚需协调

现行的绿色税收体系存在多税种散布和系统性不强等局限性。目前，我国的绿色税收体系已经集成了环保税、资源税、消费税、车船税、耕地占用税、车辆购置税，以及企业所得税、增值税和关税等诸多税种和税收优惠政策。从整体上来看已经大致覆盖了我国税制体系半数税种，特别是税收收入较大的主要税种都已包含在内。但是，这些政策却呈现出多税种散布、系统性不强、针对性较弱等局限性。不同的环节、不同的税种以及不同的税收优惠政策尚有协调完善的空间。

（三）现行政策"重减污轻降碳"，二者的协同效应尚未有效发挥

实现减污降碳协同增效是中国新发展阶段经济社会发展全面绿色转型的必然选择①。特别是在"30·60"目标下，降碳是当前和今后很长时期内我国生态文明建设的重点战略方向。现行政策重降污轻减碳，协同效应尚未有效发挥。降污是从环境保护角度考虑的，而减碳是从气候变化角度考虑的。但是，环保的不一定低碳。我国目前的绿色的税收政策设计主要是围绕着环保目标而设计，因此其重在减少环境污染，对于气候变化的考虑还不够，其碳减排的作用也相对较小。

四、中国绿色税收政策改革建议

"十四五"规划和2035年远景目标纲要提出了"生态文明建设实现新进步"的目标，并要求加快推动绿色低碳发展、持续改善环境质量、提升生态系统质量和稳定性、全面提高资源利用效率。规划还针对生态环境和气候变化提出了一系

---

① 《中国应对气候变化的政策与行动》白皮书发表 [EB/OL]. 新华社，2021-10-27.

列细化的约束性指标,特别是提出"2025 年单位 GDP 二氧化碳排放较 2020 年降低 18%"。绿色税收政策承载着助力生态文明建设的重任。针对"十四五"规划纲要提出的新目标和新使命,我们有必要针对现行绿色税收体系存在的问题,加快推进绿色税制的深化改革。

(一)绿色税收体系改革的方向和思路

1. 强化与经济循环各环节的适配性

一个有效率的绿色税收体系一定要与经济循环各环节相适配。经济循环链条涵盖物质产品投入和产出的前中后各环节,包括生产、流通、分配和消费的全过程。我国现行的绿色税收体系已经基本覆盖了资源开采、生产、流通、消费和排放等多个环节,基本上形成了环环相扣的闭环链条。未来的绿色税收体系改革应继续坚持贯彻与经济循环各环节相适配的理念,并且根据需要尽量在各个环节上均衡配置相应的税种和税收政策。

2. 多环节、多税种以及多政策之间协调配合

绿色税收政策是一个系统体系,该体系是由各个要素和部分共同组成。因此,有必要协调好各个部分和要素之间的关系。目前,我国的绿色税收政策已经基本形成了多环节覆盖、多税种共治和多政策配合的系统体系。未来应重点强化各环节、各税种和各项政策之间的协调配合,通过系统性优化将绿色税收体系的效用发挥到最大。

3. 全面积极融合"双碳"目标

在"30·60"目标下,未来的绿色税收政策改革需要重点关注碳达峰和碳中和。现行的绿色税收政策体系对实现"双碳"目标考虑尚显不足。未来无论是在税种设置还是在具体的税制要素设计上都应重点考虑"双碳"目标。

(二)绿色税收体系改革的具体建议

1. 推动完善绿色主体税种

一是修订和完善环境保护税法。针对环保税在挥发性有机物(VOCs)等污染

物排放上调节力度不足，建议启动环保税法修订工作，完善相关制度。完善挥发性有机物监测技术和排放量计算方法，在相关条件成熟后，适时将VOCs纳入环境保护税征收范围①。在修订污染因子及其当量值的基础上，将VOCs污染物排放因子全面纳入环保税征收范围。将前期各地试点的扬尘等也纳入环保税的征税范围。调整完善污水处理厂免税政策和低于排放标准的减征政策等优惠政策。

二是适时进行资源税的立法改革。扩大资源税征税范围。目前的资源税征收范围主要为各种矿产资源（能源矿产、金属矿产、非金属矿产、水气矿产和盐）和试点的水资源。根据水资源税的试点改革情况，尽快将水资源纳入资源税征收范围。同时，加快研究对森林、草场、滩涂等资源征收资源税，将这些资源纳入资源税征税范围还可以增强自然碳汇能力，有助于"双碳"目标的实现。提高部分税目的税率。例如，研究提高煤炭资源税税率。在目前强调推动煤炭消费尽早达峰的要求下，可通过调整煤炭资源税税率加大调节力度，具体可以提高现行2%—10%的幅度税率的上下限，为地方提高煤炭资源税税率水平留下空间。

三是研究开征碳税。碳税有望成为我国第三个绿色主体税种，因为碳税也是完全以保护生态环境为目的的税种。我国目前提出了"二氧化碳排放力争2030年前达到峰值，力争2060年前实现碳中和"以及"到2030年单位国内生产总值二氧化碳排放将比2005年下降65%以上"等新承诺，加大碳减排的调控力度势在必行。目前国际上并行运用碳税和碳交易手段的国家越来越多，且两者能够实现互补、协调配合。在现行碳交易机制的基础上，有必要进一步探讨国内开征碳税的必要性，弥补绿色税制在碳减排专门调节税种上的空白。

2. 加快改进绿色辅助税种

一是加快消费税改革立法。按照党的十八届三中全会提出的"调整消费税征收范围、环节、税率，把高耗能、高污染产品及部分高档消费品纳入征收范围"的要求，从2014年启动了新一轮消费税改革，出台了多项改革措施。"十四五"规划纲要对消费税提出的要求是，"调整优化消费税征收范围和税率，推进征收环节后移并稳步下划地方"。习近平总书记在《扎实推动共同富裕》中要求"加大消费环节税收调节力度，研究扩大消费税征收范围"②。因此，建议结合"十四五"期间消费税的立法契机，研究将塑料包装物等产品纳入消费税征收范围，并根据消费税征收环节后移改革要求和油价情况，适时调整成品油消费税税额。此

---

① 中共中央 国务院关于深入打好污染防治攻坚战的意见［EB/OL］. 新华社，2021-11-07.
② 习近平. 扎实推动共同富裕［J］. 求是，2021（20）.

外，还建议将部分存在碳排放的能源矿产，如天然气、页岩气，煤等纳入消费税的征税范围，并根据碳排放系数的高低来设置税率，不过要注意处理好与资源税的关系。

二是改革车购税和车船税政策。为了减少来自流动源的碳排放，促进新能源汽车的替代和低碳交通发展，可以对车购税和车船税进行改革。首先，延长新能源等的车购税优惠政策期限。对于新能源汽车以及涉及交通节能的相关车辆，可根据行业发展情况适时延长车购优惠政策。其次，改进车船税的税基。借鉴欧盟等国家机动车碳税的改革经验，将基于排气量的征收调整为按碳排放量进行征收。

3. 优化绿色税收优惠政策

一是完善资源综合利用的税收政策①。在资源环境约束趋紧的背景下，未来对再生资源的资源综合利用力度将会加大。因此，建议适时调整增值税和企业所得税的资源综合利用优惠目录，统一和扩大资源综合利用的范围，调整政策适用条件。结合垃圾分类和再生资源回收模式的转变，研究调整完善再生资源的增值税即征即退政策。

二是完善节能环保项目和设备的企业所得税优惠政策②。结合"十四五"生态环境保护的需要，建立优惠目录的动态调整机制，适时扩大环境保护、节能节水等企业所得税优惠目录范围③；延续实施有关污染治理第三方企业所得税优惠政策，研究完善有关生态环境服务企业的所得税优惠政策。

三是完善其他绿色税收政策。首先，在继续实施"两高一资"产品出口退税政策的基础上，根据行业的能耗和环境治理情况适时调整并实行差别化的政策，对属于低能耗、低排放的行业和产品给予激励。其次，还要根据"双碳"目标要求，进一步降低对部分资源性产品或其生产可能会造成环境污染的产品的进口关税，如2021年以来对生铁、粗钢、再生钢铁原料、铬铁等产品实行零进口暂定税率即是此种考虑。最后，应结合"30·60"目标有针对性地设计相应税收政策，比如针对光伏用地以及新能源电力消纳方面的房地产税优惠政策等。

---

① 《财政部 税务总局关于完善资源综合利用增值税政策的公告》（财政部 税务总局公告2021年第40号）。

② 财政部等四部门关于公布《环境保护、节能节水项目企业所得税优惠目录（2021年版）》以及《资源综合利用企业所得税优惠目录（2021年版）》的公告（财政部 税务总局 发展改革委 生态环境部公告2021年第36号）。

③ 中共中央 国务院关于深入打好污染防治攻坚战的意见[EB/OL]. 新华社，2021-11-07.

参考文献：

［1］傅志华. 促进低碳经济发展的财税政策体系建设［J］. 中国财政，2010（08）：45－46.

［2］施文泼，邢丽. 资源税费制度进一步改革的思路与建议［J］. 财政经济评论，2015（02）：51－65.

［3］邢丽. 低碳经济模式下的中国绿色税制构建［M］. 北京：中国税务出版社，2011.

［4］许文. 对标生态文明"新进步"加快深化绿色税制改革［N］. 中国财经报，2020－12－30（008）.

［5］许文. 碳达峰、碳中和目标下征收碳税的研究［J］. 税务研究，2021（08）：22－27.

［6］许文. 以排放为依据的碳税制度国际经验与借鉴［J］. 国际税收，2021（12）：14－20.

绿色财政政策未来走向

陈少强　覃凤琴

摘　要：对于绿色财政政策而言，首先，要提高其适应碳达峰碳中和战略目标的能力，提高财政政策与"双碳"目标实现措施的契合度，将绿色财政理念和措施渗透到"双碳"战略目标实现的各项工作中去。其次，要提高财政政策的统筹能力，综合考虑财政支持产业结构优化、支持构建清洁低碳安全高效的能源体系、支持交通运输体系、支持建筑行业绿色低碳发展、支持绿色低碳科技攻关和推广运用以及支持碳汇能力提高等各方面的工作。最后，要注重提高财政自身的治理能力，包括树立适应应对气候变化的新理念，提高财政治理规范性和有效性，提升财政参与全球治理的能力等。

关键词：绿色财政；碳达峰碳中和；财政政策

[作者简介]

陈少强，经济学博士，中国财政科学研究院资源环境和生态文明研究中心主任、研究员、博士生导师。研究方向为碳达峰碳中和财政政策、生态补偿财政政策、公共风险、政府和社会资本合作（PPP）等。

覃凤琴，经济学博士，中国财政科学研究院资源环境和生态文明研究中心助理研究员。研究方向为财税理论与政策、环境公共经济学、生态补偿财政政策、"双碳"财政政策。

Prospect for Green Fiscal Policy

Chen Shaoqiang　Qin Fengqin

Abstract: In terms of future prospect of green fiscal policy, there are three points needed to address. First of all, China should improve its ability to adapt to carbon peak carbon carbon neutralization and strategic goals, improve the degree of fiscal policy and double – carbon target implementation measures, and penetrate the green fiscal concept and measures into the implementation of double – carbon strategic goals. Secondly, China should improve the overall planning of fiscal policy, comprehensively consider the optimization of the fiscal supporting industrial structure, support the construction of a clean and low – carbon safe and efficient energy system, support the transportation system, support the development of green and low – carbon development in the construction industry, support green low – carbon technology research and promotion, and promote the improvement of carbon exchange capacity. Third, China should pay attention to improve the fiscal management capabilities, including establishing a new concept of adapting to the response to climate change, improving the standardization and effectiveness of fiscal governance, improving the ability of fiscal participation in global governance, and so on.

Keywords: Green finance; Carbon peak and carbon neutral; fiscal policy

一、提高"双碳"战略目标的适配性

习近平总书记在第 75 届联合国大会上向全世界作出二氧化碳排放力争 2030 年前达峰、2060 年前实现碳中和的重大宣示，这是以习近平同志为核心的党中央统筹国内国际两个大局作出的重大战略决策，是着力解决资源环境约束突出问题、实现中华民族永续发展的必然选择，是构建人类命运共同体的庄严承诺。根据 2021 年出台的《中共中央 国务院关于完整准确全面贯彻新发展理念做好碳达峰碳中和工作的意见》（以下简称《意见》）和《国务院关于印发 2030 年前碳达峰行动方案的通知》（国发〔2021〕23 号）（以下简称《通知》），要做好"双碳"工作我们必须以习近平新时代中国特色社会主义思想为指导，坚持"全国统筹、节约优先、双轮驱动、内外畅通、防范风险"原则，以"2030 年达峰、2060 年碳中和"为目标，推动实施包含财政政策在内的"1+N"政策体系。

（一）总体要求

1. 指导思想

以习近平新时代中国特色社会主义思想为指导，全面贯彻党的十九大和党的十九届二中、三中、四中、五中全会精神，深入贯彻习近平生态文明思想，立足新发展阶段，贯彻新发展理念，构建新发展格局，坚持系统观念，处理好发展和减排、整体和局部、短期和中长期的关系，把碳达峰碳中和纳入经济社会发展全局，以经济社会发展全面绿色转型为引领，以能源绿色低碳发展为关键，加快形成节约资源和保护环境的产业结构、生产方式、生活方式、空间格局，坚定不移走生态优先、绿色低碳的高质量发展道路，确保如期实现碳达峰碳中和。

2. 工作原则

实现碳达峰碳中和目标，要坚持"全国统筹、节约优先、双轮驱动、内外畅通、防范风险"原则。

全国统筹，即全国一盘棋，强化顶层设计，发挥制度优势，实行党政同责，压实各方责任。根据各地实际分类施策，鼓励主动作为、率先达峰。

节约优先，即把节约能源资源放在首位，实行全面节约战略，持续降低单产出能源资源消耗和碳排放，提高投入产出效率，倡导简约适度、绿色低碳生活方式，从源头和入口形成有效的碳排放控制阀门。

双轮驱动，即政府和市场两手发力，构建新型举国体制，强化科技和制度创新，加快绿色低碳科技革命。深化能源和相关领域改革，发挥市场机制作用，形成有效激励约束机制。

内外畅通，即立足国情实际，统筹国内国际能源资源，推广先进绿色低碳技术和经验。统筹做好应对气候变化对外斗争与合作，不断增强国际影响力和话语权，坚决维护我国发展权益。

防范风险，即处理好减污降碳和能源安全、产业链供应链安全、粮食安全、群众正常生活的关系，有效应对绿色低碳转型可能伴随的经济、金融、社会风险，防止过度反应，确保安全降碳。

（二）主要目标

"十四五"时期的目标：到2025年，财政政策工具不断丰富，有利于绿色低碳发展的财税政策框架初步建立，有力支持各地区各行业加快绿色低碳转型。到2025年，非化石能源消费比重达到20%左右，单位国内生产总值能源消耗比2020年下降13.5%，单位国内生产总值二氧化碳排放比2020年下降18%，为实现碳达峰奠定坚实基础。

"十五五"时期的目标：2030年前，有利于绿色低碳发展的财税政策体系基本形成，促进绿色低碳发展的长效机制逐步建立，推动非化石能源消费比重达到25%左右，单位国内生产总值二氧化碳排放比2005年下降65%以上，顺利实现2030年前碳达峰目标。

"2060"碳中和目标：2060年前，财政支持绿色低碳发展政策体系成熟健全，推动碳中和目标顺利实现。到2060年，绿色低碳循环发展的经济体系和清洁低碳安全高效的能源体系全面建立，能源利用效率达到国际先进水平，非化石能源消费比重达到80%以上，碳中和目标顺利实现，生态文明建设取得丰硕成果，开创人与自然和谐共生新境界。

（三）财政与双碳战略目标相适配

完善财税价格政策，加强与"双碳"战略目标的适配性。各级财政要加大对绿色低碳产业发展、技术研发等的支持力度。完善政府绿色采购标准，加大绿色低碳产品采购力度。落实环境保护、节能节水、新能源和清洁能源车船税收优惠。研究碳减排相关税收政策。建立健全促进可再生能源规模化发展的价格机制。完善差别化电价、分时电价和居民阶梯电价政策。严禁对高耗能、高排放、资源型行业实施电价优惠。加快推进供热计量改革和按供热量收费。加快形成具有合理约束力的碳价机制。

二、提升绿色财政的统筹性

"十三五"以来，财税政策在促进绿色低碳发展中扮演了重要角色。在资金支持方面，持续强化支出保障，2016—2020年共安排了生态环保资金44212亿元，年均增长8.2%。这些支出往往和企业运行、百姓生活息息相关，比如支持钢铁煤炭行业化解过剩产能、支持北方地区冬季的清洁取暖试点、支持新能源汽车推广运用等，以及山水林田湖草生态保护修复试点、国家公园体制试点等都对改善生态环境、增加碳汇能力有着极大的促进作用，也都直接让广大企业、百姓受益。"十四五"时期以及2030年、2060年目标要求财政政策需要进一步健全，那么基于已有的政策，我们要加强统筹协调。

（一）"1+N"政策中的N个领域统筹协调

"双碳"目标涉及经济社会的方方面面，主要包括产业、能源、交通、建筑、对外开放以及相关的科学技术和碳汇，不同的领域特征不同，但又不能完全分离开来，而且都需要财政政策的支持，所以不同领域间的政策也要进行统筹协调，避免政策分散、效率低下。

1. 财政支持产业结构优化

通过调整优化产业结构，促进农业、高碳行业、工业等领域减碳。一是绿色农业的发展，近年来绿色农业补贴政策给农业绿色化带来了极大的支持，根据研究，农业具有较强的固碳能力，未来要进一步优化财政补贴结构。二是能源、钢铁、有色金属、石化护工、建材、交通、建筑等高碳行业，主要是要通过约束性的财税政策对这些行业进行限制，对于绿色低碳转型企业给予补贴和税收优惠等支持政策。三是加大财政投入力度，支持工业领域的低碳工艺和数字化转型，包括对新兴信息技术、生物技术、新能源、新材料等新兴产业都要给予财政支持。

2. 财政支持构建清洁低碳安全高效的能源体系

能源结构调整是实现"双碳"目标的重中之重,要大力支持清洁能源体系的建设,目前我国还是以煤炭等传统能源为主,所以,一是要强化能源消费强度和总量双控。二是大幅提升能源利用效率,财政要支持工业、建筑、交通运输、公共机构等重点领域节能,加强对数据中心、新兴通信等信息化基础设施的能效水平。三是新旧能源的替代,严格控制化石能源消耗,关键时期就是"十四五"和"十五五"两个攻坚期,这期间要实现化石能源消费的峰值,按时实现碳达峰,同时要实施可再生能源替代行动,财政要加大对风能、太阳能、生物质能、海洋能、地热能等的支持,不断提高非化石能源的比重,在保证能源安全的前提下,加快构建清洁能源体系。四是全面推进电力市场化改革,在适当的时候财政等政府手段要辅之以行或者退出电力市场。

3. 财政支持交通运输体系建设

从全球来看,交通运输领域的碳排放量较大,占全球排放量的10%以上,所以优化交通运输结构,推动绿色低碳交通体系的建设意义重大。一是继续对清洁型运输工具给予补贴,推广新能源汽车在城市公交、环卫、邮政、出租、通勤等行业的应用,坚持清洁高效、绿色出行(地铁、公交等公共交通)。二是利用车购税资金和中央基建投资等现有资金,购买货运机车和铁路货车,引导长距离大宗货运向铁路转移,降低机动车的排放量。三是建立政府补贴动态调整机制,特别是在新能源、铁路货运等产业发展后期。四是研究数字交通技术研发的税收政策,向交通运输基础设施和运载装备全要素、全周期的数字化升级迈出新步伐,初步建成数字化采集体系和网络化传输体系。

4. 财政支持建筑行业绿色低碳发展

一是财政要继续支持试点城市开展政府采购支持绿色建筑促进建筑品质提升试点工作,扩大纳入试点的政府采购工程。二是支持推进城镇既有建筑和市政基础设施节能改造,提升建筑节能低碳水平。三是推行建筑能效测评标识,开展建筑领域低碳发展绩效评估。四是支持建筑用能结构清洁化,比如建筑屋顶光伏行动,北方清洁取暖更加绿色低碳。

5. 财政支持绿色低碳重大科技攻关和推广应用

一是对基础研究和前沿技术研究要给予大力支持,这是财政的基本职能,比如低碳零碳负碳和储能新材料、新技术和新装备等技术攻关，还有气候变化成因、影响以及生态系统碳汇等基础理论和方法的研究等。

二是对先进适用技术的研发和推广，比如加强对支撑风电、太阳能发电大规模友好并网的智能技术的研究，还有新兴储能技术的研究、技术攻关和推广应用，还有规模化碳捕集利用与封存技术的研发、推广应用。

6. 财政支持提高碳汇能力

"十三五"期间，财政支持开展了25个山水林田湖草生态保护修复工程试点、海洋生态修复工程试点、10个国家公园体制试点等，还有自改革开放以来在中央财政的支持下进行的退耕还林还草政策，以及"十四五"开始的国土绿化示范试点项目，都在很大程度上提升了碳汇能力，财政在其中发挥了主要的资金保障作用。

下一步财政要继续支持山水林田湖草沙一体化生态保护修复项目、国土绿化行动、海洋生态保护修复、耕地质量提升行动等以及湿地保护等，提升自然碳汇的能力。

（二）财政政策手段协同

1. 财政支出手段

（1）加强绿色财政支出政策的统筹协调。

加大财政支持力度不是简单的"行业＋增支"的叠加，特别是现阶段我国正处于国际国内严峻形势的关键时期，同时面临严苛的环境约束指标，政府又在过"紧日子"的大背景下，财政政策应着力在及时、精准、有效上下功夫。一是统筹财政资源，集中力量办大事，而不是简单地加大财政支出。二是优化财政支出结构，下一步我们要通过评估确定财政支出的重点领域，比如加大对推动低碳发展和能源结构转型的先进技术研发的支持，以及加快对成熟低碳技术的推广和应用。

（2）优化财政补贴政策。

随着"碳达峰碳中和"目标的提出，我们面临着仅用40年左右的时间就要将85%的化石能源系统变成净零碳排放能源系统的巨大挑战。我们要进一步研究对可再生能源、清洁能源的动态财政补贴政策，更好地推动能源结构转型。因为财政补贴政策不是一劳永逸的，而且还有可能造成相关企业对其的依赖，不利于企业可持续的发展，所以财政补贴政策要逐步退坡或者动态调整。

(3) 充分利用绿色采购政策。

2021年9月，中办、国办出台了《关于深化生态保护补偿制度改革的意见》，在发挥财税政策调节功能方面，强调要实施政府绿色采购政策，建立绿色采购引导机制，加大绿色产品采购力度，支持绿色技术创新和绿色建材、绿色建筑发展。政府"绿色采购"是公共财政的重要组成部分，所以为社会公众提供绿色环保的产品也是财政的职责所在，通过建立绿色采购引导机制，可以在绿色生产和绿色消费之间架起一座桥梁，对于促进经济社会全面绿色转型有着重要的意义。同时，随着"双碳"目标的提出，对于绿色技术的需求更高，特别是在建材、建筑等高碳排放领域，急需通过政府绿色采购绿色建材等来引导绿色消费，这也是实现"双碳"目标的重要财政手段。

(4) 发挥绿色基金的带动作用。

一是国家绿色发展基金。由财政部、生态环境部和上海市人民政府三方共同发起设立的国家绿色发展基金，首期基金总规模885亿元，其中中央财政出资100亿元，充分体现了绿色基金政府引导、市场化运作的特点。当前，我国生态产品价值转化处于初期阶段，资源环境价格偏低，社会资本投资回报机制不健全，需要政府进一步发挥引导带动作用，设立生态环保领域政府引导型投资基金和公益基金，解决特定领域项目融资难题。国家绿色发展基金将更好地发挥上海的龙头作用，同时还要发挥好沿长江经济带其他省份的作用，共同助力"双碳"目标。发挥好基金投向环境保护和污染防治、生态修复和国土空间绿化、能源资源节约利用、绿色交通、清洁能源等绿色发展领域的契机，助力"双碳"目标的实现。

二是生物多样性保护基金。习近平总书记在《生物多样性公约》第十五次缔约方大会领导人峰会上发表主旨讲话时指出："中国将率先出资15亿元人民币，成立昆明生物多样性基金，支持发展中国家生物多样性保护事业。"昆明生物多样性基金正在筹资中，财政除了给予资金支持，并且要在基金的使用上进行监督管理，比如对基金的使用重点领域包括：①支持国家公园体制的建设，随着中国第一批国家公园正式建立，要继续加快构建以国家公园为主体的自然保护地体系，逐步把自然生态系统最重要、自然景观最独特、自然遗产最精华、生物多样性最富集的区域纳入国家公园体系，提高自然碳汇。②为推动实现碳达峰碳中和目标，基金将陆续发布重点领域和行业碳达峰实施方案和一系列支撑保障措施，构建起碳达峰碳中和"1+N"政策体系。③基金将持续推进产业结构和能源结构调整，大力发展可再生能源，在沙漠、戈壁、荒漠地区加快规划建设大型风电光伏基地项目。

三是构建绿色低碳转型基金。"双碳"目标的实现面临着重重压力，其中资金不足是压力之一，所以构建绿色低碳基金是较好的途径，可以充分发挥财政的引导作用，引进社会资本进入，支持"双碳"目标的实现。

2. 税收政策手段

（1）绿色税收体系改革的方向和思路。

一是全面融入绿色低碳循环发展的全生命周期理念。一个有效率的绿色税收体系一定是基于经济循环的全生命周期理念来设计。这个链条包括物质产品的投入和产出的过程，涉及经济循环的生产、流通、分配和消费的全过程。我国现行的绿色税收体系已经基本覆盖了资源开采、生产、流通、消费和排放等多个环节，基本上形成了环环相扣的闭环链条。未来的绿色税收体系改革应继续坚持贯彻这一税制设计理念。并且根据需要尽量在各个环节上来均衡配置相应的税种和税收政策。

二是多环节、多税种以及多政策之间协调配合。绿色税收政策是一个系统体系，该体系是由各个要素和部分共同组成。因此，有必要协调好各个部分和要素之间的关系。目前，我国的绿色税收政策已经基本形成了多环节覆盖、多税种共治和多政策配合的系统体系。未来应重点强化各环节、各税种和各项政策之间的协调配合，通过系统性优化将绿色税收体系的效用发挥到最大。

三是绿色税收政策应积极融合"双碳"目标。在"30·60"目标下，未来的绿色税收政策改革需要重点考虑碳达峰和碳中和。现行的绿色税收政策体系对实现"双碳"目标考虑尚显不足。未来无论是在税种设置还是在具体的税制要素设计中都应重点考虑。

（2）绿色税收体系改革。

①推动完善绿色主体税种。一是修订和完善环境保护税法。针对环保税在挥发性有机物（VOCs）等污染物排放上调节力度不足，建议启动环保税法修订工作，完善相关制度。完善挥发性有机物监测技术和排放量计算方法，在相关条件成熟后，适时将 VOCs 纳入环境保护税征收范围①。在修订污染因子及其当量值的基础上，将 VOCs 污染物排放因子全面纳入环保税征收范围。将前期各地试点的扬尘等也纳入环保税的征税范围。调整完善污水处理厂免税政策和低于排放标准的减征政策等优惠政策。二是适时进行资源税的立法改革。扩大资源税征税范围。目前的资源税征收范围主要为各种矿产资源（能源矿产、金属矿产、非金属矿产、水气矿产和盐）和试点的水资源。根据水资源税的试点改革情况，尽快将水资源

---

① 中共中央 国务院关于深入打好污染防治攻坚战的意见［EB/OL］. 新华社，2021-11-07.

纳入资源税征收范围。同时,加快研究对森林、草场、滩涂等资源征收资源税,将这些资源纳入资源税征税范围可以增强自然碳汇能力,帮助尽早实现净零排放。提高部分税目的税率,如研究提高煤炭资源税税率。在目前强调推动煤炭消费尽早达峰的要求下,可通过调整煤资源税税率加大调节力度,具体可以提高现行2%—10%的幅度税率的上下限,为地方提高煤资源税税率水平留下空间。三是研究开征碳税。碳税有望成为第三个绿色主体税种,因为碳税也是完全以保护生态环境为目的的税种。我国目前提出了"二氧化碳排放力争2030年前达到峰值,力争2060年前实现碳中和"以及"到2030年单位国内生产总值二氧化碳排放将比2005年下降65%以上"等新承诺,加大碳减排的调控力度势在必行。目前,国际上并行运用碳税和碳交易手段的国家越来越多,且两者能够实现互补、协调配合。在现行碳交易机制的基础上,有必要进一步探讨国内开征碳税的必要性,弥补绿色税制在碳减排专门调节税种上的空白。

②加快改进绿色辅助税种。一是加快消费税改革立法。按照党的十八届三中全会提出的"调整消费税征收范围、环节、税率,把高耗能、高污染产品及部分高档消费品纳入征收范围"的要求,从2014年启动了新一轮消费税改革,出台了多项改革措施。"十四五"规划纲要对消费税提出的要求是,"调整优化消费税征收范围和税率,推进征收环节后移并稳步下划地方"。习近平总书记近日又要求"加大消费环节税收调节力度,研究扩大消费税征收范围"。因此,结合"十四五"期间消费税的立法契机,研究将塑料包装物等产品纳入消费税征收范围的可能性;根据消费税征收环节后移改革要求和油价情况,适时调整成品油消费税税额。建议将部分存在碳排放的能源矿产,如天然气、页岩气,煤等纳入消费税的征税范围,并根据碳排放系数的高低来设置税率,还要注意处理好其与资源税的关系。二是改革车购税和车船税政策。为了减少来自流动源的碳排放,促进新能源汽车的替代和低碳交通发展,可以对车购税和车船税进行改革。首先,延长新能源等的车购税优惠政策期限。对于新能源汽车以及涉及交通节能的相关车辆,可根据行业发展情况适时延长车购税优惠政策。其次,改进车船税的税基。还可以借鉴欧盟等国家机动车碳税的改革经验,研究将车船税基于排气量对机动车的征收调整为按碳排放量进行征收。

③优化绿色税收优惠政策。一是完善资源综合利用的税收政策。在资源环境约束加大的背景下,未来对再生资源的资源综合利用力度将会加大。应适时调整增值税和企业所得税的资源综合利用优惠目录,统一和扩大资源综合利用的范围,调整政策适用条件。结合垃圾分类和再生资源回收模式的转变,研究调整完善再生资源的增值税即征即退政策。二是完善节能环保项目和设备的企业所得税优惠

政策。结合"十四五"生态环境保护的需要，建立优惠目录的动态调整机制，适时扩大环境保护、节能节水等企业所得税优惠目录范围①；延续实施有关污染治理第三方企业所得税优惠政策，研究完善有关生态环境服务企业的所得税优惠政策。三是完善其他绿色税收政策。首先，在继续实施"两高一资"产品出口退税政策的基础上，根据行业的能耗和环境治理情况适时调整并实行差别化的政策，对属于低能耗、低排放的行业和产品给予激励。其次，还要根据"双碳"目标要求，进一步降低对部分资源性产品或其生产可能会造成环境污染的产品的进口关税，如2021年以来对生铁、粗钢、再生钢铁原料、铬铁等产品实行零进口暂定税率即是此种考虑。最后，应结合"30·60"目标有针对性地设计相应税收政策，比如针对光伏用地以及新能源电力消纳方面的房地产税优惠政策等。

（三）财政政策与其他政策的协同

1. 完善投资政策，充分发挥政府投资引导作用

构建与碳达峰碳中和相适应的投融资体系，严控煤电、钢铁、电解铝、水泥、石化等高碳项目投资，加大对节能环保、新能源、低碳交通运输装备和组织方式、碳捕集利用与封存等项目的支持力度。完善支持社会资本参与政策，激发市场主体绿色低碳投资活力。国有企业要加大绿色低碳投资，积极开展低碳零碳负碳技术研发应用。

2. 积极发展绿色金融，与绿色财政相协调

第一，绿色金融应该发挥好资源配置功能。由于中国强大的制造业能力和经济规模，高强度、高水平的"双碳"目标需要庞大的资本来推进，要有序推进绿色低碳金融产品和服务开发，设立碳减排货币政策工具，将绿色信贷纳入宏观审慎评估框架，引导银行等金融机构为绿色低碳项目提供长期限、低成本资金。鼓励开发性政策性金融机构按照市场化法治化原则为实现碳达峰碳中和提供长期稳定融资支持。因此，绿色金融不仅要发挥金融资源配置功能，还要鼓励和引导更多金融资本积极参与。第二，绿色机构要发挥好价格发现的功能。通常而言，随着节能降碳进程的逐步深入，碳价将呈现上升的态势，绿色金融应更好地发挥节能降碳合理定价的机制。第三，持符合条件的企业上市融资和再融资用于绿色低

---

① 中共中央 国务院关于深入打好污染防治攻坚战的意见 [EB/OL]. 新华社，2021-11-07.

碳项目建设运营，扩大绿色债券规模。建立健全绿色金融标准体系。第四，绿色金融要发挥好气候风险管理功能，平滑绿色金融收益的稳定性。

3. 财政支持构建基本制度，推进市场化机制建设

依托公共资源交易平台，加快建设完善全国碳排放权交易市场，逐步扩大市场覆盖范围，丰富交易品种和交易方式，完善配额分配管理。将碳汇交易纳入全国碳排放权交易市场，建立健全能够体现碳汇价值的生态保护补偿机制。健全企业、金融机构等碳排放报告和信息披露制度。完善用能权有偿使用和交易制度，加快建设全国用能权交易市场。加强电力交易、用能权交易和碳排放权交易的统筹衔接。发展市场化节能方式，推行合同能源管理，推广节能综合服务。

（四）统筹国内国际两个大局，推动碳达峰碳中和工作取得积极成效

《意见》提出要从多个领域系统性地推动碳达峰碳中和工作。从构建人类命运共同体角度看，要统筹好国内国际两个大局。

一是要以我为主、脚踏实地，扎扎实实办好中国自己的事。《意见》明确了"十四五"时期以及 2030 年、2060 年两个重要时间节点的主要目标，并从经济社会发展全面绿色转型、调整产业结构、构建清洁低碳安全高效能源体系、推进低碳交通运输体系建设、提升城乡建设绿色低碳发展质量、加强绿色低碳重大科技攻关和推广应用、持续巩固提升碳汇能力等方面明确了下一阶段的主要任务和措施。这些任务和措施完整、准确、全面地贯彻了新发展理念，体现了党中央、国务院关于碳达峰碳中和工作的一系列部署。构建人类命运共同体，首先要努力办好自己的事，正如习近平总书记所指出的，"我们要把自己的事情做好，这本身就是对构建人类命运共同体的贡献"。

二是要目光向外、多措并举，不断提高对外开放绿色低碳发展水平。目前，中国已经是世界第二大经济体，与第一大经济体的总量差距还在缩小。同时，中国也是第一大货物出口国和多种重要矿产品的主要进口国，外汇储备居全球首位，对外投资跻身世界前列。中国对世界经济的影响达到了前所未有的程度，国际社会对中国的期待也达到了前所未有的高度。当前，我们要从构建人类命运共同体的高度看待自身的发展和国际角色。在加快建立绿色贸易体系方面，《意见》要求持续优化贸易结构，大力发展高质量、高技术、高附加值绿色产品贸易，完善出口政策，严格管理高耗能高排放产品出口，积极扩大绿色低碳产品以及节能环保服务和环境服务等进口；在推进绿色"一带一路"建设方面，《意见》要求加快

"一带一路"投资合作绿色转型,深化与各国在绿色技术、绿色装备、绿色服务、绿色基础设施建设等方面的交流与合作,积极推动我国新能源等绿色低碳技术和产品走出去,帮助发展中国家提高应对气候变化能力;在加强国际交流与合作方面,《意见》提出要积极参与应对气候变化国际谈判,加强国际交流合作,统筹国内外工作,主动参与全球气候和环境治理,同时积极参与国际规则和标准制定,推动建立公平合理、合作共赢的全球气候治理体系。这些工作的开展,不但是内功,也是从全球角度带动其他国家和地区实现低碳发展的关键手段,深刻体现了构建人类命运共同体的要求。

三、提升绿色财政的治理能力

(一)树立应对气候变化新理念

中国把应对气候变化作为推进生态文明建设、实现高质量发展的重要抓手,基于中国实现可持续发展的内在要求和推动构建人类命运共同体的责任担当,形成应对气候变化新理念,以中国智慧为全球气候治理贡献力量。

1. 牢固树立共同体意识

坚持共建人类命运共同体。地球是人类唯一赖以生存的家园,面对全球气候挑战,人类是一荣俱荣、一损俱损的命运共同体,没有哪个国家能独善其身。世界各国应该加强团结、推进合作,携手共建人类命运共同体。这是各国人民的共同期待,也是中国为人类发展提供的新方案。

坚持共建人与自然生命共同体。中华文明历来崇尚天人合一、道法自然。但人类进入工业文明时代以来,在创造巨大物质财富的同时,人与自然深层次矛盾日益凸显,当前的新冠肺炎疫情更是触发了对人与自然关系的深刻反思。大自然孕育抚养了人类,人类应该以自然为根,尊重自然、顺应自然、保护自然。中国站在对人类文明负责的高度,积极应对气候变化,构建人与自然生命共同体,推动形成人与自然和谐共生新格局。

2. 贯彻新发展理念

理念是行动的先导。立足新发展阶段,中国秉持创新、协调、绿色、开放、共享的新发展理念，加快构建新发展格局。在新发展理念中，绿色发展是永续发展的必要条件和人民对美好生活追求的重要体现，也是应对气候变化问题的重要遵循。绿水青山就是金山银山，保护生态环境就是保护生产力，改善生态环境就是发展生产力。应对气候变化代表了全球绿色低碳转型的大方向。中国摒弃损害甚至破坏生态环境的发展模式，顺应当代科技革命和产业变革趋势，抓住绿色转型带来的巨大发展机遇，以创新为驱动，大力推进经济、能源、产业结构转型升级，推动实现绿色复苏发展，让良好生态环境成为经济社会可持续发展的支撑。

3. 以人民为中心

气候变化给各国经济社会发展和人民生命财产安全带来严重威胁，应对气候变化关系最广大人民的根本利益。减缓与适应气候变化不仅是增强人民群众生态环境获得感的迫切需要，而且可以为人民提供更高质量、更有效率、更加公平、更可持续、更为安全的发展空间。中国坚持人民至上、生命至上，呵护每个人的生命、价值、尊严，充分考虑人民对美好生活的向往、对优良环境的期待、对子孙后代的责任，探索应对气候变化和发展经济、创造就业、消除贫困、保护环境的协同增效，在发展中保障和改善民生，在绿色转型过程中努力实现社会公平正义，增加人民获得感、幸福感、安全感。

4. 大力推进碳达峰碳中和

实现碳达峰碳中和是中国深思熟虑作出的重大战略决策，是着力解决资源环境约束突出问题、实现中华民族永续发展的必然选择，是构建人类命运共同体的庄严承诺。中国将碳达峰碳中和纳入经济社会发展全局，坚持系统观念，统筹发展和减排、整体和局部、短期和中长期的关系，以经济社会发展全面绿色转型为引领，以能源绿色低碳发展为关键，加快形成节约资源和保护环境的产业结构、生产方式、生活方式、空间格局，坚定不移走生态优先、绿色低碳的高质量发展道路。

5. 减污降碳协同增效

二氧化碳和常规污染物的排放具有同源性，大部分来自化石能源的燃烧和利用。控制化石能源利用和碳排放对经济结构、能源结构、交通运输结构和生产生活方式都将产生深远的影响，有利于倒逼和推动经济结构绿色转型，助推高质量发展；有利于减缓气候变化带来的不利影响，减少对人民生命财产和经济社会造成的损失；有利于推动污染源头治理，实现降碳与污染物减排、改善生态环境质量协同增效；有利于促进生物多样性保护，提升生态系统服务功能。中国把握污染防治和气候治理的整体性，以结构调整、布局优化为重点，以政策协同、机制创新为手段，推动减污降碳协同增效一体谋划、一体部署、一体推进、一体考核，协同推进环境效益、气候效益、经济效益多赢，走出一条符合国情的温室气体减排道路。

（二）绿色财政的治理能力提升

1. 以法治化促进规范化

主要是法律法规、政策制度的出台，使其规范化，越有利于防范风险。保护生态环境必须依靠制度、依靠法治。在中国共产党的领导下，我国逐步形成由生态环境保护综合性法律、单项法律，以及行政法规、地方性法规、部门规章和地方政府规章等构成的生态环境保护法律法规体系，为生态环境保护事业发展提供了有力保障。我们必须坚持深化生态文明体制改革，持续完善生态环境法律法规，构建源头严防、过程严管、后果严惩的生态文明制度体系，形成党委领导、政府主导、企业主体、社会组织和公众共同参与的"大环保"工作格局，不断提升生态环境治理体系和治理能力现代化水平。

2. 生态环境保护投入持续加大

完善陆海统筹、天地一体、上下协同、信息共享的生态环境监测网络，健全国家生态环境科技成果转化综合服务平台、生态环境监管大数据平台。生态环境保护综合行政执法改革持续深化，执法体系和能力建设进一步加强。坚持以政治清明促生态文明，强化干部队伍作风建设，生态环保铁军建设加快推进。生态环保宣传教育力度不断加大，持续举办"六五环境日"国家主场活动，推动环保设施向公众开放，继续组织开展"美丽中国，我是行动者"主题实践活动，"绿水青山就是金山银山"理念不断深入人心，全党全国贯彻绿色发展理念的自觉性、主动性持续增强，简约适度、绿色低碳的生活方式蔚然成风。

3. 持续改善生态环境，推动绿色低碳发展

一是加大污染治理力度。紧盯重点领域和关键环节，支持深入打好污染防治攻坚战。中央财政继续安排大气污染防治资金，同时进一步增加北方地区冬季清洁取暖补助支持城市。继续安排水污染防治资金，增加部分资金用以长江、黄河

等流域为重点打好碧水保卫战。继续支持地下水超采综合治理，保持土壤污染防治专项资金投入力度，强化源头防控、风险管控和修复治理。对从事污染防治第三方企业所得税优惠，鼓励市场主体参与污染防治。二是加强生态系统保护和修复。加快建立分类补偿与综合补偿、纵向补偿与横向补偿协调推进的生态保护补偿制度。增加重点生态功能区转移支付，安排引导地方加大生态保护力度。增加对重点生态保护修复治理专项资金安排。大力推进山水林田湖草沙一体化保护和系统治理，实施历史遗留废弃矿山生态修复示范工程，支持开展国土绿化和森林、草原、湿地、海洋生态系统保护修复，建设以国家公园为主体的自然保护地体系，提高自然碳汇能力。三是稳步有序推进碳达峰碳中和，研究出台财政支持碳达峰碳中和工作的意见。支持绿色低碳产业发展和技术研发，推动工业、交通运输等领域和钢铁、建材等行业节能减排。健全政府绿色采购标准，推进绿色低碳产品采购。促进优化能源结构，完善清洁能源支持政策，大力发展可再生能源。支持非常规天然气开采利用，鼓励企业增储上产。推动解决可再生能源发电补贴资金缺口。

4. 绿色绩效评估

财政在生态环境、绿色低碳方面发挥着重要的作用，近年来特别是党的十八大以来财政投入巨大，那么为了更好地落实"双碳"战略以及生态环境保护方面的支出，我们必须展开绩效评估，基于我们研究的是绿色财政，在此将其称为绿色绩效评估。在现有的评估体系中，绿色绩效评估体系并没有建立，要想进行绿色绩效评估，首先要将与GDP对应的生态系统生产总值（GEP）核算机制放到更重要的位置，其次是研究绿色绩效评估的方法。

（三）提升参与全球治理的能力

我国积极参与全球生态环境治理，在应对气候变化、防治污染和保护生物多样性等方面发挥着关键作用。引领全球气候变化谈判进程，推动《巴黎协定》达成、签署、生效和实施。2020年9月，习近平总书记在第75届联合国大会上宣布，中国将提高国家自主贡献力度，采取更加有力的政策和措施，二氧化碳排放力争于2030年前达到峰值，努力争取2060年前实现碳中和。成功举办联合国《生物多样性公约》第十五次缔约方大会第一阶段会议，发布《昆明宣言》，为制定兼具雄心、务实、平衡的"2020年后全球生物多样性框架"提供政治指引、凝聚广泛共识，开启全球生物多样性治理新篇章。深入开展绿色"一带一路"建设，倡导建立"一带一路"绿色发展国际联盟和绿色"一带一路"大数据平台，开展南南合作，帮助发展中国家提高环境治理水平，我国生态文明建设和生态环境保护成就得到国际社会高度认可。

未来，我国坚持创新、协调、绿色、开放、共享的新发展理念，全面加强生态环境保护工作，积极参与全球生态文明建设合作。我国持续深化环境司法改革创新，积累了生态环境司法保护的有益经验。中国愿与国际社会携手同行，牢固树立尊重自然、顺应自然、保护自然的意识，积极分享中国生态文明建设的经验，坚持绿色发展理念，倡导低碳、循环、可持续的生产生活方式，共建地球生命共同体，共谋全球生态文明之路。

参考文献：

［1］陈诗一，祁毓．"双碳"目标约束下应对气候变化的中长期财政政策研究［J］．中国工业经济，2022（05）：5－23.

［2］樊继达．财政支持生态文明建设：中国共产党的百年求索、经验及前瞻［J］．财政研究，2022（03）：16－25.

［3］冯俏彬，白雪苑，李贺．支持碳达峰、碳中和的财税理论创新与政策体系构建［J］．改革，2022（07）：106－116.

［4］韩超，崔敏．"双碳"目标约束下的高质量发展：内在冲突、机遇与应对［J］．天津社会科学，2022（04）：83－92.

［5］侯卓，宋嘉豪．"双碳"目标下环境治理事权的府际配置［J］．学习与实践，2022（08）：70－78.

［6］刘尚希．优化绿色低碳转型财税政策 为实现"双碳"目标提供重要支撑［J］．新能源科技，2021（12）：35－36.

［7］毛晖，王明月，梁天琪．助力"双碳"目标的地方财政金融协同机制［J］．地方财政研究，2022（05）：37－46.

［8］孙丕伟．浅谈"双碳"背景下政府采购制度的发展和完善［J］．中国政府采购，2021（12）：28－31.

［9］童健．碳中和约束下绿色财税政策耦合机制研究［J］．管理评论，2022，34（08）：15－28.

［10］王少悦．"双碳"目标下促进碳减排的财税政策研究［D］．河北经贸大学，2022.

［11］於世为，孙亚方，胡星．"双碳"目标下中国可再生能源政策体系完善研究［J］．北京理工大学学报（社会科学版），2022，24（04）：93－102.

［12］张真，刘倩，史英哲，苗乃乾．全球绿氢产业财政金融激励政策与启示［J］．环境保护，2022，50（14）：66－70.

下篇

聚焦碳达峰碳中和的财政政策

碳达峰碳中和财政政策概述

陈少强 何妮

摘 要：财政在碳达峰碳中和中发挥重要作用，碳达峰碳中和财政政策符合理论逻辑、历史逻辑、现实逻辑和国际逻辑。财政事权和支出责任划分、财力保障、配套政策以及与政策协调等是我国碳达峰碳中和财政政策需要着力解决的问题。建议我国在明确财政事权和支出责任划分的基础上，提高政府财政支持能力，加强政策协调配合，强化财政治理。

关键词：碳达峰碳中和；财政政策

[作者简介]

陈少强，经济学博士，中国财政科学研究院资源环境和生态文明研究中心主任、研究员、博士生导师。研究方向为碳达峰碳中和财政政策、生态补偿财政政策、公共风险、政府和社会资本合作（PPP）等。

何妮，中国财政科学研究院财政学在读博士，研究方向为资源环境公共政策、生态补偿财政政策、农业政策分析等。

Introduction on Fiscal Policy of Carbon Peak and Carbon Neutralization

Chen Shaoqiang　He Ni

Abstract: Fiscal policy plays an important role in carbon peak and carbon neutralization and it conforms to theoretical logic, historical logic, realistic logic and international logic. The division of fiscal powers and expenditure responsibilities, relevant fiscal capacity, supporting policies, and coordination with policies are the challenges that fiscal policies of carbon peak and carbon neutral need to face in China. The authors suggest that at present and in the near future, on the basis of clarifying the division of fiscal powers and expenditure responsibilities, China should improve the government's fiscal support capability, strengthen policy coordination and intensify fiscal governance.

Keywords: carbon peak and carbon neutrality; fiscal policy

碳达峰碳中和财政政策有其理论逻辑、历史逻辑、现实逻辑和国际逻辑。碳达峰碳中和财政政策作用的发挥仍面临一些现实挑战，未来还需要在事权和支出责任、保障能力、政策体系和统筹协调能力方面进行完善。本章为全书下篇导论部分，主要介绍碳达峰碳中和财政政策的概况，其他章节则聚焦于碳达峰碳中和财政政策某一方面展开讨论。

一、碳达峰碳中和财政政策的逻辑

从理论层面看，碳达峰碳中和财政政策旨在解决因外部性带来的市场失灵问题、防范相关风险和推进财政治理。从实践层面来看，实施碳达峰碳中和财政政策符合中国发展历史和发展现实需要，也与国际发展趋势相符。

（一）理论逻辑

财政政策支持碳达峰碳中和符合体现政府解决"市场失灵"问题的政府逻辑，体现政府化解相关公共风险的风险逻辑以及国家财政的治理逻辑。

1. 市场失灵

财政支持碳达峰碳中和源于政府通过财政手段解决因"外部性"而带来的"市场失灵"问题。外部性是指个体经济单位的行为对其他社会主体造成了影响（如环境污染）却没有承担相应的义务或获得回报，也称外部成本、外部效应或溢出效应。这种外部效应有时产生有利影响（如教育和安全提高社会生产力），有时会产生不利影响（如污染和犯罪降低社会生产力）。

在碳达峰碳中和目标实现过程中出现的外部性问题，导致市场难以形成最佳均衡，造成市场失灵。如图1所示，私人的供求关系在$Q_{市场}$处达成均衡，但由于私人供应商通过技术研发等成本追加所形成的外部利益未充分体现，包括外部利益后的社会价值的均衡点为$Q_{最佳}$，$Q_{最佳} > Q_{市场}$，市场供给不足，导致市场失灵。在这种情况下，政府通过财政补助等方式将这部分的外部利益返还给私人供应商，这种通过私人供应商付出成本或者将外部收益内部化为私人供应商收益的方式，进而形成新的最佳均衡点，这种行为方式被称为"外部性内在化"。

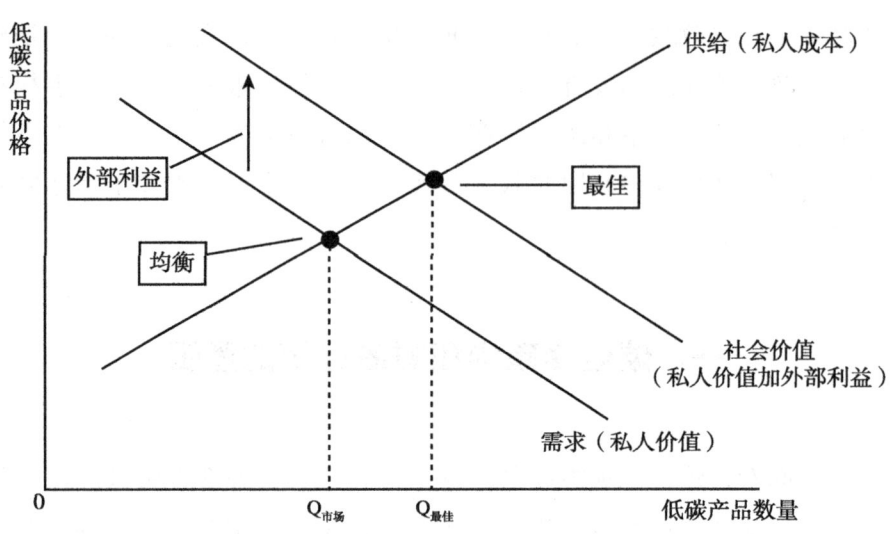

图 1 低碳产品市场中的外部性

2. 风险防控

财政支持碳达峰碳中和也与财政风险防控职能有关。风险即为发生损失的可能性，风险既包括市场风险，也包括社会风险和自然风险；既包括国内风险，也包括国际风险。财政的使命就是防范和化解碳达峰碳中和过程中各种带来损害的可能性。

一是防范生态环境风险。我国一些地区特别是长江黄河上游地区，面积辽阔，生态安全位置凸显，但这些地方生态较为脆弱，如果不通过中央转移支付或者生态补偿的方式予以支持，会影响区域乃至全国的生态安全。

二是防范能源安全风险。开发利用非化石能源是实现碳达峰碳中和的必由之路，但非化石能源可能对电网消纳产生一定的冲击，影响供电安全，财政需要加强对新兴电力系统的支持。此外，防范碳达峰碳中和延伸出来的能源安全风险，也是财政政策的重要任务。自碳达峰碳中和目标提出后不久，一些地方在狭隘理解中央碳达峰碳中和的精神，为了减少碳排放，随意去产能，关停并转一些在建项目，这种碳达峰将变成"碳冲锋"的风险是巨大的，毕竟，煤炭在我国能源中的主体地位短期内不会改变，2020 年中国能源消费总量 49.8 亿吨标准煤，煤炭消费量占能源消费总量的 56.8%，2020 年电力行业碳排放占全国碳排放总量比重为 37%①，在这种情况下，如果关停 1000 多座燃煤电厂固然可以大幅度降低碳排放

---

① 贾卫列. 一文讲透碳中和：政策、机遇、挑战、应对……［EB/OL］. 新浪财经 APP，https：//finance. sina. cn/fund/jjgdxw/2022 - 03 - 25/detail - imcwiwss7903708. d. html.

总量，但传统燃煤电厂的迅速退出将对我国正常的经济和社会秩序产生巨大的冲击，将严重影响我国的能源安全。为防范这类"碳冲锋"带来的经济社会风险，财政政策应当支持传统能源产业有序实现绿色低碳转型（如实施煤炭清洁化等）。

三是防范地区发展风险。由于历史原因，资源枯竭型城市、东北老工业基地、西部地区在推进产业结构和能源结构转型升级等方面面临技术、资金、政策等方面的困难，单靠自身无能为力，需要中央或者省级政府通过财政转移支付等方式予以政策扶持，以促进地区绿色低碳转型。

四是防范产业安全风险。碳达峰碳中和对传统高耗能产业提出了更高的要求，这些产业被要求进一步降低碳排放强度和提高能效水平，而我国自"十一五"时期以来将单位 GDP 能耗降低作为经济和社会发展的重要约束性指标之一，三个五年规划期以来，我国在该指标的引领和倒逼下，高耗能产业通过淘汰落后工艺设备，实施重点节能工程，能源利用效率持续提升，目前很多产品和行业的能耗水平都已达到较为先进的水平，节能潜力已得到较为充分的释放。在短期内高耗能产业技术水平相对稳定的情况下，进一步减碳无疑将给传统能耗产业带来巨大的经营压力，并逐步影响到下游的高端制造业以及生产性服务业，危及我国产业链、供应链的安全，因此，为避免部分发达国家产业空心化的教训，防止产业链的失衡，保障产业特别是制造业的产业安全，财税政策在产业减碳过程中维持制造业的平衡发展，维持经济和产业安全稳定。

五是防范外部输入风险。受资源能源禀赋、经济发展阶段和经济产业结构等方面的影响，我国碳达峰碳中和面临较大的要素约束压力，国外发达国家特别是欧盟国家打着减缓气候变化的旗帜，以开展碳关税为名构筑绿色贸易壁垒，影响我国相关企业的出口和就业，并给我国财政运行带来负面影响。在这种情况下，我国作为主权国家需要通过一系列财政制度和政策的安排，捍卫我国合法权益，防范外部输入风险。

3. 国家治理

治理起源于人作为一种社会性的存在，是一种基于共同利益而发起的集体行动，并以约定的方式支付行动成本和分享行动收益的过程。在布坎南和图洛克看来，这一过程可以是自愿、分散实施的，比如现代市场活动；可以是自愿、集体实施的，比如俱乐部和共同体治理；也可以是强制、集体实施的，比如国家治理。通常所说的国家治理，是指国家机器和制度运行相结合的一种集体活动。

任何治理形式都需要资金筹措、使用和管理，国家治理也不例外。与市场治理、社会治理不同的是，国家治理依赖于国家强制规定的收入和支出安排，这种活动过程本身就是财政。党的十八届三中全会《中共中央关于全面深化改革若干重大问题的决定》将财政的职能地位显著提升，财政被认为是"国家治理的基础和重要支柱"。从理论上讲，财政治理理论体现了财政的制度主义的发展要求。

碳达峰碳中和财政治理逻辑，就是要遵循财政制度主义框架，在构建碳达峰碳中和的理论框架中发挥财政的作用：一是碳达峰碳中和资金筹集过程对应着国家治理中的需求揭示，资金运用过程对应着国家治理中的官僚机构运作，控制和决策过程对应着财政预算与立法机关表决，碳达峰碳中和离不开财政的立法和执法活动；二是财政要在碳达峰碳中和资金活动中体现效率，防治资金抵消乃至无效行为；三是财政在碳达峰碳中和资金活动中维护公平正义，让地区之间、阶层之间、代际之间、自然与社会之间维护一个良好的秩序，在改善和保障民生中有序稳步推进碳达峰碳中和。

（二）历史逻辑

财政在碳达峰碳中和中发挥其职能作用，也符合历史发展逻辑。新中国成立初期，我国经济社会发展面临一穷二白的局面，国家集中资源短时间内建立起独立的比较完整的工业体系和国民经济体系，当时的任务主要是发展，但受当时生产力水平和科技水平的限制，国家也没有能力关注碳排放和调整工业结构的问题。党的十一届三中全会强调，要把全党工作的着重点和全国人民的注意力转移到社会主义现代化建设上来，提出改革开放的任务。党的十二大提出到20世纪末力争使全国工农业年总产值翻两番的经济建设目标。此后一段时间，我国经济经历了加速发展的阶段，生产潜力不断得到释放，生产要素有效利用，经济规模越来越大。与此同时，经济增长方式较为粗放，经济结构不合理，能源、资源、环境等约束日益凸显，经济发展方式转变问题日益引起党中央的高度重视。党的十三大强调了经济效益和经济结构的问题，提出要从粗放经营为主逐步转向集约经营为主的轨道，党的十五大提出可持续发展战略，党的十七大进一步明确加快转变经济发展方式的战略任务。党的十八大以来，中国特色社会主义进入了新时代，党中央提出要适应、把握、引领经济发展新常态，坚定不移贯彻新发展理念。党的十九大根据发展阶段和社会主要矛盾重大变化，经过充分论证，明确提出我国经济已由高速增长阶段转向高质量发展阶段。特别是生态文明理念的提出，我国注意到要充分吸收过去"先污染后治理"的历史教训，在发展经济的同时，重视污染环境和生态环境保护。由于资源环境的外部性存在，财政政策在解决历史遗留问题中承担的责任重大。同时，在过去改革和发展过程中，由于市场主体灭失，"产权主体"模糊，资源环境等问题进一步外部化，这些历史遗留问题企业和市场主体是不会买单的，政府基于公共治理和社会伦理方面的考虑，也需要通过财政政策解决能源结构、产业结构、资源结构等与碳排放相关的历史遗留问题，为碳达峰碳中和创造良好的外部条件。

（三）现实逻辑

财政支持碳达峰碳中和，也是现实发展的必然要求。通过财政政策手段工具的运用，有助于缓解和解决以下现实矛盾，不断满足人民对美好生活的向往。

1. 履行大国责任

我国已向国际社会作出郑重承诺，在2030年前实现碳达峰、2060年前实现碳中和，体现了我国作为发展中大国的责任担当。《国务院关于印发2030年前碳达峰行动方案的通知》（国发〔2021〕23号）制定了更加细化的碳达峰目标，即到2025年非化石能源消费比重达到20%左右，单位国内生产总值能源消耗比2020年下降13.5%，单位国内生产总值二氧化碳排放比2020年下降18%，为实现碳达峰奠定坚实基础以及到2030年非化石能源消费比重达到25%左右，单位国内生产总值二氧化碳排放比2005年下降65%以上，顺利实现2030年前碳达峰目标。为了实现这些目标，我国拟实施10大行动方案（包括能源绿色低碳转型、节能降碳增效、工业领域碳达峰、城乡建设碳达峰、交通运输绿色低碳、循环经济、绿色低碳科技创新、碳汇能力巩固提升、全民绿色低碳行动、推进各地区梯次有序碳达峰行动等），并明确提出了要在资金政策等方面予以支持。碳达峰碳中和目标与美丽中国建设目标、现代化强国建设目标息息相关，事关中华民族永续发展。这不仅是环境问题，更是发展问题；不仅是部分领域的变革，更是一场经济社会的系统性变革。财政部门有责任有义务在碳达峰碳中和中采取更有力更有效的举措，不折不扣推动党中央、国务院决策部署落实落地。

2. 提高发展质量

实现碳达峰碳中和，也是为了解决发展质量不高的问题。我国已进入新发展阶段，发展面临的环境和形势发生了深刻的变化，推进碳达峰碳中和工作是破解资源环境约束突出问题、实现可持续发展的迫切需要，是顺应技术进步趋势、推动经济结构转型升级的迫切需要，也是破解发展难题、实现经济高质量发展的现实需要。各级财政部门要根据贯彻新发展理念的内在要求，完整把握、准确理解、全面贯彻新发展理念，着力服务和保障高质量发展。围绕重点领域和关键环节做好资金保障，落实促进绿色发展的各项财税政策，引导市场主体摒弃粗放型发展模式，用绿色倒逼升级，推动生态优势转变为发展优势，实现经济社会全面绿色低碳转型。

3. 满足人民对美好生活的向往

我国社会主要矛盾已经转化为人民日益增长的美好生活需要和不平衡不充分的发展之间的矛盾，财政支持碳达峰碳中和工作是坚持以人民为中心的发展思想的重要举措。绿色是永续发展的必要条件和人民对美好生活追求的重要体现，实现碳达峰碳中和目标是满足人民群众日益增长的优美生态环境需求、促进人与自然和谐共生的迫切需要。增进民生福祉是中国发展的根本目的，也是中国共产党作为执政党立党为公、执政为民的本质要求。公共财政取之于民、用之于民，财政支持碳达峰碳中和，要突出财政的公共性和公平性，坚持在发展中保障和改善民生，推动环境质量持续改善，促进改革发展成果更多更公平惠及全体人民，不断增强人民群众获得感、幸福感、安全感。

（四）国际逻辑

从发达国家特别是欧美碳达峰的发展历程来看，碳达峰离不开财政政策的支持，我国财政支持碳达峰碳中和符合国际通行做法。

1993年以前，美国减碳政策整体上呈现出以污染治理、提高能源效率并调整能源结构为主线的特征，以环境税、财政补贴、排污权交易为主要方式推动政策执行，利用政策强化市场机制来推动节能减排工作；在克林顿时期（1993—2001年），美国待污染问题得到缓解后，开始重视气候变化问题并在国际上积极展开气候外交，在国内开始以能源政策为核心推出减碳政策，利用税收、财政等手段持续调动市场积极性，通过调整能源结构、提高能源利用效率来实现节能减排；在小布什时期（2001—2009年），美国在国际上对气候变化问题持消极立场，但鉴于能源对外依存度较高且低碳经济具有巨大的发展潜力，美国政府为维护国内能源安全与避免失去技术优势，仍以相对积极的态度制定国内减碳政策。美国联邦政府先后提出了《全球气候变化技术计划》《2007节能建筑法案》及《2008气候安全法》等政策法规，利用财政补贴推动新能源技术的开发、开展"气候领袖""能源之星""高效运输伙伴计划"等项目，美国政府通过提供补贴、税收优惠等措施直接作用于美国企业,促进企业与政府的合作,提高企业节能减排技术的应用,使企业自愿减排并进行低碳发展。例如,《2005年国家能源政策法》提出要使用税收优惠、财政补贴等手段激励企业与个人使用节能产品,从而从企业和个人层面共同推进节能减排,如对混合动力汽车提供最高3400美元的补贴、为减排技术项目提供贷款担保、每年拨款2亿美元以发展清洁煤碳技术、每年拨款5000万美元用于生物质能源发展①。总之,美国减碳政策经过多年的发展,形成了政府利用政策法案引导、市场自发调节的减排模式,通过税收、财政补贴、碳交易等手段推动行政管制与市场机制相结合,共同推进减碳政策的执行。不同政党在气候变化政策上有所变化,但美国在推进环境治理、节能减排和能源产业结构调整的主线总体上没有改变,这也为美国2007年实现碳达峰奠定了坚实的基础②。

欧盟是全球温室气体排放最多的经济体之一,其历史累积温室气体排放量约占世界总量的25%。欧盟是《巴黎协定》的坚定维护者和履约者,是全球率先提出碳中和计划的经济体之一,也是全球碳达峰碳中和政策体系较为完善的经济体之一。欧盟已将气候变化相关支出纳入主要预算,欧盟《多年期财政框架(2021—2027年)》《欧洲可持续投资计划》等主要提出了7项财政与金融转型举措:①2021—2027年欧洲凝聚基金和欧洲区域发展基金将至少筹集1080亿欧元,支持可再生能源和低碳燃料生产与消费综合示范、碳中和产业集群旗舰项目融资、基础设施建设、电动汽车关键部件研发。②在欧洲投资计划下,欧洲投资银行将开发一种面向建筑高效节能运行的金融工具,将欧盟赠款作为担保,吸引100亿欧元融资,提高建筑物的能源效率,使320万家庭摆脱能源贫困。③"连接欧洲设施计划"将至少60%的预算用于支持交通、能源和数字基础设施建设。④制定"对外投资计划",利用41亿欧元欧盟预算资金,吸引多达440亿欧元的额外投资。在该计划的5个投资窗口中,有3个将直接面向碳中和目标。⑤针对煤炭和碳密集地区,欧盟将采取结构性支持行动。⑥与2014—2020年相比,"LIFE计划"将增加72%的资金支出(达到54亿欧元),且超过60%的新增资金将用于实现气候目标。⑦《共同农业政策》和"地平线计划"分别计划将至少40%和35%的预算用于支持《欧洲绿色协议》的优先事项。此外,欧盟也建立了日趋完善的低碳转型财税体系,《人人享有清洁的地球:欧洲实现繁荣、现代化、具有竞

---

① IEA. Energy Policy Act of 2005 (Energy Bill).
② 中大咨询研究院双碳研究组. 我们能从美国减碳政策的制定与实施中总结出什么经验? [EB/OL]. 中大商业评论, https://www.thepaper.cn/newsDetail_forward_15419838.

争力和气候中立的经济体的长期战略愿景》①和《推动气候中性经济：欧盟能源系统一体化战略》提议，修订《能源税指令》，逐步取消直接化石燃料补贴，并调整交通运输行业的税费标准，使能源、电力、氢生产、氢储存税收与欧盟环境和气候政策保持一致，以避免双重征税。

二、碳达峰碳中和财政政策面临的挑战

我国碳达峰碳中和时间紧任务重②，给财政政策带来很大压力。除此之外，财政事权和支出责任划分、财力保障、配套政策以及与政策协调等也是碳达峰碳中和财政政策需要面对的挑战。

（一）碳达峰碳中和财政事权和支出责任界定有待明晰

我国已出台中央和地方在教育、医疗、卫生、资源环境等领域的财政事权和支出责任，这为厘清中央和地方在部分碳达峰碳中和领域的事权划分奠定了基础。同时也要看到，碳达峰碳中和是一项系统工程，涉及经济产业、能源、交通、住建、科技、绿色消费等诸多领域和范畴，这些领域的政府和市场、不同级次政府间、政府部门间的事权和责任划分还有待厘清。笔者在调研中了解到，财政部门在碳达峰有关政策设计中参与度相对较低，一些部门以"专业技术性强"为由没有邀请财政部门参与，彰显出碳达峰过程中政府间事权责任划分有待厘清；又如，由于能源发展部门与财政部门之间缺乏有效沟通，能源发展规划与财政规划之间缺乏衔接，导致国家在发展新能源发电、电动汽车等产业发展政策缺乏衔接，政府新能源补贴资金尚未全部和及时到位，财政和相关企业都面临着较大压力。

（二）碳达峰碳中和政府财力保障机制有待完善

实现碳达峰碳中和，需要政府和企业大量的投入。对于政府而言，各级财政

---

① European Commission. A Clean Planet for All: A European Strategic Long – term Vision for a Prosperous, Modern, Competitive and Climate Neutral Economy. (2018 – 11 – 28) [2021 – 01 – 10]. https：//ec. europa. eu/energy/sites/ener/files/documents/european_commission_ – _a_european_strategic_long_term_vision_for_a_prosperous_modern_competitive_and_climate_neutral_economy. pdf.

② 我国 2030 年前实现碳达峰，约比欧盟实现碳达峰晚约 40 年，比美国晚约 23 年，比日本韩国晚约 17 年；我国 2060 年实现碳中和，仅比发达经济体晚约 10 年。

都需要根据事权和支出责任划分予以支持,包括税收减免、投资、补助、贴息、各类债券等,无论是哪一种财政支持方式,都最终体现为财政支出的增加或者收入的减少,为此,财力保障是政府支持碳达峰碳中和的基础。

我国提出碳达峰碳中和目标是在经济和能源结构等尚未调整到位、工业化和城镇化任务尚未完成以及经济社会发展水平尚不高的情况下进行的,各地方、政府各部门以及企业等都对于财政支持碳达峰碳中和充满期待,但政府有足够的财政能力去推动这项工作仍有不确定性,特别是近期受疫情以及国内外其他因素的扰动,我国近期财政状况十分困难。根据财政部的统计,2021年1—4月累计,全国一般公共预算收入74293亿元,扣除留抵退税因素后增长5%,按自然口径计算下降4.8%。其中,中央一般公共预算收入34571亿元,扣除留抵退税因素后增长4.5%,按自然口径计算下降5.7%;地方一般公共预算本级收入39722亿元,扣除留抵退税因素后增长5.4%,按自然口径计算下降3.9%。1—4月累计,全国一般公共预算支出80933亿元,比上年同期增长5.9%。其中,中央一般公共预算本级支出9636亿元,比上年同期增长5%;地方一般公共预算支出71297亿元,比上年同期增长6.1%[①]。在财政困难的情况下,保增长、保市场主体、保就业和保运行,成为各级财政面临的重要使命,相应地,地方财政保障碳达峰工作的财力水平将大打折扣。

(三) 碳达峰碳中和财政政策体系有待健全

当前,国家碳达峰碳中和战略目标日趋明朗,但相关配套财政政策尚未建立健全,财政政策工具运用和财政政策评估也相对滞后,碳达峰碳中和财政政策体系有待健全。

1. 配套财政政策体系尚未建立

为深入贯彻落实党中央、国务院关于碳达峰碳中和重大战略决策,财政部根据《中共中央 国务院关于完整准确全面贯彻新发展理念做好碳达峰碳中和工作的意见》和《2030年前碳达峰行动方案》(国发〔2021〕23号)有关工作部署,印发了《财政支持做好碳达峰碳中和工作的意见》的通知(财资环〔2022〕53号)(以下简称《通知》),该《通知》提出了"坚持降碳、减污、扩绿、增长协同推

---

① 财政部国库司. 2022年4月财政收支情况 [EB/OL]. 2022-05-17. http://gks.mof.gov.cn/tongjishuju/202205/t20220517_3810958.htm.

进，积极构建有利于促进资源高效利用和绿色低碳发展的财税政策体系，推动有为政府和有效市场更好结合，支持如期实现碳达峰碳中和目标"的指导思想，明确了"立足当前，着眼长远；因地制宜，统筹推进；结果导向，奖优罚劣；加强交流，内外畅通"的工作原则，明确了财政支持做好碳达峰碳中和工作的主要目标，即到2025年，财政政策工具不断丰富，有利于绿色低碳发展的财税政策框架初步建立，有力支持各地区各行业加快绿色低碳转型；2030年前，有利于绿色低碳发展的财税政策体系基本形成，促进绿色低碳发展的长效机制逐步建立，推动碳达峰目标顺利实现；2060年前，财政支持绿色低碳发展政策体系成熟健全，推动碳中和目标顺利实现。

值得注意的是，《通知》更多的是针对2030年国务院碳达峰十大行动方案而提出的财政支持意见，在碳达峰各项具体工作中财政如何支持每一个专项领域，2030年实现碳达峰目标之后财政政策如何进一步支持碳中和目标实现等，都需要进一步研究。

2. 如何协调各类财政政策工具

国外实现碳达峰的财政政策比较丰富，包括碳市场、碳税、环境税等，我国在资源环境方面使用较多的财政政策主要是财政补助、财政投资、财政贴息、专项债、地方债等，如何在新时期丰富和完善碳达峰财政政策工具，包括碳税、绿色采购、政府性基金、PPP等，以及这些财政政策工具如何协调等问题，也都需要进行认真探讨。

3. 如何评估财政相关政策效果

碳达峰碳中和财政政策体系不完备，相应的财政政策评估体系也有待建立和健全。2018年，中共中央、国务院发布了《关于全面实施预算绩效管理的意见》，但关于碳达峰碳中和的预算绩效管理制度和政策体系尚未建立。当前，碳达峰碳中和财政奖惩政策尚未建立，能耗强度、碳排放强度指标完成度和财政资金奖惩之间还未建立挂钩机制。碳达峰碳中和的财政监督、绩效、大数据管理、支出标准、数据溯源等基础工作滞后。由于碳达峰碳中和财政支出的标准和历史数据缺失或者不够完善，给碳达峰碳中和财政绩效管理带来很多不确定性。

（四）相关财政政策目标之间如何协调

碳达峰碳中和财政政策在设计和实施过程中还面临着一个现实挑战，就是如何与相关财政政策协调配合，避免政策之间相互冲突，甚至造成政策执行中的"合成谬误"。

1. 减污目标与降碳目标

协同推进减污降碳是实现经济高质量发展的必由之路，我国各级政府在推进减污降碳方面也在积极探索。2022年5月，财政部印发《财政支持做好碳达峰碳中和工作的意见》（财资环〔2022〕53号），提出坚持降碳、减污、扩绿、增长协同推进的原则，积极构建有利于促进资源高效利用和绿色低碳发展的财税政策体系。2022年7月，交通运输部、财政部共同发布的《关于做好国家综合货运枢纽补链强链工作的通知》提出，在推进"公转铁""公转水"、推广应用清洁能源、更新清洁能源装备、碳排放统计核算和交易等方面实施有效举措，减污降碳协同目标纳入了交通领域补链强链计划。2022年2月，江苏省印发《关于实施与减污降碳成效挂钩财政政策的通知》，首次将减污和降碳指标同时纳入财政政策绩效考核范畴。同时也要看到，在减污降碳协同增效背景下，相关财政政策也面临一些挑战。

一是减污降碳协同政策目标虚化。财资环〔2022〕53号明确提出"推动减污降碳协同增效""鼓励因地制宜采用清洁能源供暖供热"，但具体政策及目标尚不明晰，部分地方仍处观望状态。在地方层面，除江苏、浙江等省外，全国多数省份尚未正式设立具体的减污降碳协同目标指标体系。

二是减污降碳协同技术和数据基础弱化。形成可监测、可计量、可报告的减污降碳数据是评价相关财政政策的基础，而现有相关的监测设备和监测标准较多基于污染防治，相关降碳技术和标准协同弱化。调研发现，市场上各类减污或降碳的设备标准不一，有的供应商为了满足用户个性化需求，调整设备相关技术参数，导致评价减污降碳协同的目标和指标监测过程流于形式。关键指标和数据可比性较差，使得从能耗"双控"向碳排放总量和强度"双控"奖惩过渡面临挑战。

三是减污降碳协同政策工具固化。地方减污降碳财政政策以"支出侧"为主，减污降碳政策协同工具运用较固化。多地财政部门表示，在当前财政运行持续"紧平衡"的状况下，仅靠财政投入无法满足减污降碳领域日益增长的资金需求，亟须拓宽资金和政策渠道。

四是减污降碳协同管理机制僵化。目前减污降碳工作仍是多头管理，一定程度上影响协同效果。如减污对应的是财政资环口，管理和绩效考核主要是生态环境部门完成；降碳对应的主要是发改部门，资金筹集和拨付是财政经建口。政策制定多是从本单位所承担的职责出发，难以形成政策和资金的合力，政策制定的整体观、全局观有待提升。

2. 发展目标与安全目标

碳达峰碳中和财政政策面临着如何注意平衡好发展与安全关系的挑战。一方面，碳达峰碳中和目标所要求的经济产业结构和能源结构是我国高质量发展的具体体现。但在"双碳"目标实现过程中又面临着地区间、区域间乃至国内外发展不平衡不充分问题。虽然推动绿色低碳发展是国际潮流所向、大势所趋，绿色经济已经成为全球产业竞争制高点，一些西方国家对我国大打"环境牌"，站在生态保护的道德制高点上多方面对我国施压，围绕生态环境问题的大国博弈十分激烈。从欧盟推动碳边境调节机制（CBAM）的动向来看，CBAM对我国部分产业产生影响，也影响了相关财政收入，但如果我国在国内开展碳税等政策工具，又会增加国内相关行业的经济负担，碳达峰碳中和财政政策必须考虑平衡发展和充分发展的问题。另一方面，碳达峰碳中和目标在实现过程中也对现行的经济产业结构和能源结构产生影响，如果处理不当，也容易诱发经济和能源安全风险。在经济和能源结构方面，我国能源资源禀赋"富煤贫油少气"格局短期内难以改变，2019年我国非化石能源占一次能源比重仅为15.3%，超过2/3的新增能源需求仍主要由化石能源满足[1]。我国产业体系特别是工业体系较多依赖化石能源，导致我国每单位国内生产总值所消耗的二氧化碳量也相对较高。2019年，我国每单位GDP所消耗的二氧化碳量为0.43千克，而美国、韩国、印度、日本该值分别为0.29千克、0.31千克、0.28千克和0.23千克，欧盟27国每单位GDP所消耗的二氧化碳量仅为0.17千克，不到我国的一半[2]。我国现有经济能源结构虽然有其不合理性，但能源结构的快速调整也面临诸多风险和挑战：首先，我国以煤电为主的能源结构对于保障我国能源安全起着"压舱石"的作用，能源结构调整不当可能会影响我国能源安全。其次，由于非化石能源自身技术特性（如风电、光伏、光热、地热、潮汐能受限于昼夜和气象条件的限制而存在调峰、远距离输送、储能等多方面的不确定性；生物质供应源头分散，原料收集困难；核电则存在核燃料资源限制和核安全问题）以及电网体制机制多方面因素的制约，非化石能源在相当长的时期内还难以担当能源结构的主体责任。

---

[1] 庄贵阳. 我国实现"双碳"目标面临的挑战及对策 [EB/OL]. 人民论坛，2022-03-04.
[2] 黄潇. 助力我国实现"碳达峰、碳中和"的财税政策建议 [J]. 中国经贸导刊，2021 (09)：68.

另外，从短期来看，我国还面临着新冠肺炎疫情、俄乌冲突以及其他国内外不确定性要素带来的冲击，保市场主体、稳增长、保就业的任务也很重，而为拉动经济增长，工业产值和化石能源消费也将随着增长，能源消费总量在较长一段时期仍将保持上行趋势，碳达峰碳中和相关举措如果"用力过猛"，也有可能在短期内造成经济风险。

3. 公平目标与效率目标

碳达峰碳中和财政政策要讲究效率，即单位财政资源投入能够最大限度地实现降碳或者固碳任务。我国实现碳达峰碳中和时间紧、任务重，包括财政政策在内的各种政策工具都要助力实现这一目标任务的实现。财政在支持地区、行业、企业、部门或者阶层降碳的过程中，又不可避免地影响到其他地区、行业、企业、部门或者阶层的利益，从而产生社会公平问题。例如，如果仅仅从碳达峰碳中和效率的角度出发，一些地方将"碳达峰"演变为"碳冲锋"可能是最有效率的，但这种不顾当地经济社会发展水平、产业结构、能源结构、财力、碳汇能力等现实条件的做法必将对经济社会发展安全造成损害，社会公平正义受到侵犯的问题应引起足够的警惕。因此，在财政政策支持碳达峰碳中和的过程中，如何做到效率与公平兼顾需要认真研究。

三、碳达峰碳中和财政政策展望

碳达峰碳中和是一项长期的战略目标，中国需要做好各方面的准备，需要建立一套行之有效的财政体制机制。当前及今后一段时期，我国要在明确财政事权和支出责任划分基础上，提升政府财力保障能力，建立健全碳达峰碳中和政策体系，增强碳达峰碳中和财政协同统筹能力，有序提升碳达峰碳中和的财政治理能力。

（一）细化碳达峰碳中和财政事权和支出责任划分

财政部关于印发《财政支持做好碳达峰碳中和工作的意见》的通知（财资环〔2022〕53号）中就几个主要的碳达峰碳中和领域（绿色低碳发展、能源、交通、住建、循环经济、科技、绿色消费等）提出了财政支持的原则性意见，至于每个领域财政承担什么样的职责则并未触及，建议下一步要细化和完善财政在碳达峰碳中和事权和支出责任划分，进一步在碳达峰碳中和的规划制度建设、管理事务与能力建设、财力保障、监督管理等事务中明确财政的责任边界,包括政府与市场的边界、政府间财政责任边界、财政部门与其他政府部门之间的财政责任边界,等等。

(二) 提高碳达峰碳中和财政保障能力

一是地方要树立大财政理念,整合地方财政预算资金、公共资源和公共资产,为财政支持碳达峰碳中和提供物质保障,推进资源统筹能力。

二是建立地方特别是县级财力长效保障机制,通过建立健全省以下财政体制调整机制,保障基层财政能有支持碳达峰碳中和的财政基础。

三是增加对特定地区的财力支持力度,通过中央对地方各类转移支付和横向补偿等多种方式,加大对特定地区(如革命老区、民族地区、边缘地区、欠发达地区、资源枯竭型城市等)碳达峰碳中和的财政支持力度。

(三) 完善碳达峰碳中和财政政策体系

1. 明确财政支持碳达峰碳中和的重点领域

一是稳步有序推进碳达峰碳中和的重点支持领域。坚持降碳、减污、扩绿、增长协同推进,把握好节奏和力度,循序渐进做好碳达峰碳中和相关工作。在财政支持碳达峰碳中和工作的意见之上,研究出台更加细化的针对特定领域(如交通、住建等)的财政支持政策和支出标准。支持绿色低碳产业发展和技术研发,推动工业、交通运输等领域和钢铁、建材等行业节能减排。健全政府绿色采购标准,推进绿色低碳产品采购。研究设立国家低碳转型基金。促进优化能源结构,完善清洁能源支持政策,大力发展可再生能源。支持非常规天然气开采利用。《财政支持做好碳达峰碳中和工作的意见》的通知(财资环〔2022〕53 号)围绕如期实现碳达峰碳中和目标,加强财政支持政策与国家"十四五"规划纲要衔接,抓住"十四五"碳达峰工作的关键期、窗口期,落实积极的财政政策要提升效能,更加注重精准、可持续的要求,合理规划财政支持碳达峰碳中和政策体系。下一步,各级财政部门财政要遵循几个重要原则,包括:既要立足当前也要着眼长远,既要因地制宜也要统筹推进,既要提升效能也要奖优罚劣,既要加强交流也要内外畅通,并根据《通知》的要求,制定出台符合本地实际的财政政策,以更有效地支持构建清洁低碳安全高效的能源体系、支持重点行业领域绿色低碳转型、支持绿色低碳科技创新和基础能力建设、支持绿色低碳生活和资源节约利用、支持碳汇能力巩固提升、支持完善绿色低碳市场体系，推动碳达峰碳中和取得明显进展。

二是完善试点示范政策体系。创新碳达峰碳中和财政综合支持政策试点，在财政支持碳达峰碳中和工作的意见所强调的领域（如山水林田湖草等自然保护和修复等）实施政策试点，中央财政对于地方的试点工作予以支持。指导特定地区开展试点，如中央财政近期指导浙江省财政部门研究实施碳达峰碳中和财政奖惩政策，将能耗强度、碳排放强度指标完成度和财政资金奖惩挂钩；围绕能源等重点领域，支持浙江省实施一揽子财政政策，力争为实现碳达峰碳中和目标提供坚实支撑；鼓励浙江省进一步探索生态产品价值实现机制试点；支持浙江省开展全域幸福河湖建设改革试点，鼓励浙江省按规定统筹资金支持试点项目建设[①]。

2. 完善碳达峰碳中和政策工具

一是完善政府支出政策。丰富完善碳达峰碳中和财政支出政策工具体系，包括：运用政府绿色低碳投资支出、财政补助、财政贴息和政府采购等手段，吸引社会资本投资绿色低碳发展和生态环境保护修复等领域。具体而言，要充分发挥财政支出政策"精准滴灌"、定向调结构的优势，紧紧围绕党中央、国务院的工作部署，资金安排聚焦解决难点、堵点问题，提高政策的精准性。在保障能源安全的同时加大对能源绿色低碳转型的支持力度，推广可再生能源发电、发展新能源汽车、支持非常规天然气增产上量、推进北方地区冬季清洁取暖等工作。引导关键技术攻关和推广应用，加快煤炭清洁高效利用、碳捕集利用和封存、智慧储能等技术突破和规模化应用。支持碳汇能力巩固和提升，开展山水林田湖草沙一体化保护和修复，深入推进大规模国土绿化行动，加强草原、湿地保护修复。

二是拓展税收政策工具。建立健全有利于绿色低碳发展的税收政策体系，具体包括：①落实和完善环境保护、节能节水、资源综合利用、新能源和清洁能源车船税收优惠、促进循环经济发展等方面的税收优惠政策，落实增值税、企业所得税等减免政策，以及高新技术企业税收政策、研发费用加计扣除等优惠，鼓励企业加大研发投入，突破深度脱碳技术和绿色低碳重大科技攻关，支持促进绿色低碳环保技术、装备和产品研发应用，培育壮大节能环保产业。②研究和完善税收政策，如将成品油纳入消费税征收范围、开征环境保护税，促进减少化石能源

---

① 财政部关于印发《支持浙江省探索创新打造财政推动共同富裕省域范例的实施方案》的通知（财预〔2021〕168号）。

消耗，增加清洁能源和可再生能源使用和消费；持续研究支持碳减排相关税收政策，更好地发挥税收对市场主体绿色低碳发展的促进作用，加快建立绿色生产生活模式；按照加快推进绿色低碳发展和持续改善环境质量的要求，优化关税结构。

三是完善引导型财政政策。坚持两手发力，充分发挥市场配置资源的决定性作用，推动有为政府和有效市场更好结合，引导各类资源和要素向绿色低碳发展聚集。通过国家绿色发展基金带动社会资本支持长江经济带绿色发展，以金融手段加快培育绿色发展领域的市场主体。支持传统产业和资源富集地区绿色转型发展。建立健全绿色低碳产品的政府采购需求标准体系，分类制定绿色建筑和绿色建材政府采购需求标准，大力推广应用装配式建筑和绿色建材，激发市场主体调整产品结构的内生动力。充分发挥碳排放权、排污权等交易市场作用，落实全国碳排放权交易统一监督管理的支出责任，完善排污权有偿使用和交易制度，提升二级市场的活跃度。将符合条件的绿色低碳发展项目纳入政府债券支持范围。规范有序推进生态环保领域政府和社会资本合作（PPP），发挥财政资金"四两拨千斤"的撬动作用。

提高碳达峰碳中和财政适应能力，除了要建立健全财政政策保障体系外，还要注重结合我国社会发展战略，灵活运用财政政策工具（财政支出工具、环境税、碳税等），处理好财政政策、金融货币政策、产业政策和区域政策的协调配合等，最大限度地发挥财政政策资源整合效能、公平分配效能和风险防范效能。

（四）增强碳达峰碳中和财政协调统筹能力

财政支持碳达峰碳中和要兼顾多方面的利益和诉求，既要公平又要效率，既要满足国内需要又要兼顾国际动态，既要防范碳达峰工作带来的公共风险，又要考虑到财政承受能力及碳达峰碳中和对财政自身带来的风险。

1. 减污与降碳的协调

以减污降碳协同增效为契机，建议出台财政推进减污降碳协同工作的指导性意见，推动减污降碳成为各级财政政策制定、预算安排、绩效评价的主线，促进形成多元激励、综合施策的格局。

一是加快减污降碳协同目标设置。在国家层面，综合美丽中国建设指标体系、绿色发展指标体系、生态文明建设考核指标体系等，构建涵盖碳排放、污染物排放、能源利用、协同增效的减污降碳目标指标体系，并将其纳入预算绩效管理体系。在地方层面，根据各地经济社会发展阶段，结合各行业减污降碳工作实际，由财政部门与其他部门共同确定减污降碳的目标要求和指标权重,保障地方减污降碳财政政策有效运行。

二是完善减污降碳协同技术标准。加大相关监测设备的投入力度并统一技术标准,保障基础数据可获得。支持减污降碳协同技术研发应用。充分利用国家生态环境科技成果转化等综合服务平台,提升减污降碳科技成果转化力度和效率;加强科技创新能力建设,推动重点方向学科交叉研究,形成减污降碳领域国家战略科技力量。根据减污降碳需要,完善减污降碳法规和政策标准。以数字化改革为契机,支持多部门数据共享,支持"双碳"数智平台建设,夯实相关财政政策的数据基础。

三是用活减污降碳协同政策工具,具体包括:用好支出政策工具。按照量入为出原则,以"一盘棋"的思路整合和统筹关键性、支撑性的减污和降碳专项资金,最大限度发挥资金的导向作用;用好政府信用工具,综合运用一般债、专项债、政府性基金等财政政策工具,通过市场化方式吸引社会资本参与绿色项目投资,提高减污降碳的整体效果;用好税收政策工具。发达国家特别是欧盟以应对气候变化为由,考虑设置碳边境调节机制(CBAM),将增加我国部分传统产业的税收和贸易负担,倒逼研究开征碳税以进行税收政策的对冲,但这样同样会增加相关企业负担,减污降碳协同的税收政策面临两难选择。建议密切关注国外动向,研究我国开征碳税的可行性,全面客观评估其对经济社会的影响。调整完善相关税收优惠政策,激励企业加大减排降碳研发投入和科技创新。

四是优化减污降碳协同管理机制。建议参照脱贫攻坚和乡村振兴财政政策协调的经验做法,在财政部门内部成立减污降碳协同增效领导小组,整合资源环境、经济建设、农业农村等业务对口的资金渠道,提升财政政策整体效果。在此基础上,加大财政部门与其他相关部门的协调力度,整合政府减污降碳财政资源,优化资源配置。

2. 发展与安全的协调

在发展方向,要实现平衡发展和充分发展。财政要支持做好国内生产发展、生活富裕、生态良好的文明发展道路,包括:①财政支持推动绿色低碳发展,把实现减污降碳协同增效作为促进经济社会发展全面绿色转型的总抓手,财政政策在加快推动产业结构、能源结构、交通运输结构、用地结构调整方面发挥重要作用;财政支持深入打好污染防治攻坚战,要坚持精准治污、科学治污、依法治污,保持力度、延伸深度、拓宽广度,持续打好蓝天、碧水、净土保卫战;财政支持生态系统质量和稳定性的提升,如支持推进山水林田湖草沙一体化保护和修复,支持加快构建以国家公园为主体的自然保护地体系，支持建立健全生态产品价值实现机制，支持推进荒漠化、石漠化、水土流失综合治理，支持草原森林河流湖泊休养生息，支持实施生物多样性保护重大工程等。同时，要立足我国发展中国家定位，稳定现有多边和双边气候融资渠道，继续争取国际金融组织和外国政府对我国的技术、资金、项目援助。在全球保护生态环境和应对气候变化方面，财政要秉持人类命运共同体理念，积极参与全球环境治理，加强应对气候变化、海洋污染治理、生物多样性保护等领域国际合作，推动《联合国气候变化框架公约》及其《巴黎协定》全面有效实施，打造"一带一路"绿色化、低碳化品牌，协同推进全球气候和环境治理，主动承担同国情、发展阶段和能力相适应的环境治理义务，为全球提供更多公共产品。密切跟踪并积极参与国际可持续披露准则制定，不断增强制度性权利，实现义务和权利的平衡，展现我国负责任大国形象。要发挥发展中大国财政的引领作用，加强南南合作以及同周边国家的合作，为发展中国家提供力所能及的资金、技术支持，帮助提高环境治理能力，共同打造绿色"一带一路"。要坚持共同但有区别的责任原则、公平原则和各自能力原则，坚定维护多边主义，关注欧盟碳边境调节机制（CBAM）和碳关税的发展动向及其对我国财政和经济社会运行的影响并研究出台相关财税政策，以及发挥好关税、环境税等税收调节措施，有效应对一些西方国家对我国进行"规锁"的企图，坚决维护我国发展利益。

在安全方面，对于财政政策而言，既要防止碳达峰碳中和工作不当造成的公共风险，如气候变化等，也要防止碳达峰碳中和工作方式简单导致的"碳冲锋"带来的能源安全、就业压力等发展安全风险。除此之外，财政支持碳达峰碳中和还要量力而行，不可能毕其功于一役，特别是资源依赖程度较高、自身财力有限的地区，在制定政策、安排支出、举借债务时，要牢固树立底线思维和风险意识，确保财政安全、可持续运行。中央政府也要压实地方各级政府风险防控责任，坚决遏制住隐性债务增量，从严查处违法违规举债融资行为。

3. 公平与效率的协调

一是在制度和政策设计中体现效率与公平的兼顾。财政制度和政策设计对于碳达峰碳中和目标实现非常重要。以碳排放权交易市场建设为例，为了兼顾"效率"与"公平"，目前大多数碳市场都做了一定的"折中"处理。比如，在现有的碳排放配额分配制度上大多采取了以"公平"为主的历史基线法，在初期按照排放主体的历史排放规模来分配排放配额，同时以持续缩紧配额空间的方法，给排放主体加压，促使其不断提高排放效率。这样一来，就既在初期保障了不同排放主体的发展，同时又在长期鼓励了碳减排相关的技术进步和能力建设，使得排放主体有时间和条件适应新的市场竞争需要。

二是在制度和政策执行环节体现效率与公平的兼顾。例如，通过增加制度和政策执行的透明度，让各方感受到财政政策对各方都是公平形成的共同的激励和约束机制，便于提升各方碳达峰碳中和的动力。

三是制度和政策评估环节体现效率与公平的兼顾。通过第三方对碳达峰碳中和财政政策的评估，及时了解财政政策对各方的影响，便于高效和公平地执行下一轮财政制度和政策。同时，国家通过强化预算约束和绩效管理，中央财政对推进相关工作成效突出的地区给予奖励支持，对推进相关工作不积极或成效不明显地区适当扣减相关转移支付资金，便于各地强化碳达峰碳中和的动力意识和竞争意识，也便于形成公平的激励约束机制和环境。

参考文献：

[1] 董利苹，曾静静，曲建升，等. 欧盟碳中和政策体系评述及启示 [J]. 中国科学院院刊，2021，36 (12)：1463-1470.

[2] 刘昆. 充分发挥财政职能作用 坚决支持实现"双碳"目标 [N]. 经济日报，2022-06-06.

[3] 詹姆斯·M. 布坎南，戈登·图洛克. 同意的计算——立宪民主的逻辑基础 [M]. 上海：上海人民出版社，2014.

碳排放密集型行业低碳转型的财政政策

金殿臣

摘　要： 从行业角度看，电力、石化、化工、建材、钢铁、有色金属、造纸、航空运输八大高碳行业（碳排放密集型行业）是中国碳排放大户，也是碳减排的重点领域。为此，中国出台了包括税收优惠、专项资金、碳中和债等在内的一系列财税政策推动高碳行业低碳转型，并助力中国成为全球减排力度最大、减排贡献最多的国家。不过，现阶段中国的高碳行业绿色低碳转型财政政策不仅存在工具箱不够丰富的问题，还亟待导入公共风险思维。因为短期内，碳排放约束会对经济产生一定负面冲击，若处理不当可能会引发公共风险。因此，今后有必要积极构建推动高碳行业绿色低碳发展的财税政策体系，充分发挥财政在国家治理中的基础和重要支柱作用，引导企业将碳排放成本内化的同时，带动更多社会资金支持高碳行业绿色低碳发展，从而为新发展格局下绿色经济发展注入确定性，进而更好地助力碳达峰碳中和"30·60"目标的实现。

关键词： 高碳行业；低碳转型；财政政策；公共风险思维

[作者简介]

金殿臣，经济学博士，中国财政科学研究院助理研究员。研究方向为财政政策与高质量发展。

Fiscal policy for low – carbon transformation of carbon intensive industries

Jin Dianchen

Abstract: From an industry perspective, eight high – carbon industries (carbon – emission – intensive industries), including electricity, petrochemicals, chemicals, building materials, steel, nonferrous metals, papermaking, and air transportation, are major carbon emitters in China and key areas for carbon emission reduction. To this end, China has introduced a series of fiscal and tax policies, including tax incentives, special funds, and carbon neutral bonds, to promote low – carbon transformation of high – carbon industries, and help China become the country with the largest emission reduction efforts and the largest emission reduction contribution in the world. However, at this stage, China's fiscal policy for green and low – carbon transformation of high – carbon industries not only has the problem of insufficient toolbox, but also urgently needs to introduce public risk thinking. Because in the short term, carbon emission constraints will have a certain negative impact on the economy, and if not handled properly, it may lead to public risks. Therefore, in the future, it is necessary to actively build a fiscal and taxation policy system to promote the green and low – carbon development of high – carbon industries, give full play to the basic and important pillar role of fiscal in national governance, and guide enterprises to internalize the cost of carbon emissions while driving more social funds. Support the green and low – carbon development of high – carbon industries, thereby injecting certainty into the development of green economy under the new development pattern, and then better assisting the realization of the "30 · 60" goal of carbon peaking and carbon neutrality.

Keywords: high – carbon industries; low – carbon transition; fiscal policy; public risk thinking

目前，中国是全球碳排放量最多的国家，今后也面临较大的减碳压力。从行业角度看，电力、石化、化工、建材、钢铁、有色金属、造纸、航空运输八大高碳行业（碳排放密集型行业）是中国碳排放大户，也是碳减排的重点领域。实际上，中国很早就意识到绿色低碳发展是社会主义新时代落实可持续发展的主要路径，推动高碳行业低碳转型则是建立健全绿色低碳循环发展经济体系的重要抓手。为此，中国出台了一系列财税政策推动高碳行业低碳转型，并助力中国成为全球减排力度最大、减排贡献最多的国家。今后，随着经济进一步发展，中国能源消费量仍将保持刚性增长，二氧化碳排放量也会随之增加。在此背景下，短期内，碳排放约束会对经济产生一定负面冲击，若处理不当可能会引发公共风险。为此，中国有必要积极构建推动高碳行业绿色低碳发展的财税政策体系，充分发挥财政在国家治理中的基础和重要支柱作用，引导企业将碳排放成本内化的同时，带动更多社会资金支持高碳行业绿色低碳发展，从而为新发展格局下绿色经济发展注入确定性，进而更好地助力碳达峰碳中和"30·60"目标的实现。

一、高碳行业绿色低碳发展财政政策的必要性

（一）对冲高碳行业发展公共风险

高碳行业碳排放量大，仅靠行业自身难以在较短时间内实现低碳发展目标，且存在较大负外部性并蕴藏各种公共风险，因此，其低碳发展离不开财政政策的支持。财政政策不同于行政规制，也不同于法律法规，财政政策是一种调节经济和社会的手段，能够着力解决高碳行业的各种外部性、各种公共风险，并推动高碳行业绿色低碳发展。据《自然》杂志发布的数据显示，2020年全球碳排放总量约为336亿吨，较2019年下降了6.4%。其中，中国的碳排放总量约为101亿吨，占全球的30%。根据BP集团发布的《BP世界能源统计年鉴2021》显示，2009—2020年，中国碳排放量由77.1亿吨提升至98.9亿吨，占全球份额增至31%，位居世界第一。由此可见，无论是《自然》杂志还是BP集团发布的数据均显示，中国目前都是全球碳排放量最多的国家，今后势必面临较大的减碳压力。从行业角度看，电力、石化、化工、建材、钢铁、有色金属、造纸、航空运输八大高碳行业是中国碳排放大户，也是未来绿色财政政策发力的重点领域。例如，根据不完整测算，2020年，中国电力、石化、建材、钢铁、有色金属行业二氧化碳排放

量分别为 43.09 亿吨、10.22 亿吨、14.8 亿吨、18 亿吨、6.6 亿吨,合计排放占当年中国二氧化碳排放量的约 90%。

1. 电力行业是碳排放第一大户

电力行业是中国碳减排的重点领域,也是实现碳达峰碳中和目标的关键行业。现阶段,中国电力结构仍以火电为主。这使中国电力行业较为依赖传统化石能源,进而导致电力行业碳排放量处于居高不下的水平。根据中国电力企业联合会发布的《中国电力行业年度发展报告 2021》显示,2020 年,全国全口径发电量为 76264 亿千瓦时,单位发电量二氧化碳排放约为 565 克/千瓦时。据此计算,2020 年,中国电力行业二氧化碳排放量为 43.09 亿吨(见图 1)。2020 年发电结构中,火电发电量为 51770 亿千瓦时,占比为 67.88%,单位火电发电量二氧化碳排放约 832 克/千瓦时,较单位发电量二氧化碳排放量高 47%。另外,根据世界资源研究所(WRI)发布的数据显示,中国发电和供热行业所产生的温室气体排放占全国总排放的 41.6%,远高于其他行业。与此同时,中国的电力消费仍处于快速上升阶段,未来中国电力行业碳排放还会有一定的增长。在此背景下,如何更好地推动电力行业低碳发展将是助力中国尽早实现碳达峰碳中和目标的关键一招。

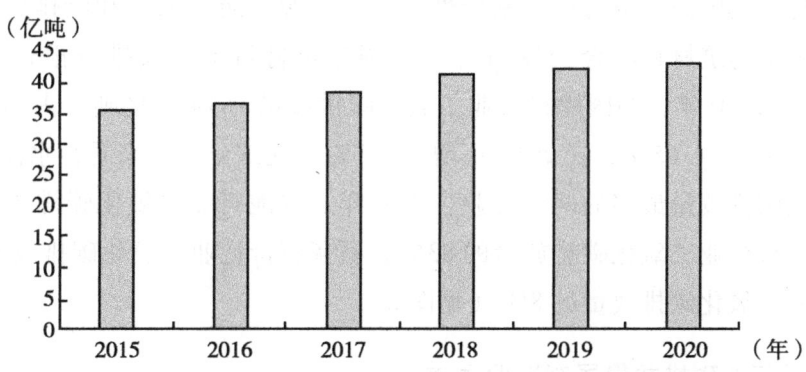

图 1　2015—2020 年中国电力行业二氧化碳排放量

资料来源:根据《中国电力行业年度发展报告 2021》发布的数据计算。

2. 石化行业碳排放占中国总量的近一成

石化行业属于典型的资源型和能源型行业,其产品的生产主要以石油、天然气、煤炭等化石资源为原料,生产过程伴有二氧化碳排放。根据清华大学等机构联合发布的《中国低碳发展战略与转型路径研究》报告估算,2020 年,中国石化行业二氧化碳排放量约为 10.22 亿吨,约占二氧化碳总排放量的 9%。今后,石化行业不仅要解决国人的衣食住行，其化工新材料、专用化学品、高端纤维材料和高端膜材料还要为电子电器、轨道交通、5G等高端制造业以及航空航天、国防军工等战略行业提供重要配套支持。因此，有必要尽快推动石化行业绿色低碳发展，这不仅对于实现全社会碳达峰碳中和工作意义重大，还是推动石化行业高质量发展的内在要求。

3. 化工行业碳减排压力相对较小

化工行业的碳排放包括生产工艺过程中产生二氧化碳的直接排放和外部耗能（如燃料燃烧、电力供应等）导致的间接排放。化工行业中碳排放较高的子行业有合成氨、乙烯、电石、烧碱、尿素、甲醇、聚氯乙烯、炭黑等。在一些化工行业中，耗能相关的间接排放甚至超过了工业过程中的直接排放。根据方正证券2021年3月发布的报告显示①，2019年，化工行业产生的碳排放量约5.88亿吨，约占工业领域总排放的16.7%，占全国碳排放比例为6%。由此可见，与其他碳排放量较大的行业相比，化工行业面临的减排压力相对较小。

4. 建材行业中水泥行业碳排放量较高

建材行业是国民经济的重要基础性行业，资源、能源消耗和碳排放量都比较大。根据中国建筑材料联合会发布的《中国建筑材料工业碳排放报告（2020年度）》显示，2020年，中国建材行业二氧化碳排放量为14.8亿吨，占当年全国二氧化碳排放量的14.65%，比2019年增加2.7%。就细分行业来看，水泥与石灰石膏是二氧化碳排放量最多的两个行业。2020年，水泥行业二氧化碳排放达到12.3亿吨，占建材行业二氧化碳排放量的83%；石灰石膏行业二氧化碳排放1.2亿吨，占建材行业二氧化碳排放量的8%（见图2）。

5. 钢铁行业碳排放量居制造业之首

钢铁行业为中国经济建设提供了重要的原材料保障，不仅有力推动了中国工业化、城镇化、现代化进程，还极大地促进了中国民生改善和社会发展。但与此同时，钢铁行业作为能源消耗密集型行业，也是二氧化碳排放大户。根据国家统计局公布的数据显示，2020年中国粗钢产量10.65亿吨；结合世界钢铁协会发布的数据，生产1吨钢约会产生1.8吨的二氧化碳排放；据此计算，2020年，中国

---

① 方正证券. 碳中和碳达峰对化工行业的五大影响［R］. http://bw.fygsoft.com/docdetail_3178314.html，2021-03-28.

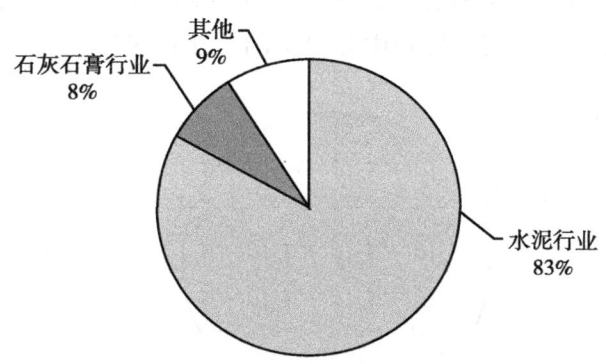

图 2　2020 年中国建材行业二氧化碳排放结构

资料来源：《中国建筑材料工业碳排放报告（2020 年度）》。

钢铁行业碳排放量超过 18 亿吨（见图 3）。另外，根据中国节能协会冶金工业节能专业委员会和冶金工业规划研究院共同发布的《中国钢铁工业节能低碳发展报告（2020）》显示，中国钢铁行业碳排放量占全球钢铁行业碳排放的一半以上，占中国碳排放量的 15% 左右，在所有制造业中居首位。

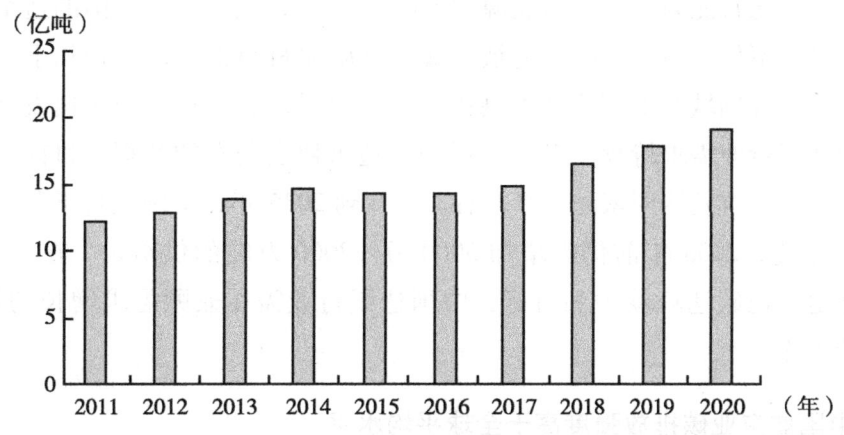

图 3　2011—2020 年中国钢铁行业二氧化碳排放量

资料来源：根据世界钢铁协会与国家统计局公布的数据计算。

6. 有色金属行业中电解铝行业碳排放较高

根据中国有色工业协会的统计，2020 年中国有色金属行业二氧化碳排放量为 6.6 亿吨，占全国总排放量的比重为 4.7%。其中，电解铝碳排放量为 4.2 亿吨，占有色金属行业碳排放量的 63.6%（见图 4），是有色金属行业实现碳达峰碳中和的关键子行业。目前，电解铝行业的用电结构较为依赖化石能源，电解铝生产过程中消耗电力产生的排放占到总排放量的 87%。因此，优化能源结构是电解铝行业也是有色金属行业实现碳达峰碳中和目标的"牛鼻子"。

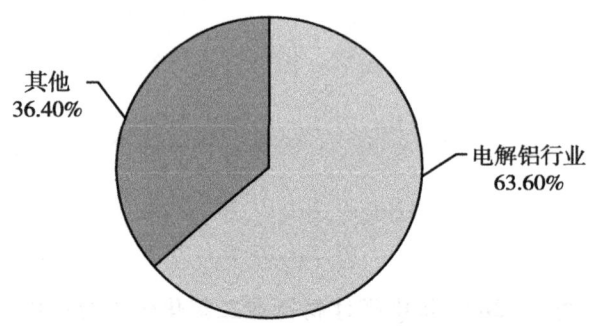

图 4　2020 年中国有色金属行业二氧化碳排放结构

资料来源：根据中国有色工业协会公布数据自制。

7. 造纸行业需兼顾需求增长与降碳工作

目前，中国造纸行业主要依靠煤炭、天然气等化石能源产生的热力进行纸浆和纸张生产，化石能源约占外购能源的 80%。因此，现阶段，中国的造纸行业碳排放量水平并不低。与此同时，造纸业属于基础原材料工业，纸张几乎是所有行业与经济社会各领域均不可或缺的基础材料。今后，经济社会的快速发展，仍将推动中国造纸行业需求持续上升。根据中国造纸协会公布的数据，目前，中国人均纸张消费量只有发达国家的一半左右。预计到 2035 年，中国人均纸张消费量为 120—130 千克，2035 年前仍需增加 5000 万—7000 万吨的供给量。在此背景下，为了更好地实现碳达峰碳中和目标，中国造纸行业需在兼顾需求增长的情况下，做好降碳工作。

8. 中国航空业碳排放强度高于全球平均水平

近年来，经济社会的快速发展带动航空运输业需求大幅提高，进而使得航空运输业对化石能源的需求量越来越大，并导致航空运输业的碳排放量基本保持持续增长的态势。根据中国民用航空局发布的《民航行业发展统计公报》显示，2016—2019 年，中国总运输周转量保持连年增长态势，进而带动航空运输业碳排放量逐年增长。2020 年，虽然受新冠肺炎疫情影响，中国总运输周转量降为798.5 亿吨公里，比上年下降 38.3%，但吨公里油耗上升至 0.316kg（由于飞机平均航段缩短导致燃油效率下降），比 2019 年提高 11%（见图 5）；按照每千克航空燃油产生 3.15 千克二氧化碳的比例计算，2020 年，中国航空运输业碳排放量仍然达到 7950 万吨。

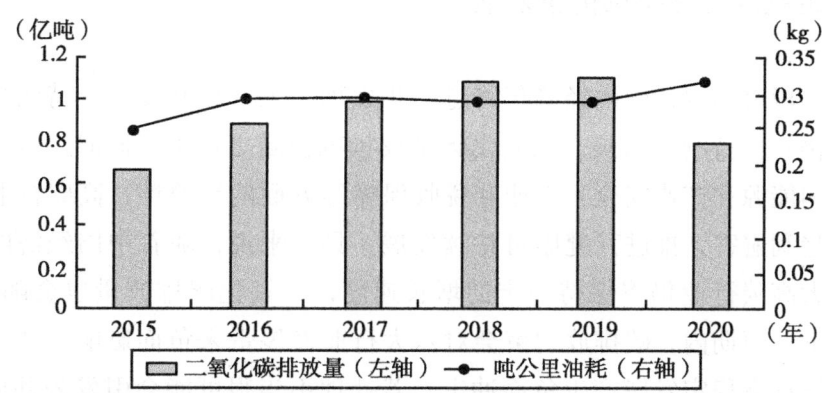

图 5　2015—2020 年中国航空运输业二氧化碳排放量

资料来源：根据《民航行业发展统计公报》计算。

另外，根据国际能源署（IEA）发布的数据显示（见表 1），2019 年，中国是全球第二大航空客运二氧化碳排放市场（基于客运航班始发地），二氧化碳排放量达 1.03 亿吨，占全球航空客运市场二氧化碳排放量的 13%。需要指出的是，与发达国家二氧化碳排放年均增速较低不同，目前，中国航空客运二氧化碳排放的年均增速仍超过 8%。同时，中国客运航班的二氧化碳排放量强度比全球平均水平高出两个单位。

表 1　2019 年客运航空二氧化碳排放量前十名的始发国

排名	始发国	二氧化碳排放量（百万吨）	全球占比（%）	二氧化碳排放强度
1	美国	179	23	95
2	中国	103	13	88
3	英国	31.8	4.1	87
4	日本	25.9	3.3	95
5	德国	23.1	2.9	91
6	阿联酋	21.5	2.7	89
7	印度	21.2	2.7	85
8	法国	20.6	2.6	87
9	西班牙	19.8	2.5	79
10	澳大利亚	19.5	2.5	90
	全球	752	100	86

数据来源：IEA。

(二) 促进高碳行业持续健康发展

未来一段时间内，中国经济仍将进一步发展，工业化和城市化持续推进，能源消费量仍将保持刚性增长，二氧化碳排放量也会随之增加。同时，考虑到高碳行业在我国能源和产业安全、就业和税收保障等方面的重要性，高碳行业需要因势利导，趋利避害，推进其健康可持续发展。具体来说，随着中国经济的进一步发展，八大高碳行业仍将保持一定的增长速度，二氧化碳排放量也会随之增加。在此背景下，短期内，碳排放约束会对八大行业发展带来负面影响，甚至可能会对中国经济社会稳定发展产生负面冲击，若处理不当很可能会引发公共风险。例如，现阶段，高耗能、高排放的行业仍是支撑部分地区经济增长的重要来源。在"双碳"目标约束下，钢铁、石化、建材、水泥、有色金属等高能耗、高排放行业产能扩张的力度将受到较为严格的限制，落后产能退出和压减速度会加快。在此情况下，势必会抑制部分高耗能、高排放行业的短期增长，进而对高碳行业占比较高地区的经济造成冲击，使这些地区面临经济增速下行风险。同时，多数高碳行业既是排放大户，同时也是吸纳社会就业的主要部门。为了更好地实现"碳达峰碳中和"目标，今后，高能耗、高排放的企业将受到很多限制，一些不符合碳排放要求的中小企业甚至会被关停，这会在短期内造成某些行业规模缩小，并造成结构性失业，进而加大全社会面临的失业风险。因此，中国有必要通过财政政策因势利导高碳行业持续健康发展，以通过推动行业绿色发展促进地区层面与国家层面的绿色发展。

(三) 助推碳达峰碳中和目标实现

"双碳"目标任务实现时间紧、任务重，用非自然状态解决"双碳"问题，离不开财政政策作用的发挥。尤其是在"双碳"目标约束下，电力、石化、化工、建材、钢铁、有色金属、造纸、航空运输八大高碳行业面临较大减排压力。单纯依靠行业自身努力，可能无法较好处理行业高质量发展与碳排放降低间的关系。同时，需要指出的是，高碳行业绿色低碳发展是助力实现碳达峰碳中和"30·60"目标的主要方式，也是新时代经济高质量发展的重要内容。因此，中国有必要积极构建推动高碳行业绿色低碳发展的财政体系，充分发挥财政在国家治理中的基础和重要支柱作用，引导企业将碳排放成本内化的同时，带动更多社会资金支持高碳行业绿色低碳发展，从而为新发展格局下绿色经济发展注入确定性，进而更好地助力碳达峰碳中和"30·60"目标的实现。

二、高碳行业绿色低碳转型财政政策基本情况

中国很早就意识到绿色低碳发展是社会主义新时代落实可持续发展的主要路径。为此，党的十八大报告把"绿色发展、循环发展、低碳发展"作为生态文明建设的重要途径。2017年，党的十九大报告正式提出建立健全绿色低碳循环发展的经济体系。在此过程中，推动高碳行业低碳转型是建立健全绿色低碳循环发展经济体系的重要抓手。财政政策作为政府进行宏观调控、合理配置资源的重要手段，在推动高碳行业低碳转型的过程中发挥着不容忽视的重要作用。

（一）高碳行业绿色低碳转型财政政策的着力点

用能低碳化、淘汰落后产能、减少高能产品、加快绿色产业园区建设、加快推广降碳技术与为高碳行业提供资金融通是高碳行业绿色低碳转型财政政策的主要着力点。财政政策通过助力新能源发电行业快速发展，可以通过用能低碳化效应助推高碳行业碳减排。借助财政政策淘汰落后产能、减少高能产品，可以加快高耗能高碳排放产能淘汰步伐，从而有效推动高碳行业低碳发展。利用财政资金推广降碳技术，可以引导企业进行绿色生产，也是财政政策推动高碳行业绿色低碳发展的重要方式。与此同时，高碳行业低碳转型离不开资金的支持，对此，可以运用财政政策发行绿色债券为高碳行业绿色低碳转型提供资金融通支持。绿色产业园区是绿色产业的一个聚集群落，具有低投入、高产出、低污染、低排放的特点，将财政政策内嵌于绿色产业园区之中，通过绿色财政政策引导产业园区中的行业低碳发展，也是高碳行业绿色低碳转型财政政策的一大着力点。

（二）高碳行业绿色低碳转型财政政策工具

1. 以财税政策推动用能低碳化助推行业低碳转型

财税政策在新能源发电行业发展过程中发挥着引导、扶持和激励的作用。中国通过对新能源发电行业实施一系列有针对性的财税政策，极大地推动了新能源发电技术进步与行业的发展壮大。财税政策在助力中国新能源发电行业快速发展的同时，还通过用能低碳化效应在助推高碳行业低碳转型过程中发挥了重要作用。

现阶段，中国支持新能源发电行业发展的财税政策工具主要有税收优惠、电价补贴、贷款贴息以及研发与应用补贴等。其中，税收优惠主要包括关税和进口环节增值税免征、电力销售增值税和所得税优惠等。电价补贴是助推新能源发电行业发展壮大的重要激励工具，极大地推动了风电和光伏发电行业的发展。值得注意的是，为了促进中国新能源发电行业的健康发展，并适时减轻政府财政压力，中国光伏发电和风电的电价补贴已经步入退坡阶段。例如，对于光伏发电来说，Ⅲ类资源区的标杆电价已经由 2016 年的 0.98 元/千瓦时下降到 2019 年的 0.55 元/千瓦时；对于陆上风力发电，Ⅳ资源区的标杆电价已经由 2016 年的 0.59 元/千瓦时下降到 2019 年的 0.56 元/千瓦时。另外，中国还通过对新能源电力实施政府采购，支持新能源发电行业发展。例如，2016 年 3 月，国家发改委发布的《可再生能源发电全额保障性收购管理办法》明确指出，对风电和光电的全年利用小时数进行限额收购（见表 2）。

表 2　2015 年以来推动新能源发电行业发展的主要财税政策

时间	部门	政策名称	主要内容
2015 年 4 月 2 日	财政部	《可再生能源发展专项资金管理暂行办法》	可再生能源发展专项资金重点支持范围包括可再生能源和新能源重点关键技术示范推广和行业化示范、可再生能源和新能源规模化开发利用及能力建设、可再生能源和新能源公共平台建设、可再生能源和新能源等综合应用示范。
2016 年 3 月 24 日	国家发改委	《可再生能源发电全额保障性收购管理办法》	根据国家确定的上网标杆电价和保障性收购利用小时数，结合市场竞争机制，通过落实优先发电制度，在确保供电安全的前提下，全额收购规划范围内的可再生能源发电项目的上网电量。
2019 年 5 月 24 日	财政部	《关于下达可再生能源电价附加补助资金预算的通知》	资金拨付时，应优先保障光伏扶贫、自然人分布式光伏、公共可再生能源独立电力系统等涉及民生的项目，确保上述项目补贴资金足额及时拨付到位。

资料来源：作者整理。

2. 运用税收优惠、专项资金等政策推广降碳技术

利用税收优惠、专项资金拨付等手段支持节能减排项目与降碳技术推广，引导企业进行绿色生产，是财政政策推动高碳行业绿色低碳发展的重要方式。2015 年 5 月 12 日，财政部发布的《节能减排补助资金管理暂行办法》提出，对重点领域节能减排、重点关键节能减排技术示范推广和改造升级等重大节能项目实行专项资金拨付，主要方式包括直接补助和以奖代补。2020年2月21日，财政部印发最新版本的《节能减排补助资金管理暂行办法》，进一步完善了节能减排补助资金的使用管理。同时，利用税收优惠政策支持企业降碳也是推动行业低碳发展的重要举措。具体来说：一是实行税率优惠。2015年6月，财政部与国家税务总局共同发布的《资源综合利用产品和劳务增值税优惠目录》明确指出，对从事资源综合利用的企业实施增值税优惠，以进一步推动资源综合利用和节能减排。二是对设备投资实施抵免。对企业购置并实际使用列入《环境保护专用设备企业所得税优惠目录》范围内的环境保护专用设备实施抵免。另外，中国还通过在生产端征收环保税的方式，推动高碳行业绿色低碳转型。2018年1月开征的环保税，虽说其征收的主要目的是减少环境污染，以更好地保护生态环境，但无可否认，其在征收过程中确实起到了一定的降碳作用（见表3）。

表3 2015年以来支持节能减排项目与推广降碳技术的主要财税政策

时间	部门	政策名称	主要内容
2015年5月12日	财政部	《节能减排补助资金管理暂行办法》	节能减排补助资金分配结合节能减排工作性质、目标、投资成本、节能减排效果以及能源资源综合利用水平等因素，主要采用补助、以奖代补、贴息和据实结算等方式。
2015年6月12日	财政部、税务总局	《资源综合利用产品和劳务增值税优惠目录》	以垃圾、农林剩余物为燃料生产的热力或电力，以及以工业废气为原材料生产的电力、热力享受即征即退100%优惠政策；综合利用废渣、工业污泥、废气生产的建筑材料、水泥、生物柴油等产品，享受增值税即征即退70%优惠；自产自销废物综合利用产品的企业实行即征即退50%优惠；从事电子废物拆解利用，废催化剂、电镀废弃物冶炼提纯等活动企业实行即征即退30%优惠。
2017年9月6日	财政部、税务总局、发改委、工信部、环保部	《关于印发节能节水和环境保护专用设备企业所得税优惠目录（2017年版）的通知》	对企业购置并实际使用列入目录范围内的环境保护专用设备的，该专用设备投资额的10%可从企业当年的应纳税额中抵免；当年不足抵免的，可在后5个纳税年度中结转抵免。
2020年1月22日	财政部	修改《节能减排补助资金管理暂行办法》的通知	删除"先预拨、后清算"的资金拨付方式，并增加条款内容"节能减排补助资金按照共同财政事权转移支付管理，实施期限至2022年"。

资料来源：作者整理。

3. 发行绿色债券与碳中和债为行业提供资金支持

高碳行业低碳转型离不开资金的支持。与高新技术行业相比,高碳行业多属于传统产业,这使得其绿色低碳转型过程中融资空间更易受限。因此,如果仅仅依赖银行贷款等间接融资,会导致高碳行业绿色低碳转型面临较大融资缺口,进而延缓其转型步伐。为此,中国出台了一系列政策措施,培育、推动绿色债券市场的健康发展,为高碳行业绿色低碳转型提供更具灵活性、针对性、适应性的资金支持。绿色债券区别于一般债券的主要特点在于其绿色属性,即募集的资金必须投向绿色项目。根据2021年中国人民银行、国家发改委、证监会三部门联合发布的《绿色债券支持项目目录(2021年版)》显示,绿色项目分为节能环保行业、清洁生产行业、清洁能源行业、生态环境行业、基础设施绿色升级、绿色服务六大领域。同时,六大领域中又包括节能减排技术、新能源开发利用、循环经济发展、低碳发展等具体项目,这些项目的发展势必可以更好地推动高碳行业低碳转型。例如,《绿色债券支持项目目录(2021年版)》对太阳能利用设施建设和运营提出"多晶硅电池和单晶硅电池的最低光电转换效率分别不低于19%和21%"等具体要求,这将有助于推动新能源发电行业的高质量发展,从而推动发电行业的低碳转型。事实上,绿色债券市场自2015年推出以来,发行数量和发行规模呈快速增长趋势。目前,中国已成为全球第二大绿色债券市场。2020年,中国企业在境内外发行贴标绿色债券达到2752.8亿元。

需要指出的是,为了更好地发挥绿色债券在支持高碳行业低碳转型中的作用,积极探索绿色金融工具支持国家碳达峰碳中和目标的实现,中国还在2021年创新性地发行了碳中和债。碳中和债是一种专门为碳达峰碳中和目标而发行的绿色债券,其不仅有助于拓宽低碳项目发行人的融资渠道、为项目建设提供有效的资金支持和资源倾斜,而且在引导企业低碳转型方面也起到了积极示范作用。与一般意义上的绿色债券相比,碳中和债的资金用途范围更加聚焦,不仅需要符合《绿色债券支持项目目录》,而且必须能够产生碳减排效益。目前,碳中和债的资金用途主要有四种:一是光伏、风电及水电等清洁能源类项目;二是电气化轨道交通等清洁交通类项目;三是绿色建筑等可持续建筑类项目;四是电气化改造等工业低碳改造类项目。

4. 财税政策内嵌于绿色产业园区推动行业低碳发展

绿色产业园区是绿色产业的一个聚集群落,具有低投入、高产出、低污染、低排放的特点。从循环经济试点园区的开展到低碳工业园试点工作的推进,再到 2020 年开展的绿色产业园示范基地工作,不仅为中国各地工业园区的绿色、可持续发展指明了方向,也为中国高碳行业低碳转型搭建起了促进平台,助力产业绿色发展水平的提高。为了更好地发挥绿色产业园区在推动高碳行业低碳发展中的作用,中国将财税政策内嵌于绿色产业园区之中,通过绿色财税政策引导产业园区中的行业低碳发展。例如,2016 年 9 月,工信部、发改委、科技部及财政部联合印发的《绿色制造工程实施指南(2016—2020 年)》提出,要在财税优惠、融资支持等方面出台鼓励支持意见,支持创建百家绿色工业园区,以助力到 2020 年单位工业增加值二氧化碳排放量较 2015 年下降 22% 的目标(见表 4)。

表 4   2015 年以来支持绿色产业园区发展的主要政策

时间	部门	政策名称	主要内容
2016 年 3 月 16 日	国务院	《关于完善国家级经济技术开发区考核制度促进创新驱动发展的指导意见》	鼓励国家级经开区创建生态工业示范园区、循环化改造示范试点园区、国家低碳工业园区等绿色园区,通过双边机制开展国际合作生态(创新)园建设,引入国际先进节能环保技术和产品。
2016 年 6 月 30 日	工信部	《工业绿色发展规划(2016—2020 年)》	大力发展绿色制造产业,推动绿色产品、绿色工厂、绿色园区和绿色供应链全面发展,建立健全工业绿色发展长效机制,提高绿色国际竞争力,走高效、清洁、低碳、循环的绿色发展道路,推动工业文明与生态文明和谐共融,实现人与自然和谐相处。
2016 年 9 月 14 日	工信部、发改委、财政部、科技部	《绿色制造工程实施指南(2016—2020 年)》	加大财税支持,提出通过现有财政渠道、各级专项资金和税收优惠政策等支持工程实施;拓宽融资渠道,强调发挥绿色信贷、绿色债券、绿色行业基金、上市融资、专项建设资金、融资租赁、股权投资基金等多渠道融资作用。
2019 年 2 月 14 日	发改委、工信部、自然资源部、生态环境部、住建部、中国人民银行、能源局	《绿色产业指导目录(2019 年版)》	要求各地以《目录》为基础,根据各自领域、区域发展重点,出台投资、价格、金融、税收等方面的政策,着力壮大节能环保、清洁生产、清洁能源等绿色产业。

续表

时间	部门	政策名称	主要内容
2020年7月7日	发改委	《关于组织开展绿色产业示范基地建设的通知》	在推动产业集群、提升产业竞争力、构建技术创新体系等方面都提出了具体要求；明确指出，绿色产业示范基地建设期5年，并采取第三方评估方式，对基地建设运营情况进行中期和终期评估。
2021年1月29日	科技部	《国家高新区绿色发展专项行动实施方案》	在国家高新区率先实现联合国2030年可持续发展议程、工业废水近零排放、碳达峰、园区绿色发展治理能力现代化等目标，部分高新区率先实现碳中和。

资料来源：作者整理。

5. 借助财税政策化解落后产能加快淘汰高碳产能

由于钢铁、有色金属、建材、化工、造纸、石化等高碳行业存在较为严重的产能过剩现象，中国在2015年开始启动供给侧结构性改革，不仅通过提高行业环保排放标准等方式加快落后产能关停速度，还积极借助财税政策加快落后产能淘汰步伐（见表5）。经过多年的努力，中国化解过剩产能的工作取得了显著成效，高耗能高碳排放产能淘汰步伐加快，从而有效推动了高碳行业低碳发展。例如，2017年2月17日，工信部、财政部等十六部委联合发布的《关于利用综合标准依法依规推动落后产能退出的指导意见》明确提出，对于钢铁、煤炭、水泥、电解铝、平板玻璃等重点行业中的企业，如未能按期完成落后产能退出，将对其在资金支持、税收管理、政府采购等方面实施联合惩戒。2021年11月9日，发改委、财政部等十部门联合印发《"十四五"全国清洁生产推行方案》提出，严格执行质量、环保、能耗、安全等法律法规标准，加快淘汰落后产能；大力推动钢铁、建材、有色金属、石化化工、造纸等重点行业"一行一策"绿色转型升级；各级财政则要积极探索有效方式，支持清洁生产工作。同时，中国还积极运用财税资金化解淘汰落后产能带来的就业风险。主要表现为以下三方面：一是利用工业企业结构调整专项奖补资金统筹职工安置工作；二是运用失业保险基金落实失业保险待遇和企业稳岗补贴；三是使用就业补助资金落实失业人员就业创业扶持政策，且对化解过剩产能任务重的地区予以倾斜。

表 5　　　　　2015 年以来着力于淘汰落后产能的主要财税政策

时间	部门	政策名称	主要内容
2016 年 4 月 17 日	国家发改委、财政部等七部委	《关于在化解钢铁煤炭行业过剩产能实现脱困发展过程中做好职工安置工作的意见》	中央财政设立工业企业结构调整专项奖补资金，用于解决钢铁、煤炭等行业化解过剩产能过程中的职工安置问题。
2017 年 2 月 17 日	工信部、财政部等十六部委	《关于利用综合标准依法依规推动落后产能退出的指导意见》	对未按期完成落后产能退出的企业，将有关信息纳入全国信用信息共享平台，在"信用中国"网站等平台公布，并在土地供应、资金支持、税收管理、生产许可、安全许可、债券发行、融资授信、政府采购、公共工程建设项目投标等方面，依法依规实施联合惩戒和信用约束。
2021 年 11 月 9 日	国家发改委、财政部等十部委	《"十四五"全国清洁生产推行方案》	各级财政积极探索有效方式，支持清洁生产工作。依法落实和完善节能节水、环境保护、资源综合利用相关税收优惠政策，强化绿色金融支持，引导企业扩大清洁生产投资。建立健全清洁生产激励制度，按照国家有关规定对工作成效突出的单位和个人依法给予表彰和奖励。
2021 年 11 月 15 日	国家发改委、工信部等五部委	《高耗能行业重点领域能效标杆水平和基准水平（2021 年版）》	整合利用已有政策工具，通过阶梯电价、国家工业专项节能监察、环保监督执法等手段，加大节能降碳市场调节和督促落实力度。落实节能专用装备、技术改造、资源综合利用等税收优惠政策，加快企业改造升级步伐，提升行业整体能效水平。

资料来源：作者整理。

（三）绿色财政政策推动高碳行业低碳发展成效显著

在绿色财政政策的引导下，中国高碳行业低碳发展成效显著。主要表现为：一是碳排放最大的电力行业绿色低碳发展取得了辉煌成就。根据中国电力企业联合会发布的《中国电力行业年度发展报告 2021》显示，2020 年，全国单位火电发电量二氧化碳排放约 832 克/千瓦时，比 2005 年下降 20.6%；全国单位发电量二氧化碳排放约 565 克/千瓦时，比 2005 年下降 34.1%。以 2005 年为基准年，2006—2020 年，通过发展非化石能源、降低供电煤耗和线损率等措施，电力行业累计减少二氧化碳排放约185.3亿吨。二是2014年以后建材行业碳排放基本维持在14.8亿吨以下波动。根据中国建筑材料联合会发布的《中国建筑材料工业碳排放报告（2020年度）》显示，在国家节能减排政策的支持下，建材行业技术进步、行业结构调整和能源结构优化的效果显现，2014年以后，虽然建材行业产量持续增长，但碳排放量基本维系在14.8亿吨以下。值得注意的是，高碳行业低碳转型本身，还成为中国碳减排取得显著成效的重要因素。根据BP发布的数据显示，2013年以后，中国碳排放增速显著放缓。2019年，中国碳排放强度更是较2005年降低48.1%，成为全球减排力度最大、减排贡献最多的国家（见图6）。

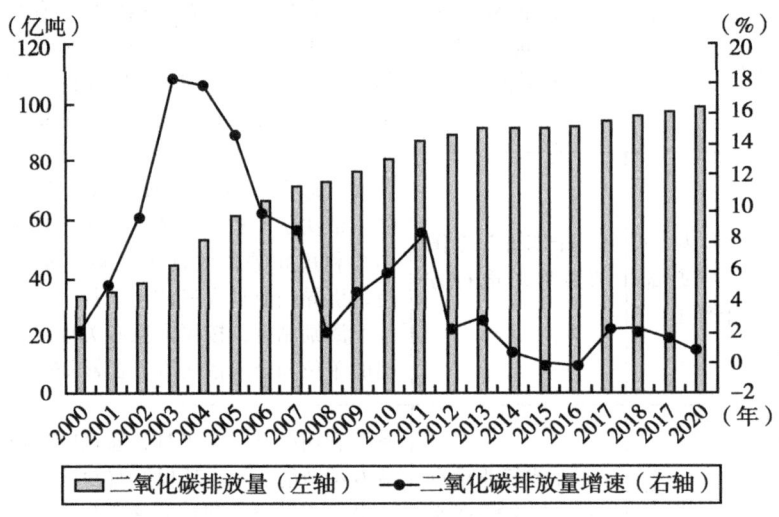

图6　2000—2020年中国二氧化碳排放量与增速

资料来源：Wind数据库。

三、高碳行业绿色低碳转型财政政策存在的问题

尽管财政政策在推动中国高碳行业绿色低碳发展方面取得了不俗成效，并助力中国成为全球减排力度最大、减排贡献最多的国家。但现阶段中国的高碳行业绿色低碳转型财政政策还存在一些不足。一方面，目前中国的高碳行业绿色低碳转型财政政策存在工具箱不够丰富的问题；另一方面，高碳行业绿色低碳转型财政政策亟待导入公共风险思维，尤其是财政政策对高碳行业绿色低碳转型过程中可能带来的风险关注度不够。

(一) 现有政策工具箱待丰富

目前,中国的高碳行业绿色低碳转型财政政策存在工具箱不够丰富的问题。例如,中国对高碳能源使用限制的财税政策主要体现在淘汰落后产能的补贴和税收惩罚。淘汰落后产能的补贴一般多在煤炭开采以及煤电领域,对于石油等化石能源生产限制较少;而税收惩罚主要依赖环保税、资源税和消费税等几个税种,这些税种开征的首要目的并不是为了降低碳排放,只是在征收过程中可以起到降低碳减排的作用。因此,今后有必要进一步完善绿色财税政策体系,以更好推动高碳行业绿色低碳发展,从而助力"30·60"目标的顺利实现。

(二) 对低碳转型中带来的经济下行风险关注度待提高

现阶段,高耗能、高排放的行业仍是支撑部分地区经济增长的重要来源。在"双碳"目标约束下,钢铁、石化、建材、水泥、有色金属等高能耗、高排放行业产能扩张的力度将受到较为严格的限制,落后产能退出和压减速度会加快。在此情况下,势必会抑制部分高耗能、高排放行业的短期增长,进而对山西、内蒙古等高碳行业占比较高地区的经济造成冲击,使这些地区面临经济增速下行风险。但现阶段,财政政策对高碳行业绿色低碳转型过程中可能给地方带来的经济下行风险关注度有待提高。需要指出的是,作为发展中国家,中国现阶段实现全面绿色转型的基础仍然薄弱,生态环境保护压力尚未得到根本缓解。同时,当前中国距离实现碳达峰目标已不足10年,从碳达峰到实现碳中和目标仅剩30年左右的时间,与发达国家相比,中国实现"双碳"目标时间紧、任务重、难度大,尤其是考虑到部分高碳行业及相关企业在国民经济中的重要地位,在推进"双碳"工作时,一旦节奏和方式出现偏差,可能会由此引发新的系统性风险,而这也是今后高碳行业绿色低碳转型财政政策防范的重点之一。

(三) 对冲低碳转型带来的就业压力加大风险的政策待丰富

多数高碳行业既是排放大户,同时也是吸纳社会就业的主要部门。为了更好地实现"碳达峰碳中和"目标,今后,高能耗、高排放的企业将受到很多限制,一些不符合碳排放要求的中小企业甚至会被关停,这会在短期内造成某些行业规模缩小,并造成结构性失业。例如,可再生能源替代化石能源是实现"双碳"目标的重要手段,在此情况下,集能源生产和消费于一体的电力行业特别是火电行业,在供需两端将承受较大压力。面对减排要求,火电行业低碳转型过程将影响大量就业人员,若延伸至上游煤炭行业则波及的人数会更加庞大。值得注意的是,在高碳行业低碳转型的过程中,会运用到一些新技术,从而推动一些新部门与新行业的快速发展,进而可以创造不少新的就业岗位。但一般来说,这些新部门、新行业往往具有一定的技术门槛,对劳动力的技术要求较高,从而并不利于低技能劳动力就业。比如,为了实现"双碳"目标,化工、火电、建材等高碳行业会加大对低碳技术的投资力度,这会产生一些新的技术型岗位,但也会使得行业中的低技能劳动力在技术升级过程中面临失业风险。不过,现阶段,财政政策更多的是聚焦于如何推动高碳行业低碳转型,对妥善处理员工安置、岗位培训、社会保障等事关社会稳定的民生问题关注度不够、配套政策也不够丰富。

(四) 对冲部分地区财政收入减少风险的政策体系待完善

高碳行业低碳转型过程中还可能给部分地区的财政可持续性带来新挑战。目前,山西、内蒙古、陕西、黑龙江等采矿大省与贵州、甘肃等建筑大省,地方税收收入对高碳行业依赖程度较高。例如,2019 年,采矿业贡献的税收收入占山西、内蒙古、陕西税收收入的比重分别高达 39.18%、30.45% 和 21.05%(见图 7)。与此同时,"双碳"战略的实施,将使得上述地区的高碳行业面临较高的减排成本,这可能导致行业效益下降,进而拉低地方税收收入,并影响地方财政收入的

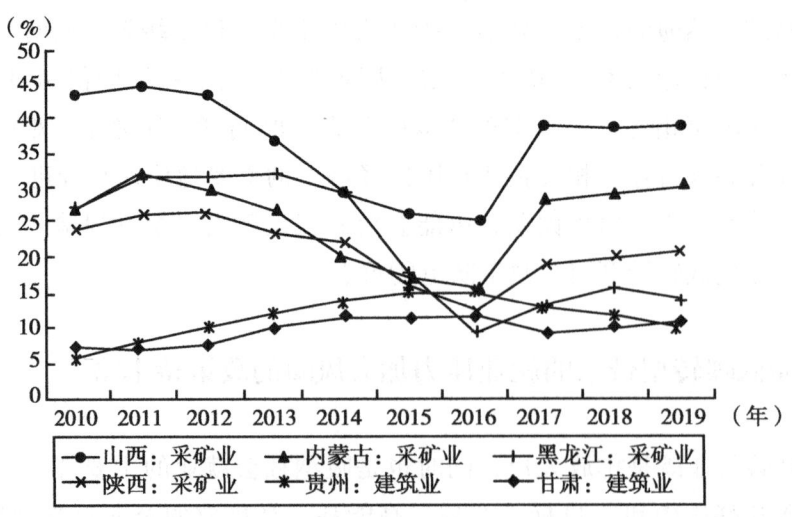

图 7 2010—2019 年部分省份税收收入中高碳行业占比情况

资料来源:Wind 数据库。

可持续性。值得注意的是，财政收入的减少不仅将影响地方政府对于"双碳"战略实施的支持力度，还可能削弱地方财政对保基本民生、保工资、保运转"三保"工作的保障力度，从而给地区稳定带来不小的负面冲击。需要指出的是，现阶段，财政政策对高碳行业低碳转型过程中可能给地区财政可持续性带来新挑战的关注度不高，增强地区财政可持续性的政策体系亟待进一步完善。

（五）对冲企业低碳投资引发成本过快上升风险的政策待丰富

未来，各行各业的二氧化碳排放成本将会显著提高，这势必会对企业成本带来不容忽视的影响。尤其是在推动行业低碳转型的过程中，企业将面临电力成本上升、新增碳交易成本、原材料涨价、环保改造与节能降耗设备投资加大推高生产成本等新挑战。具体来说，首先，在现有技术条件下，传统化石能源的碳减排约束以及大力发展风电、光伏发电，有可能增加终端电价上涨压力，并导致企业整体用能成本的上升。其次，碳捕集、封存和利用（CCUS）等技术工具以及碳交易等市场化工具在内的碳减排工具的运用也会增加企业生产成本。最后，高碳行业为了更好地降低二氧化碳排放量，需要新增清洁能源设备和低碳排放设备，这势必需要企业加大与降低碳排放相关的投资，进而会给企业带来生产成本增加的现实压力。不过，现阶段，财政政策在推动高碳行业绿色低碳转型过程中，致力于对冲企业因低碳投资加大导致成本上升风险的手段不多，有待进一步完善。

四、高碳行业绿色低碳转型财政政策改善的建议

高碳行业绿色低碳发展是助力实现碳达峰碳中和"30·60"目标的主要方式，也是新时代经济高质量发展的重要内容。今后，有必要积极构建推动高碳行业绿色低碳发展的财税政策体系，充分发挥财政在国家治理中的基础和重要支柱作用，引导企业将碳排放成本内化的同时，带动更多社会资金支持高碳行业绿色低碳发展，从而为新发展格局下绿色经济发展注入确定性，进而更好地助力碳达峰碳中和"30·60"目标的实现。

（一）运用财税举措加快绿色技术创新引导行业低碳发展

技术和创新是高碳行业低碳转型的关键动力。为了更好地推动高碳行业低碳

转型,并在经济高质量发展与碳减排之间找到合适的均衡点,需要充分发挥财政政策的引导作用。具体来说,首先,可以通过成立绿色技术攻关和碳减排专项基金,进一步加大对减污降碳的资金投入力度,以鼓励绿色低碳技术研发,加快绿色技术创新攻关步伐,引导企业运用绿色技术降低碳排放。其次,要考虑各行业的整体发展水平,并给相关企业一定生存空间,逐步淘汰碳排放过高的企业和碳排放量大的落后产能。在此过程中,可以通过设立低碳转型或"双碳"相关基金,支持职工培训和转岗,以更好地应对高碳行业低碳转型过程中产生的就业风险。再次,要综合利用价格、财税等手段鼓励高碳行业充分利用5G、大数据、工业互联网等新一代信息技术,通过行业数字化转型,助力行业在能耗、碳排放、生产运营、产业链协同等方面不断优化,进而实现运用数字技术实现降碳目的。最后,可以进一步完善政府绿色采购政策,通过开展政府采购支持绿色产品的应用推广试点工作,推动重点行业降碳任务的顺利进行。

(二)合理利用转移支付推动重点行业顺利降碳

现阶段,中国各地区在资源禀赋、经济基础、发展阶段等方面存在较大差异,对部分地区来说,降碳目标与经济发展在短期内存在一定矛盾。例如,相对于东部地区,"30·60"目标对中西部地区经济发展影响程度更大。值得注意的是,推动高碳行业低碳发展的根本目的在于实现经济增长与环境保护的双赢。如果一味地强调低碳发展而忽略经济增长,不仅难以实现"30·60"目标,还可能进一步加剧地区发展不平衡,不利于区域协调发展。在此形势下,唯有协调好区域发展与减碳目标间的关系,才能更好调动地方政府对于减碳工作的积极性,从而夯实"30·60"目标顺利实现的基础。因此,可以合理利用转移支付制度,对受到"30·60"目标影响较为严重的地区、行业,建立相应的补助机制,从而推动重点行业顺利减碳。

(三)培育碳中和债市场助力行业低碳转型

与高新技术行业相比,高碳行业多属于传统产业,这使得其绿色低碳转型过程中融资空间更易受限。因此,高碳行业绿色低碳转型需要更具灵活性、针对性、适应性的转型金融支持。而培育碳中和债市场可以为高碳行业绿色低碳转型提供更加精准有效的融资支持。碳中和债是绿色债券的子品种,是指在现行绿色债券政策框架下,将募集资金专项用于具有碳减排效益的绿色项目。碳中和债由专业第三方机构对碳减排等环境效益进行量化评估测算，发行后存续期内持续披露项目进展情况及碳减排效益实现情况等。因此，碳中和债可以有效借助资本市场在直接融资支持、价格发现机制、资源优化配置等方面的优势，引导和促进更多资金投向应对气候变化领域，充分发挥绿色金融工具对于低碳发展的支持作用，助力经济低碳转型和碳达峰碳中和目标实现。鉴于碳中和债要求披露关于实际减排效果的定量数据，可以据此根据量化的碳减排额给予包括减税、贴息、补贴在内的政策支持，进而建立碳中和债市场财政扶持政策，通过积极培育壮大碳中和债市场，丰富低碳行业、低碳项目融资渠道，以更好助力碳达峰碳中和目标的实现。

（四）发挥财政资金杠杆作用吸引社会资本支持

高碳行业低碳转型需要大量资金支持，不能仅仅依靠政府补贴，更需要市场发力。因此，有必要通过多种方式发挥财政资金"四两拨千斤"的作用，撬动金融资源和社会资本为高碳行业低碳转型提供全行业链、全生命周期、精准有效的资金支持。具体来说，一是要发挥好国家绿色发展基金的作用，重点支持绿色行业发展。二是要发挥财政资金的杠杆作用，引导更多社会资本投向节能环保项目和绿色低碳行业。例如，可以利用政府和社会资本合作（PPP）模式，吸引更多社会资本参与绿色低碳项目的投资、建设和运营，以推动产业低碳转型。三是要充分发挥财政资金贴息的杠杆作用，通过实行财政贴息等政策，加大对低碳行业的信贷扶持力度。

参考文献：

[1] 冯升波，黄建，周伏秋，等. 碳市场对可再生能源发电行业的影响[J]. 宏观经济管理，2019（11）：55-62.

[2] 李明煜，张诗卉，王灿，等. 重点工业行业碳排放现状与减排定位分析[J]. 中国环境管理，2021，13（03）：28-39.

[3] 刘传江，赵晓梦. 强"波特假说"存在产业异质性吗？——基于产业碳密程度细分的视角[J]. 中国人口·资源与环境，2017，27（06）：1-9.

[4] 杨冕，卢昕，段宏波. 中国高耗能行业碳排放因素分解与达峰路径研究[J]. 系统工程理论与实践，2018，38（10）：2501-2511.

[5] 喻小宝，郑丹丹. 动力学视角下电力行业碳减排反馈机制研究[J]. 上海电力大学学报，2020，36（06）：603-612.

[6] 喻小宝，郑丹丹，杨康，等. "双碳"目标下能源电力行业的机遇与挑战[J]. 华电技术，2021，43（06）：21-32.

[7] 张贤, 郭偲悦, 孔慧, 等. 碳中和愿景的科技需求与技术路径 [J]. 中国环境管理, 2021, 13 (01): 65-70.

[8] OECD. Indicators to Measure Decoupling of Environmental Pressure from Economic Growth [R]. Paris: OECD, 2002.

[9] Friedlingstein P, O'Sullivan M, Jones M W, et al. Global carbon budget 2020 [J]. *Earth system science data*, 2020, 12 (4): 3269-3340.

能源绿色低碳转型的财政政策

陈少强　李默洁

摘　要：能源绿色低碳转型是"双碳"战略中的关键一环。本文归纳总结了我国支持能源绿色低碳转型的财政政策，将其归类为支持传统能源清洁化和低碳化、发展非化石能源、支持重点行业节能降碳和发展新能源汽车四个方面。本文分析了能源绿色低碳转型财政政策的特点和取得的成效，并在此基础上，对能源绿色低碳转型财政政策面临的问题与挑战进行了深入剖析，指出补贴政策长期化、约束性能源财政政策面临风险和部分能源财政政策重投资轻运营是目前较为突出的问题。综合以上分析，本文给出了针对性政策建议。

关键词：能源；绿色低碳转型；财政补贴；税收政策

[作者简介]

陈少强，经济学博士，中国财政科学研究院资源环境和生态文明研究中心主任、研究员、博士生导师。研究方向为碳达峰碳中和财政政策、生态补偿财政政策、公共风险、政府和社会资本合作（PPP）等。

李默洁，中国财政科学研究院资源环境和生态文明研究中心助理研究员。研究方向为低碳政策评估、碳定价、气候变化国际合作、ESG 评估。

Fiscal policy for green and low – carbon transformation of energy

Chen Shaoqiang　Li Mojie

Abstract：The green and low carbon transition of energy system is the fundamental part of carbon peaking and carbon neutralization in China. In this chapter, the authors summarize China's fiscal policies on supporting the green and low carbon transition of energy system, and all those policies are classified into four categories: supporting transforming traditional industries to cleaner and greener industries, supporting the development of non – fossil fuels, supporting the decarbonization of key industries and facilitating the development of new energy cars. Based on the analysis of the measures and achievements of relevant fiscal policies on the green and low carbon transition of energy system, the authors analyze the problems and challenges faced by energy green and low – carbon transformation fiscal policies, that is, subsidy policy tends to be long – term, restrained fiscal policies on energy transformation and the problems faces some risks, and the unbalanced development between construction and operation in relevant fiscal policies. Based on the above analysis, this chapter proposes some suggestions in improving fiscal policies.

Keywords：Energy；Green low – carbon transformation；Fiscal subsidy；Tax policy

我国能源活动二氧化碳排放占全国二氧化碳排放量的87%[①]，推动能源生产和消费革命，有利于抓住实现碳达峰碳中和目标的"牛鼻子"。碳达峰碳中和目标对我国以煤炭为主的能源结构提出了新的更高要求，能源绿色低碳转型需要发挥市场的决定性作用，同时也要有效发挥政府的作用。本文在考察我国能源绿色低碳转型财政政策实践探索和成效的基础上，分析了其存在的问题，并提出了相关建议。

一、能源绿色低碳转型财政政策的实践

党的十八大以来，我国通过补贴、税收以及政府采购措施等多种财政政策工具支持能源绿色低碳转型，取得了明显成效。

（一）能源绿色低碳转型财政政策的着力点

根据我国经济发展水平、资源禀赋和产业结构的特点，我国财政政策从传统能源清洁低碳转型、发展非化石能源、支持重点行业节能降碳和发展新能源汽车四个方面着力，形成了具有中国特色的能绿色低碳转型财政政策体系。

1. 推动传统能源清洁化和低碳化发展

中国能源资源禀赋呈现出"贫油、少气、富煤"的特征，决定了煤炭在相当一段时间内承担起能源供应体系压舱石的作用。基于能源安全的考虑，推动传统能源清洁化低碳化将是能源低碳绿色转型财政政策优先考虑的重点。

（1）支持煤炭清洁化利用。

中央和地方财政持续投入资金，深入推进采煤沉陷区综合治理，引导独立工矿区和采煤沉陷区改造提升，促进资源富集地区创新发展，积极推进煤炭能源资源集约、高效、绿色开发，支持发展清洁能源。

在西部地区推动煤炭清洁化利用方面，2017年国家发改委发布的《西部大开发"十三五"规划》（发改西部〔2017〕89号）提出，财政支持西部地区推动煤炭清洁生产与智能高效开采，积极推进煤炭分级分质梯级利用，稳步开展煤制油、煤制气、煤制烯烃等升级示范。

---

① 杜祥琬. 保持碳达峰碳中和战略定力——在"中国碳中和50人论坛2022年大会"上的致辞[N]. 中国能源报, 2022-07-07.

在支持北方地区冬季清洁取暖改造方面，2017年财政部发布《关于开展中央财政支持北方地区冬季清洁取暖试点工作的通知》（财建〔2017〕238号），提出中央财政为各级政府开展锅炉清洁化改造工程直接提供财政资金补贴。国家发展改革委等十部委印发的《北方地区冬季清洁取暖规划（2017—2021年）》提出，中央财政支持北方地区冬季清洁取暖改造，对北方散煤、秸秆取暖开展补贴，建设集中供暖、天然气供暖或分布式发电供暖等综合立体清洁取暖体系。

（2）支持常规和非常规天然气发展。

中央鼓励地方出台配套财政支持政策，推进天然气管道、城镇燃气管网、储气调峰设施、"煤改气"、天然气车船、船用LNG加注站、天然气调峰电站、天然气热电联产、天然气分布式等项目发展。中央财政按照"多增多补、冬增多补"的原则，采取增量考核的梯级奖励方式，鼓励地方和企业多产气。各地方财政还采取措施对城乡低收入群体使用天然气给予补贴，中央财政利用现有资金渠道加大支持力度，保障气价改革平稳实施。

中央财政加大力度对非常规天然气补贴，对重点地区应急储气设施建设给予中央预算内投资补助支持。2020年，财政部发布《清洁能源发展专项资金管理暂行办法》，中央财政对层气（煤矿瓦斯）、页岩气等非常规天然气开采利用给予奖补。清洁能源专项资金实施期限为2020—2024年，到期后按照规定程序申请延续。2021年，清洁能源发展专项资金预算为60.1亿元①。

2. 大力发展非化石能源

非化石能源包括风能、太阳能、水能、生物质能、地热能、海洋能等可再生能源以及核能等新能源。非化石能源是中国能源低碳绿色转型的重要方向。由于非化石能源存在前期成本高和市场应用领域不广等问题，市场主体投资意愿不足，需要财政的大力支持。我国财政政策支持非化石能源发展，主要体现在以下几个方面：

（1）可再生能源补贴。

国家对可再生能源直接进行补贴是我国可再生能源财政支持政策的一大特色（见表1）。可再生能源电价附加补助资金是按照《可再生能源法》要求，通过从电价中征收基金附加的形式筹集资金设立，支持电网企业收购光伏、风电、生物质等可再生能源发电量的政府性基金。享受可再生能源电价附加补助资金的可再

---

① 财政部. 2021年上半年中国财政政策执行情况报告［EB/OL］. http：//m.mof.gov.cn/czxw/202108/t20210827_3748539.htm.

生能源发电项目,需符合国家规划并纳入国家规模管理,符合电价政策,并按要求发电上网。可再生能源电价附加补助资金由电网企业通过补贴清单管理。电网企业定期公布经营范围内符合补助条件的可再生能源发电补助项目清单。可再生能源发电项目可向所在地区电网企业申请,如项目符合国家规模管理、符合国家电价政策、符合并网时间要求,同时各项证明文件齐全,电网企业审核后即可纳入补贴清单。

中央财政按照"以收定支"原则,根据每年收入情况下达补助资金年度预算,由电网企业按照优先顺序拨付至各项目。其中,光伏扶贫、自然人分布式、2019年光伏竞价项目、2020年按照"以收定支"原则确定的新增项目以及自愿转平价项目等优先拨付,其余项目按照统一比例拨付。自2020年起,所有新增可再生能源发电项目均采取"以收定支"方式确定。同时,新增海上风电和光热项目不再纳入中央财政补贴范围,按规定完成核准(备案)并于2021年12月31日前全部机组完成并网的存量海上风力发电和太阳能光热发电项目,按相应价格政策纳入中央财政补贴范围。

除了新疆、西藏之外,全国对非农业、非居民用电按照1.9分/千瓦时标准征收可再生能源电价附加征收。按照2021年的预算,可再生能源收入占中央政府性基金收入预算的23.1%,可再生能源电价附加收入安排的支出占中央政府性基金支出的21.9%①。根据《2021年生物质发电项目建设工作方案》,2021年中央财政补贴生物质发电项目总额为25亿元。根据财政部2021年预算通知,2021年财政部下达国网生物质发电补贴预算44.83亿元。在财政补贴的支持下,2021年我国水电、风电、太阳能发电、生物质发电可再生能源装机容量稳居世界第一②。

表1　　　　　　　　　非化石能源发展财政支持政策

政策名称	文件号	主要规定
《可再生能源发展基金征收使用管理暂行办法》	财综〔2011〕115号	明确可再生能源发展基金征收使用规则,可再生能源电价附加征收标准为0.8分
《可再生能源电价附加补助资金管理暂行办法》	财建〔2012〕102号	规范补助项目申请条件、补助标准、预算管理和资金拨付

---

① 财政部. 2021年中央财政预算 [EB/OL]. http://yss.mof.gov.cn/2021zyys/.
② 《中国可再生能源发展报告2021》发布,我国可再生能源装机容量稳居世界第一 [EB/OL]. 人民政协网,http://www.rmzxb.com.cn/c/2022-06-27/3147286.shtml.

续表

政策名称	文件号	主要规定
《关于分布式光伏发电实行按照电量补贴政策等有关问题的通知》	财建〔2013〕390号	完善补贴资金管理规则
《关于调整可再生能源电价附加标准与环保电价有关事项的通知》	发改价格〔2013〕1651号	可再生能源电价附加标准提高至1.5分
《关于提高可再生能源发展基金征收标准等有关问题的通知》	财税〔2016〕4号	可再生能源电价附加标准提高至1.9分
《关于促进废水可再生能源发电健康发展的若干意见》	财建〔2020〕4号	目录制改为清单制,新增海上风电和光热项目不再纳入补贴范围,全面推行绿色电力证书交易
《可再生能源电价附加资金管理办法》	财建〔2020〕5号	完善可再生能源补贴管理模式、补贴顺序、补贴上限、补贴计算方法和补贴范围
《关于开展可再生能源发电补贴项目清单审核有关工作的通知》	财办建〔2020〕6号	明确批补助目录内项目经电网企业审核后可直接纳入补贴清单。光伏自然人分布式发电项目继续试行备案
《关于下达可再生能源电价附加补助资金预算的通知》	财建〔2020〕208号	明确优先拨付补贴资金原则
《关于〈关于促进非水可再生能源发电健康发展的若干意见〉有关事项的补充通知》	财建〔2020〕426号	明确补贴上限及补贴年限
《关于加快推进可再生能源发电补贴项目清单审核有关工作的通知》	财办建〔2020〕70号	明确满足2006年及以后核准(备案)、全容量并网等条件的项目均可申报进入清单

资料来源:根据网络材料综合整理。

(2) 税收优惠政策。

在水力发电税收优惠方面,中国一直实行水电站部分用地免征城镇土地使用税。2014年,财政部要求对装机容量超过100万千瓦的水力发电站(含抽水蓄能电站)销售自产电力产品,即自2013年1月1日至2015年12月31日,对其增值税实际税负超过8%的部分实行即征即退政策。自2016年1月1日至2017年12月31日,对其增值税实际税负超过12%的部分实行即征即退政策。2016年,《水电发展"十三五"规划(2016—2020年)》公布,并提出增加贫困地区年度发电指标，提高贫困地区水电工程留成电量比例，落实和完善水电开发财政税收政策，让当地和群众从能源资源开发中更多地受益。

在风力发电税收优惠方面，《财政部 国家税务总局关于风力发电增值税政策的通知》（财税〔2015〕74号）规定，自2015年7月1日起，对纳税人销售自产的利用风力生产的电力产品，实行增值税即征即退50%的政策。

在核电税收优惠政策方面，《财政部 国家税务总局关于核电站用地征免城镇土地使用税的通知》（财税〔2007〕124号）规定，对核电站的核岛、常规岛、辅助厂房和通信设施用地（不包括地下线路用地），生活、办公用地按规定征收城镇土地使用税，其他用地免征城镇土地使用税，对核电站应税土地在基建期内减半征收城镇土地使用税。

3. 支持重点行业节能降碳

中国产业结构长期以第二产业为主，工业、建筑和交通等重点行业领域的节能和能效提升工作是能源绿色低碳转型的着力点之一。财政政策支持重点行业（建筑、交通、工业等）领域的节能降耗，倒逼各部门推广使用清洁能源、低碳能源和新能源等，促进能源低碳绿色转型。

在工业节能领域，依据《节能减排补助资金管理暂行办法》（财建〔2020〕10号）的规定，节能减排补助资金重点支持范围涵盖重点关键节能减排技术示范推广和改造升级。节能减排补助资金分配结合节能减排工作目标、投资成本、节能减排效果以及能源资源综合利用水平等因素，主要采用补助、以奖代补、贴息和据实结算等方式。财政部根据项目任务、特点等情况，将资金下达地方或纳入中央部门预算。财政部各地监管局按照工作职责和财政部要求，对属地节能减排补助资金进行监管。节能减排补助资金的支出方向到期后，财政部联合行业主管部门根据国务院有关规定及相关产业发展形势需要等进行评估，根据评估结果确定是否继续实施。

在建筑节能领域，国家制定绿色建筑核定标准（GB/T 50378-2019），按照一星、二星、三星等不同标准进行认定。各地方财政对节能建筑按单位平方米进行补贴。例如，北京市出台的《北京市装配式建筑、绿色建筑、绿色生态示范区项目市级奖励资金管理暂行办法》中规定，二星级标识项目50元/平方米、三星级标识项目80元/平方米、单个项目最高奖励不超过800万元；广东出台的《支持推广绿色建筑及建设绿色建筑示范项目》中规定，二星级25元/平方米，单项目最高不超过150万元，三星级45元/平方米，单项目最高不超过200万元。截至2022年5月，全国31各省已出台了一系列绿色建筑激励政策，包括财政补贴、优先评奖、信贷金融支持、减免城市配套费用等。

在交通节能领域,中央财政设置交通运输节能减排专项资金,对节能减排量可以量化的项目,奖励资金原则上与节能减排量挂钩,对完成节能减排量目标的项目承担单位给予一次性奖励。根据《交通运输节能减排专项资金管理暂行办法》的通知(财建〔2011〕374号),对于节能减排量难以量化的项目,可按投资额的一定比例核定补助额度,补助比例原则上不超过设备购置费或项目建筑安装费的20%;对单个项目的补助额度原则上不超过1000万元。

4. 大力发展新能源汽车

财政政策除了支持新能源行业供给端之外,还积极推动新能源产业应用和消费端,其中,财政支持新能源汽车是一个重要方面。2010年,财政部等四部门联合出台《关于开展私人购买新能源汽车补贴试点的通知》(财建〔2010〕230号)确定在上海、长春、深圳、杭州、合肥5个城市启动新能源汽车补贴试点工作,这是财政补贴新能源汽车产业的起点。对直接购买的新能源车,中央财政对汽车生产企业给予补助,汽车生产企业按扣除补助后的价格将新能源汽车销售给私人用户。对整车租赁的新能源车,中央财政对汽车生产企业给予补助,汽车生产企业按扣除补助后的价格将新能源汽车销售给租赁企业。对电池租赁的新能源车,中央财政对电池租赁企业给予补助,电池租赁企业按扣除补助后的价格向私人用户出租新能源汽车电池,并提供电池维护、保养、更换等服务。对满足支持条件的新能源汽车,按3000元/千瓦时给予补助。插电式混合动力乘用车最高补助5万元/辆,纯电动乘用车最高补助6万元/辆。

2011年,各级地方政府纷纷出台新能源车补贴政策,进一步细化补贴方法和范围,并提出了"新能源城市公交车不低于3年或15万公里"等日后影响深远的补贴标准。2012年,国务院印发《节能与新能源汽车产业发展规划(2012—2020年)》,提出到2015年,纯电动汽车和插电式混合动力汽车累计产销量力争达到50万辆;到2020年,纯电动汽车和插电式混合动力汽车生产能力达200万辆、累计产销量超过500万辆,燃料电池汽车、车用氢能源产业与国际同步发展。从结果来看,财政政策支持下的新能源车产业均已超额实现了当年定下的发展目标。《规划》还明确要求各级财政加大财税政策支持力度。对公共服务领域节能与新能源汽车示范、私人购买新能源汽车试点给予补贴,鼓励消费者购买使用节能汽车;发挥政府采购的导向作用,逐步扩大公共机构采购节能与新能源汽车的规模;还对充电设施建设、电池梯级利用等项目开始补贴。

2014年是我国新能源汽车发展的关键年。国家首次提出"发展新能源汽车是迈向汽车强国的必由之路",并发布《关于加快新能源汽车推广应用的指导意见》,明确给予新能源汽车免征车辆购置税。在强力补贴政策支持下,新能源车产销量每年翻倍增长,但也出现了个别企业恶意骗补的情况。2015年,财政部和工信部迅速开展补贴检查,个别企业被取消整车生产资质。

2017年,国家开始提高新能源车准入门槛,2017—2018年的补贴标准比2016年降低20%,2019—2020年的补贴标准则比2016年降低40%。工信部、财政部等部门发布《乘用车企业平均燃料消耗量与新能源汽车积分并行管理办法》,至此,深刻影响汽车行业的"双积分"政策正式实施。原计划新能源汽车补贴到2020年正式退出,但由于2019年开始补贴退坡幅度较大,导致市场反应激烈。同时,2020年新冠肺炎疫情来袭,导致新能源车产业发展受到干扰,国务院最终决定补贴延长到2022年。

2021年底,财政部发布《关于2022年新能源汽车推广应用财政补贴政策的通知》,明确2022年新能源汽车购置补贴政策于2022年12月31日终止。这意味着我国财政直接补贴新能源车的历史阶段结束,新能源车产业迎来市场竞争阶段。

总之,财政部会同相关部门持续完善新能源汽车购置补贴政策,不断提高补贴技术门槛,合理把握补贴标准退坡力度和节奏,推动了新能源汽车产业高质量发展。2021年我国新能源汽车销售完成352.1万辆,同比增长1.6倍,连续7年位居全球第一。2021年底,财政部会同相关部门印发了通知,综合考虑新能源汽车产业发展规划、市场销售趋势以及企业平稳过渡等因素,明确新能源汽车购置补贴政策于2022年12月31日终止①。

(二)能源绿色低碳转型财政政策的经验

中国能源绿色低碳转型财政政策的经验主要有:将改造传统能源与发展新能源并重,能源绿色低碳转型财政政策以补贴政策为主,以及坚持有效市场与有为政府相结合。

1. 改造传统能源与发展新能源并重

从能源绿色低碳转型的技术路径来看,相关财政政策在两个方面同时发挥作用。一方面,传统化石能源因其带来的环境污染、碳排放温室气体、资源能源消

---

① 财政部有关负责人就出台《财政支持做好碳达峰碳中和工作的意见》答记者问[EB/OL]. 财政部官网, http://zyhj.mof.gov.cn/zcfb/202205/t20220530_3814460.htm.

耗等问题而应退出历史舞台，而中国的能源资源禀赋特征决定了煤炭等能源在保障能源安全方面起到了压舱石的作用，传统化石能源的退出又必须逐步进行。由此，财政政策对传统能源转型的态度是支持煤炭资源清洁高效利用。另一方面，能源绿色化、低碳化是全球发展大势所趋，中国在能源增量发展方面的政策是积极支持发展风、光、水等可再生能源，大力发展核能等清洁能源。在财政政策工具方面，国家通过财政补贴、绿色采购、税收优惠等多种方式支持新能源和可再生能源的发展，并不断提升新能源和可再生能源在能源结构中的比重。

2. 能源绿色低碳转型财政政策以补贴政策为主

补贴和庇古税都是解决能源绿色低碳转型外部性的重要政策工具，但目前我国能源绿色低碳转型财政政策以补贴政策为主，这是因为补贴政策具有以下优点：

一是针对性强。无论是支持传统能源转型还是支持新能源发展，补贴政策较税收政策的目标指向性更明确，特别是在能源绿色低碳转型初期更是如此。

二是易于操作。补贴政策精准定位、正面激励、决策时间短、容易形成各方共识，补贴政策更容易实施；而税收政策程序复杂、决策周期长，执行中受宏观经济环境、就业、产业等多方面因素影响，各方不容易形成共识，实施难度相对较大。

三是符合我国实际。国外特别是发达国家在能源绿色低碳转型中广泛运用了碳税、环境税、财政补助等财政政策手段以及市场化的金融和经济手段，尤其是在对传统化石能源产业方面使用了碳税和环境税等税收政策手段，而我国对传统化石能源和新能源较多的以补贴政策手段为主，期间也有一些税收激励和约束的政策，但总体上我国补贴政策得到最为广泛的运用，相对而言对税收政策特别是约束型的税收政策总体上持谨慎态度，这主要是出于统筹安全和发展的考虑：一是中国以煤炭为主的能源结构决定了其不可能在短期内大幅度削减传统能源的比重，税收政策对传统能源产业影响很大，相关税收收入、就业等受到冲击；二是中国较长时期人均GDP都在1万美元以内，直到2019年才超过1万美元，而发达国家人均GDP较多在4万—6万美元，中国能源低碳绿色转型要考虑经济发展水平和经济就业承受能力，绿色税收政策对传统能源产业和高耗能产业的运行、就业等影响加大，这些企业负担加重会影响经济社会发展大局，因而国家对绿色税收政策的实施总体上持谨慎态度。

3. 有效市场与有为政府相结合

一方面，能源绿色低碳转型财政政策要尊重市场规律，让市场发挥决定性作用。能源绿色低碳转型其实也是经济转型，其决策最终由市场主体作出，企业开发和利用什么样的能源品种，应用什么样的能源技术等，都由市场主体决策。财政主要是发挥杠杆作用，用财政有形的手带动市场无形的手推动能源绿色低碳转型。例如在合同能源管理政策中，财政资金主要起到风向标作用，对效益好、示范作用强的项目，按照节能量给予补贴，推动市场参与者自发挖掘节能潜力。再如，在推动新能源汽车发展的财政政策中，财政主管部门不断更新技术指导目录，通过"抬高门槛"的方式，利用财政资金倒逼企业技术升级，实现财政资金高效利用和推动我国新能源车产业发展。

另一方面，能源绿色低碳转型财政政策体现了政府的作为和意图。能源低碳绿色转型具有部分公共产品的特征，仅靠市场机制难以实现公共产品的有效供给，也难以提高投资者发展低碳能源的意愿。同时，市场在充分配置环境资源、控制污染程度等方面的不足就给政府介入带来机遇和缘由。针对"市场失灵"及由此带来的问题，政府有必要采取相应措施，利用"有形的手"来影响市场，使资源配置渐次达到最合理状态。

（三）能源绿色低碳转型财政政策的成效

1. 深化能源供给侧改革

在财政政策的大力支持下，中国能源产业出现新的变化：一是传统能源产业高端化、清洁化等；二是新能源产业快速发展。中国是煤电机组燃煤效率标准较为严格的地区之一。在《煤炭清洁高效利用重点领域标杆水平和基准水平（2022年版）》中，亚临界300MW和超超临界600MW的强制煤耗标准已经提高到323克标准煤/千瓦时和293克标准煤/千瓦时，在世界范围内属于较先进水平。中国是世界上对可再生能源行业财政支持力度最大的国家之一。在国家直接支持下，中国已经培育了多家具有世界影响力的可再生能源企业，可再生能源行业发展占据世界重要位置。中国政府采取的支持可再生能源发展财政政策取得了良好效果，2021年我国可再生能源产业吸引超过万亿元人民币，创造出400多万个就业岗位，贡献税收3000多亿元，取得巨大经济、社会和环境效益。"十三五"时期，我国能源结构持续优化，低碳转型成效显著，非化石能源消费比重达到15.9%，煤炭消费比重下降至56.8%，常规水电、风电、太阳能发电、核电装机容量分别达到3.4亿千瓦、2.8亿千瓦、2.5亿千瓦、0.5亿千瓦，非化石能源发电装机容量稳居世界第一[1]（见表2）。

---

[1] 国家发改委．国家能源局《"十四五"现代能源体系规划》[R].

表 2　　　　　　　　　　能源绿色低碳转型指标

指标	2015 年	2020 年	年均变化量
能源消费总量（亿吨标准煤）	43.4	49.8	2.8%
煤炭（%）	63.8	56.8	[-7.0]
石油（%）	18.3	18.9	[0.6]
天然气（%）	5.9	8.4	[2.5]
非化石能源（%）	12.0	15.9	[3.9]
发电装机容量（亿千瓦）	15.3	22.0	7.5%
水电（亿千瓦）	3.2	3.7	2.9%
煤电（亿千瓦）	9.0	10.8	3.7%
气电（亿千瓦）	0.7	1.0	8.2%
核电（亿千瓦）	0.3	0.5	13.0%
风电（亿千瓦）	1.3	2.8	16.6%
太阳能发电（亿千瓦）	0.4	2.5	44.3%
生物质发电（亿千瓦）	0.1	0.3	23.4%

注：[ ] 内为五年累计变化量。

2. 推动能源绿色消费

中国是对新能源汽车产业财政支持力度最大的国家之一，经过 20 多年的发展，我国新能源汽车累计销量达 550 万辆，自 2015 年起连续 6 年蝉联世界第一。在新能源汽车财政补贴政策的大力支持下，私人电动汽车销量快速增长，2015 年销量同比增速高达 343%，2018 年销量突破 100 万辆。2021 年我国新能源汽车领跑全球，销售 352.1 万辆，出口 31 万辆，全球市场占有率达到 13.4%。同时，新能源汽车用户群体不断增多，在国家政策推动、全球新能源汽车发展热潮兴起、新冠肺炎疫情对出行工具需求增加等多种因素影响下，我国新能源汽车用户群体已从限牌的一线城市下探至三四线城市及农村地区，未来的需求规模将呈持续上涨态势。我国涌现了比亚迪、上汽、北汽等销量占比较高的世界级企业。从新能源汽车企业销量及份额占比看，上述三家企业排名全世界前十，占比总和为 14.5%。在动力电池环节涌现出宁德时代、比亚迪、合肥高轩等世界级龙头企业，其中，仅宁德时代的全球市场占有率就高达 50%。

中国的政府绿色采购政策有力促进了节能产品落地。目前，节能环保产品政府采购规模占同类产品政府采购规模的比例达到 90% 以上。中国政府采购政策自

1996年在上海和深圳两市试行以来快速发展,政府采购总体规模从1998年的31亿元增长到2018年的35861.4亿元,占全国财政支出和GDP的比重分别为10.5%和4%,在营造健康公正的社会环境、促进良好治理方面成效显著。2019年发布并实施的《关于调整优化节能产品、环境标志产品政府采购执行机制的通知》,明确提出使用节能环保品目清单取代产品清单,对于节能产品和环境标志产品,将依据品目清单和认证证书实施政府优先采购和强制采购。

在政府财政补贴和宣传带动下,中国普通消费者的绿色意识不断提高。截至2022年,中国政府高度重视绿色消费,发布了101项与绿色生活有关的政策文件。其中,中共中央和国务院文件26项,主要是推进绿色消费的通知、意见和方案;中央各部委发布相关文件75项,主要是落实国家决策的具体措施和推进行动。总体上看,中国促进绿色消费的制度框架基本成型。《家庭低碳生活与低碳消费行为调研报告》显示:认为低碳可以"减少浪费"、有助于"可持续发展"、可以减少空气污染、可以使生活更健康、使生活回归简单而且更加愉悦的受访者分别为41%、33%、32%、33%、25%。在聚焦18—24岁中国大学生青年群体的《中国青年气候意识与行为调研报告2020》中,受访者愿意"为保护环境支付更高的价格""为保护环境缴纳更多的税""为保护环境降低生活水平"的比例分别为68%、62%、57%。

3. 统筹能源安全与能源发展

能源安全一般是指能源的供应安全,即确保以合理的价格提供充足、可靠的能源供给。随着环境问题的显现,能源安全又开始逐步从供应安全转向能源使用安全,即开始注重能源的清洁、安全和高效使用。财政在支持低碳能源绿色转型中高度重视统筹能源安全与发展关系。

第一,财政在支持能源绿色低碳转型中实现能源安全。在能源消费侧,财政大力支持提高能源效率、控制能源消费总量、提高能源消费清洁化程度,从源头上减轻能源供给压力,保障能源使用安全。中央财政通过设置节能技术改造财政奖励资金[①],针对节能企业进行税收优惠[②]等方式,引导和支持企业应用节能技术和设备。"十三五"以来,财政加大力度促进传统产业转型升级,通过奖励资金鼓励企业瞄准国际同行业标杆全面提高产品技术和能效环保水平。财政还加大力度支持能源清洁化利用,集中用煤、加强脱污、严控散煤。在财政的支持下,"十三

[①] 《节能技术改造财政奖励资金管理办法》(财建〔2011〕367号)。
[②] 《财政部国家税务总局国家发展改革委关于公布环境保护节能节水项目企业所得税优惠目录(试行)的通知》(财税〔2009〕166号)。

五"末期，北方地区清洁取暖率达到 65% 以上。此外，在财政直接和间接支持下，中国参与"一带一路"可再生能源合作，形成以境外工程总包、建厂、并购、研发等为主的可再生能源开发合作模式，打造了以中巴经济走廊、中国—中亚—西亚经济走廊等项目为样板的可再生能源合作典范。中国在"一带一路"沿线国家投资可再生能源装机总量可替代约 3647 兆瓦煤电装机，每年将减少因燃煤发电排放的二氧化碳约 1500 万吨，按风电和光伏 25 年生命周期算，预计可减少 3.8 亿吨二氧化碳排放。

第二，财政通过支持新能源产业发展，丰富能源供给种类，提高能源供给韧性。"十三五"以来，财政政策在保障能源安全的基础上，推动新能源和节能技术快速发展，反过来进一步强化保障国家能源安全。在财政政策的大力支持下，截至 2021 年底，我国风力发电、太阳能发电、生物质发电装机规模均稳居世界首位，可再生能源累计装机容量历史性突破 10 亿千瓦大关，水电、风电、光伏发电装机均超过 3 亿千瓦，抽水蓄能装机 3639 万千瓦。2021 年全口径发电总量为 83768 亿千瓦时，增速 9.8%。其中，火力发电总量 57702 亿千瓦时，同比增长 8.4%；可再生能源发电总量 24864 亿千瓦时，同比增长 12.1%，占全部发电量的 29.7%[①]。可再生能源已经开始逐步替代煤炭，成为保障国家能源安全，实现能源绿色低碳发展目标的有效支撑力量。

二、能源绿色低碳转型财政政策面临的问题与挑战

能源绿色低碳转型处在关键发力期，仍然面临诸多问题与挑战。其中与财政政策关系密切的有财政补贴政策长期化、约束性财政政策面临风险和部分财政政策重投资轻运营等问题。

（一）补贴政策长期化不利于提升能源产业竞争力

如前所述，我国能源低碳绿色转型财政政策注重政策激励，激励手段以补贴为主。补贴政策长期化有其合理性和必要性，补贴政策促进了一些新能源汽车、光伏等新能源相关产业的发展，这是中国新能源产业实现"弯道超车"的政策保

---

① 水电水利规划设计总院. 中国可再生能源发展报告 2021 [M]. 北京：中国水利水电出版社，2022.

障。同时,补贴政策长期化带来的问题也较为突出。从国外发达国家的实践来看,财政补贴也是支持能源绿色低碳转型的主要措施之一,但政府主要从公平竞争和提升企业竞争力的角度设计财政补贴政策,补贴政策是阶段性的而非长期性的。

在新能源汽车、光伏和风电等补贴时间长、补贴力度大的行业中,相关企业形成了对财政补贴的依赖预期,期待政府补贴长期进行下去,这不利于企业向内改革,促进市场竞争和企业技术进步,不利于培养和壮大民族产业和企业的发展。路径依赖理论指的是一些微小的优势或看似对技术、产品或标准无足轻重的事物可能对最终的资源分配市场产生重要的、不可逆的影响,即使现实世界是由具有自主决定和个人利益最大化行为个体构成,也会出现这种状况。当人们最初选择的制度变迁路径是正确的,那么沿着既定的路径,经济和政治制度的变迁可能进入良性循环的轨道;反之,则有可能顺着最初选择的错误路径一直走下去,并造成制度被陷入无效率的状态中。这种无效率的路径依赖,在中国能源领域就表现为企业对财政补贴预期较高。这一方面影响企业技术升级改造,阻碍企业参与市场竞争,导致新能源相关产业难以做大做强;另一方面导致产业发展基础不牢,财政补贴退出风险逐渐升高,政策改革难度逐渐加大。在我国的政策实践中,早已制定出僵尸企业的量化判定标准。2015年12月,国务院常务会议提出,清理处置僵尸企业,对不符合国家能耗、环保、质量、安全等标准和长期亏损的产能过剩行业企业实行关停并转或剥离重组,对持续亏损三年以上且不符合结构调整方向的企业采取资产重组、产权转让、关闭破产等方式予以"出清"。财政补贴长期化将导致僵尸企业继续存活,不利于市场出清和公平竞争。2021年以来,光伏组件各产业链,包括硅料、硅片、电池片、组件都经过几轮的扩张,产能增加了几倍。从产能上看,国内企业各产业链的产能已超出全世界光伏预测最大安装量的2—3倍,产能过剩现象突出①。中国新能源汽车行业的"僵尸企业"现象曾经较为突出。"僵尸企业"在行业中不仅没有贡献,而且占用了大量的市场资源和产业资源。如果不及时清理,优质企业就很难有充分施展的空间,新的企业很难有进入机会。这些"僵尸企业"依赖政府补贴,恶化市场生态环境,不利于市场经济的健康发展,国外市场经济国家也因此对我国施加压力,影响我国对外开放的进程。

(二)实施约束性能源低碳转型财政政策将面临经济社会风险

从财政政策制定的出发点区分,可以分为激励性财政政策和约束性财政政策。

---

① https://finance.sina.com.cn/stock/hyyj/2022-03-21/doc-imcwipih9780857.shtml.

约束性财政政策一般包括开征特定税种，或在已有税种中提高征收税率，或降低税收门槛，还包括取消或减少补贴、提高补贴标准等。约束性的能源绿色低碳转型财政政策也是未来财政政策的重要选择。一是国际上的环保压力逐渐增加，中美已经进行过G20框架下的化石燃料补贴同行审议，化石燃料补贴不可持续，约束性财政政策是发展趋势。二是长期补贴将扭曲政府和市场的关系，妨碍市场发挥资源配置的决定性作用。在可再生能源发电和新能源车产业发展逐渐成熟的今天，逐渐取消政府补贴，让企业充分竞争是大势所趋。三是欧盟等国家和地区纷纷出台碳边境调节机制（CBAM）等限制性措施，对我国补贴政策提出了更大挑战。未来我国产品出口极有可能受此限制，出口成本随着政策收紧逐渐上升，相关利润从我国转移至欧盟相关管理机构，我国能源绿色低碳转型反而缺少资金支持。开展约束性的税收政策在抵消CBAM冲击方面具有积极意义，也是未来的发展方向的又一例证。四是随着新能源产业逐渐成熟，中国经济韧性逐渐提高，市场对补贴等支持性政策逐步取消、约束性财政政策逐渐出台具备了一定承受能力。

同时，约束性财政政策也面临较大的压力和阻力。一是巨大的制度惯性加大了财政政策改革困难。在能源领域按照行业分类，受财政补贴影响最大的是煤炭综合利用和风电、光伏等新能源行业。煤炭是我国最基础的能源来源。为了鼓励各个地方使用清洁煤，在原产地地区推动煤炭清洁化利用，中央会同地方财政采取多种措施予以支持。例如，山西某煤化工上市企业年报显示，近三年该企业连续获得过千万财政补贴，该补贴已经成为公司利润的重要组成部分。在风电、光伏行业也存在大量依赖财政补贴生存的企业。一旦取消补贴，将直接影响到这些企业的存续，影响企业所在地的就业稳定。企业对财政补贴的强烈预期也绑架财政政策，导致落后产能迟迟得不到妥善退出安置。二是约束性财政政策对能源安全有一定抑制作用。约束性财政政策将抬高能源使用成本，而能源部门是经济运行的基础环节，能源成本会沿着产业链不断传导，导致最终需求侧成本上升，能源需求下降，进而导致能源投资下降，能源供给能力受到抑制，能源安全保障能力同频下降。三是开征碳税有可能对中国经济产生较为明显的抑制作用。中国工业的主要能源来源是煤炭，石油和天然气占比相对较低。一旦开征碳税，则含碳量相对较高的煤炭资源消费情况会受到显著打击。但同时由于煤炭处于我国基础供应地位，消费者别无选择，约束性财政政策可能造成能源消费收缩，进一步加重了能源绿色转型的困难。四是约束性财政政策有可能对煤炭、钢铁、石化等碳密集产业产生较强的抑制作用。在高碳产业聚集的地区，约束性财政政策产生的就业下降、产业萎缩、财政收入减少等不利因素可能叠加，因此，对约束性财政政策及相关接续产业发展政策的实施时机、力度和精准性提出了更高要求。

（三）部分能源领域财政政策存在重投资、轻运营的倾向

首先，在能源财政政策的导向下，财政政策存在和刺激着光伏、新能源车等新兴产业跑马圈地，财政政策的绩效注重建设了多少产量。至于产业竞争力是否提高，财政政策效果如何不作为绩效评价的重点。其次，财政政策支持能源绿色转型存在一定的阶段性和过渡性，在政策执行中也难以考虑政策的全生命周期等特征，进而导致产业发展缺乏可持续性，存在重投资轻运营的问题。

例如，在光伏投资领域，我国光伏产业在建设初期发展速度较快，在经历2013年前后的高速发展之后，遇到2014—2015年的欧美制裁，普遍出现企业经营困难的现象。为了稳住光伏产业健康发展，在中央财政主导下，由国家牵头引导光伏到西部投资，成功用西部市场换来了光伏产业技术升级的宝贵战略机遇期。但是，由于当时光伏发电成本远高于火电，因此光伏设备落地后并不具备完整的造血输血能力，还是严重依赖财政补贴电价的方式运营。而且财政投资的主要方向是扶助光伏产业发展，存在着一定的重投资、轻运营、重建设、轻管理的问题。到2015—2016年，财政部意识到光伏产业发展过程中存在较为严重的骗补现象。与光伏产业类似的是，2015年新能源汽车在中央财政强力补贴的背景下，也出现了较为严重的骗补现象。在随之而来的专项补贴检查中，补贴现象才逐渐得到遏制。

三、完善能源绿色低碳转型财政政策的建议

（一）及时更新财政补贴标准，提高行业市场化竞争参与程度

为了破解能源领域长期以来财政补贴政策的难题，建议对行业技术水平进行系统摸排，及时更新财政补贴标准，设置合理的缓冲期引导市场预期，推动落后产能有序退出。要及时调整提高补贴门槛，推动市场竞争条件下的科技创新正循环。对当前排放不达标但设备更新改造后符合排放和能源效率标准的企业，财政可以对绿色节能改造投资进行一定程度的补贴，防止政策"先破后立"，造成产业变动过于剧烈影响产业发展稳定。在新能源领域，对于那些不具有自生能力，主要依靠政府补贴、银行贷款、资本市场融资或借债而勉强维持运营的光伏和风电企业，补贴政策应当及时收口，引导和帮助企业剥离可再生能源开发执照、风光

电场经营许可、管理技术团队等优质资源，淘汰已经超期运转，技术水平严重落后的机组设备，为新技术铺开应用创造条件。要利用好当前新能源车行业井喷式发展的改革机遇，加快引导新能源车补贴政策退出。当市场热度和行业发展速度下降时，补贴退坡造成的影响将会更大。

（二）做好约束性能源财政政策预研，积极应对国际减排压力

应认识到约束性能源财政政策是大的发展方向，同时重视约束性政策的正反两方面特性。要做好约束性财政政策的压力测试，有效引导行业预期，防止因约束性政策产生硬着陆风险。把握好政策的实施节奏，主动政策变化带来的转型压力。把握好约束性能源财政政策和就业稳定政策、区域转移支付政策、接续产业发展政策等正面激励性财政政策之间的协调协作关系，双向稳妥促进能源绿色低碳转型。

目前，中国已经实施了环境保护税，对大气污染物、水污染物、固体废物和噪声四类污染物排放行为进行限制。中国机动车燃油税在一定程度上发挥了对碳排放的等效约束作用，从长期发展来看，能源绿色低碳转型过程中约束性财政政策必不可少。应当积极开展政策研究，对现行的节能环保约束性财政政策打包评估。研究碳税和碳市场政策并行体系，碳税作为碳底价保障碳市场的正常调节能力，碳市场作为价格发现手段实现高效减排。积极建设碳排放核算体系和监测机构，为日后实施碳排放约束性财政政策铺平道路。为了应对 CBAM 对我国高碳行业发展的不利影响，中国应加强与"一带一路"国家和东南亚国家的合作，加强与欧盟、美、日、英等国家和组织的接触和协作，加强与 IMF、世界银行、国际能源署等国际组织的沟通，争取 CBAM 豁免份额，把约束性财政政策征得的资金留在国内。在保障能源安全和我国发展权益的前提下，与有需要的国家共享绿色技术和中国绿色能源市场，打造能源绿色低碳转型的财政政策中国经验样板。

（三）提高全流程能源低碳转型财政政策的效果

首先，在政策制定初期就积极引入绩效管理理念，强化政策绩效评估和绩效管理。一是预算编制监管。在预算编制过程中，能源、环境和项目主管部门可以根据各自需要制定提交预算。由于财政部门的专业性，在制定过程中通常会进行一定指导，并在各部门制定完成预算编制后进行审批。当能源绿色低碳转型各个领域的预算出现分歧的时候，由财政部门予以统一协调。二是预算执行监管。预

算执行监督是全流程监督中最重要的部分，可以督促政策按照既定的计划执行，也可在预算编制失误时及时调整绩效预算目标，避免资金浪费。同时，预算执行监督可及时收回多余资金以减少沉淀资金，也可及时发现效果没有达到预期设想的项目。在能源财政政策领域，应当每个重大项目落实到责任人，对预算的执行进行监管，以防止资金滥用。三是预算结果监管。绩效预算结果监管大体分为两部分，即对绩效预算的评价和对评价结果的应用。要在能源财政政策领域推行以结果为导向的绩效预算改革，绩效预算评价结果与第二年或更长时间的预算安排相挂钩，最终形成完整、清晰、可追踪的全流程能源财政政策体系。

其次，在政策实施过程中要及时按照市场反馈调整政策，最大限度发挥政策全生命周期效果。探索创新推进能源绿色低碳转型项目全生命周期管理，需要构建起财政、发改、税务、统计、纪检监察、审计及业务主管部门信息共享、协同合作的工作格局，让分散在各个领域的政策形成合力。对财政支持的项目，要构建全生命周期管理项目库，对项目储备申报、立项、遴选、启动、实施、资金预算、资金执行、竣工验收、考核评价、审计检查等环节，涵盖项目入库前期工作至项目竣工验收完成的全生命周期内产生的所有信息要素统一管理，真正做到全流程的动态监控和资金管理。

参考文献：

[1] 曹瑄玮，席酉民，陈雪莲．路径依赖研究综述 [J]．经济社会体制比较，2008（03）：185－191.

[2] 桂黄宝，胡珍，孙璞，等．中国政府采购政策促进环境质量改善了吗？——基于空间计量的实证评估 [J]．管理评论，2021，33（02）：311－322.

[3] 金永花．新发展机遇期我国新能源汽车产业链水平提升研究 [J]．经济纵横，2022，（01）：83－90.

[4] 张强，苗龙，汪春雨，等．新时代中国能源安全及保障策略研究——基于推进"一带一路"能源高质量合作视角 [J]．财经理论与实践，2021，42（05）：116－123.

[5] 周宏春，史作廷．"双碳"导向下的绿色消费：内涵、传导机制和对策建议 [J]．中国科学院院刊，2022，37（02）：188－196.

资源型城市低碳转型的财政政策

陈少强　刘婉莹

摘　要：我国碳达峰碳中和时间紧、任务重，碳排放数量多、强度大的资源型城市将面临更大的减碳压力，研究实施这类地区碳达峰碳中和财政政策有利于实现我国碳达峰碳中和目标要求，促进资源型城市的绿色低碳转型以及提升财政治理能力。本文从中央和地方两个维度探索了我国资源型城市促进碳减排的财政政策实践，总结其成效和面临的问题，并提出相关政策建议。

关键词：碳达峰碳中和；资源型城市；低碳转型；财政政策

[作者简介]

陈少强，经济学博士，中国财政科学研究院资源环境和生态文明研究中心主任、研究员、博士生导师。研究方向为碳达峰碳中和财政政策、生态补偿财政政策、公共风险、政府和社会资本合作（PPP）等。

刘婉莹，湖北航天技术研究院总体设计所主管。研究方向为资产投资与运营、企业发展与战略。

Fiscal policy for low – carbon transformation of resource – based cities

Chen Shaoqiang Liu Wanying

Abstract: Resource – based cities with big carbon emissions and high carbon emission intensity will face greater pressure to reduce carbon emissions. Research and implementation of carbon peak and carbon neutralization fiscal policies in such areas is beneficial to achieve China's carbon peak and carbon neutrality goals, promote the green and low – carbontransformation of resource – based cities, and improve governance capabilities in terms of fiscal policy. This chapter explores China's fiscal policy practice of reducing carbon emissions from the central and local dimensions, summarizes its effectiveness and problems, and puts forward relevant policy suggestions.

Keywords: carbon peaking; carbon neutrality; resource – based city; low – carbon transition; fiscal policy

我国实现碳达峰碳中和目标时间紧、任务重，碳排放量大的地区将面临更大的减碳压力，这类地区碳减排碳中和需要发挥财政政策的引导作用。本章以碳排放量多、碳排放强度大的资源型城市为研究对象，总结其低碳转型财政政策的措施和效果，指出其存在的问题和挑战，并提出完善资源型城市低碳转型财政政策的相关建议。

一、实施资源型城市低碳转型财政政策意义重大

低碳转型是近年城市发展的重要方向，资源型城市低碳转型是其可持续发展的必由之路。制定和出台资源型城市低碳转型财政政策是适应碳达峰碳中和目标要求的重要举措，有利于加快实现资源型城市的绿色低碳转型，并提升财政治理能力和水平。

（一）助力实现碳达峰碳中和战略目标

2020年9月22日第七十五届联合国大会上习近平总书记作出了郑重承诺，提出中国将提高国家自主贡献力度，采取更加有力的政策和措施，力争于2030年前实现碳达峰，努力争取在2060年前实现碳中和。2020年我国全社会碳排放103亿吨，约占全球1/3，其中能源活动碳排放量占全部碳排放比重约80%[1]。发达国家从碳达峰到碳中和平均用六七十年时间，而我国只有三十年的时间。中国要用一半的时间实现与发达国家一样的目标，任务极为艰巨[2]。

我国共有262座资源型城市，占城市总量的39.9%，资源型城市的将近79%已陆续进入成熟期和衰退期[3]。资源型城市产业结构始终以第二产业为主，其中，以煤炭、黑色金属和有色金属开采加工业为主导产业的资源型城市占比较高，矿产资源开发的增加值约占全部工业增加值的25%，高出全国平均水平1倍左右[4]。矿产资源开发与碳排放量最高的产业具有较高的关联性：电热气水行业占全国二氧化碳排放量之比平均为47.3%；黑色金属冶炼业占全国二氧化碳排放量之比平

---

[1] 刘科. 碳中和误区及其现实路径 [R]. 科技创新院士报告厅（第四期），2021.8.
[2] 丁仲礼. 中国"碳中和"框架路线图研究 [R]. 中国科学院学部第七届学术年会，2021，6.
[3] 邓伟. 中国资源型城市产业结构转型升级研究 [D]. 北京交通大学，2020.
[4] 陶丽萍. 我国资源型城市转型发展对策分析 [EB/OL]. 2018-03-29，http://www.sic.gov.cn/News/455/8928.htm.

均为12.8%；非金属矿产业占全国二氧化碳排放量之比平均为11.1%[1]。由此看来，资源型城市降碳压力大。

正是因为资源型城市产业低碳转型与全国产业低碳转型在碳排放中有很强的一致性，资源型城市产业低碳转型中碳减排的贡献具有重要地位。生态环境部政策研究中心的研究结果也显示，资源型城市低碳转型对中国碳达峰事业有着重要贡献：在一般达峰情况下，2030年126个地级资源型城市将以72.65亿吨的二氧化碳排放量达峰，约占当年我国二氧化碳排放量总额的60%[2]。

财政政策在碳减排碳中和中发挥重要作用。鉴于资源型城市在我国绿色低碳转型中的特殊地位，实施资源型城市低碳发展转型财政政策对于加快实现我国碳达峰碳中和目标有着重大意义。

（二）推动资源型城市可持续发展

当前，全球不少资源型城市发展面临着"资源诅咒"问题[3]，即一些地区拥有大量某种不可再生资源却反而落入工业化落后、产业单一、难以转型的窘境。在"资源诅咒"阶段，资源禀赋与经济增长呈负相关，城市发展过度依赖资源且产生了严重的浪费现象，废气废水和固体污染物排放多，生态环境也受到重创。自21世纪伊始，全球不少城市均不同程度地面临着挑战，由于过去的经济发展对资源过分依赖，这类城市纷纷出现了产业结构单一、环境污染加剧、生态损害严重、后续治理进度迟缓、经济社会发展活力不足等情况，经济社会转型与可持续性发展问题十分紧迫。在既有土地资源先天禀赋优势明显减少、经济社会发展后劲不足、政府传统管理体制落后的状况下，资源型城市正经历着转型的阵痛。

近年来，随着全球资源市场步入萧条期，加之资源的逐步枯竭，中国资源型城市整体经济发展缓慢，一些城市甚至出现了衰退。例如，东北地区作为中国典型的老工业基地和资源型城市集聚区，其可持续发展面临瓶颈，国家虽然出台了一系列振兴东北的专项政策，目前东北三省的经济发展形势仍不尽如人意。

在资源型城市面临的上述困境背景下，碳达峰碳中和财政政策通过一系列的激励约束相容的政策手段，支持传统产业改造升级、延长产业链和降低碳排放强

---

[1] 数据来源：中国碳核算数据库（CEADs）。
[2] 冯相昭，蔡博峰，王敏，等. 中国资源型城市 CO_2 排放比较研究［J］. 中国人口·资源与环境，2017，27（02）：5-9.
[3] Auty, R. Resource Abundance and Economic Development. World Institute for Development Economics Research［M］. Oxford. UK. Oxford University Press, 2001.

度，并通过支持其能源结构转型降低碳排放量，既实现资源型地区碳达峰碳中和目标，又帮助这些地区实现可持续发展。

（三）提高财政治理能力和水平

自身发展面临困境，社会资本参与投资和消费的动力不足，生态环境保护修复和降碳任务重，都对资源型城市的发展构成严峻挑战。作为国家治理的基础和重要支柱，财政应为资源型城市达成"双碳"目标提供财力保障，其中各级财政须共同发力、协调配合，尤其需要中央对资源型城市的转移支付。

财政部印发《财政支持做好碳达峰碳中和工作的意见》，提出2030年前基本形式有利于绿色低碳发展的财税政策体系，促进绿色低碳发展的长效机制逐步建立，推动碳达峰目标顺利实现。2060年前财政支持绿色低碳发展政策体系成熟健全，推动碳中和目标顺利实现。财政部这一文件精神，实际上为发挥财政在资源型城市低碳转型的作用指明了方向。

二、资源型城市低碳转型财政政策探索

资源型城市低碳转型是一项系统工程，需要调动国家、省级政府和资源型城市三个方面积极性，发挥各级财政的支撑作用，实现资源型城市能源、产业、生态的多重调整。

（一）国家层面的财政政策

从财政政策的表现形式来看，国家层面的财政政策主要分为普惠政策与竞争性试点示范。

1. 普惠型国家政策

资源型城市转型发展关乎经济发展全局，也一直是国家关注扶持的重点。2001年，国务院将阜新市确定为中国第一个资源枯竭型城市经济转型试点市，资源型城市转型拉开序幕。2007年，《国务院关于促进资源型城市可持续发展的若干意见》（国发〔2007〕38号）发布，开始从全国范围引导资源型城市转型。2008年、2009年和2011年国家发展和改革委员会分三批共确定了69个资源枯竭型城市，

将其作为转型重点扶持对象。2013年《国务院关于印发全国资源型城市可持续发展规划（2013—2020年）的通知》（国发〔2013〕45号）发布，其作为中国"十三五"时期开展资源型城市转型工作的纲领性文件，对中国资源型城市进行了全面识别，强调将资源型城市划分为成长型、成熟型、衰退型和再生型四类，为分类引导资源型城市转型奠定了基础。2017年，《国家发展改革委关于加强分类引导培育资源型城市转型发展新动能的指导意见》（发改振兴〔2017〕52号）发布，用于引导资源型城市因地制宜，培育新的经济增长极。2021年，国务院批复了《推进资源型地区高质量发展"十四五"实施方案》（国函〔2021〕93号），要求财政部与发改委、自然资源部一道综合运用投资、财税、金融、土地等政策，在项目建设、资金投入、体制机制创新等方面给予积极支持，及时协调解决资源型地区转型发展中遇到的困难和问题。

为响应国家对资源型城市的关照，中央政府通过转移支付倾斜方式支持资源型城市转型。根据《国务院关于促进资源型城市可持续发展的若干意见》（国发〔2007〕38号）的要求，2007年起中央政府设立针对资源枯竭城市的财力性转移支付，财政部出台了《中央对地方资源枯竭城市转移支付办法》（财预〔2022〕55号），对资源枯竭城市拨付一般性转移支付，主要用于解决资源枯竭城市因资源开发产生的社保欠账、环境保护、公共基础设施建设和棚户区改造等历史遗留问题。截至2021年，中央财政累计为69个资源枯竭城市安排财力性转移支付资金约2100亿元，其中"十三五"期间转移支付资金总额达1008.5亿元（见图1）。"十三五"期间，中央财政累计安排170亿元财力性转移支付资金用于支持实施采煤沉陷区综合治理工程和独立工矿区改造提升工程。

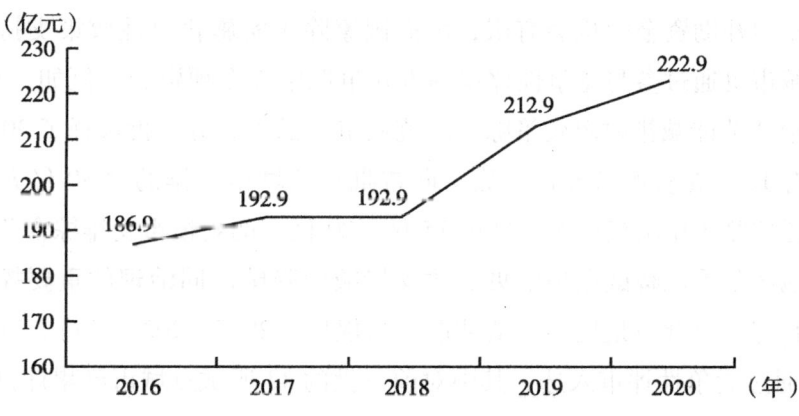

图1　2016—2020年中央对资源枯竭城市转移支付总额

资料来源：根据财政部官网数据整理。

在我国东北地区，资源型城市 GDP 占其 GDP 比重的 75% 以上。近年来，中央财政集中发力，进一步加大对东北地区一般性和专项转移支付力度，加大对资源枯竭城市转移支付力度。2020 年，中央财政对东三省（黑龙江、吉林和辽宁）资源枯竭型城市转移支付占全国资源枯竭型城市转移支付总额的比重达到 26%（见图 2）。

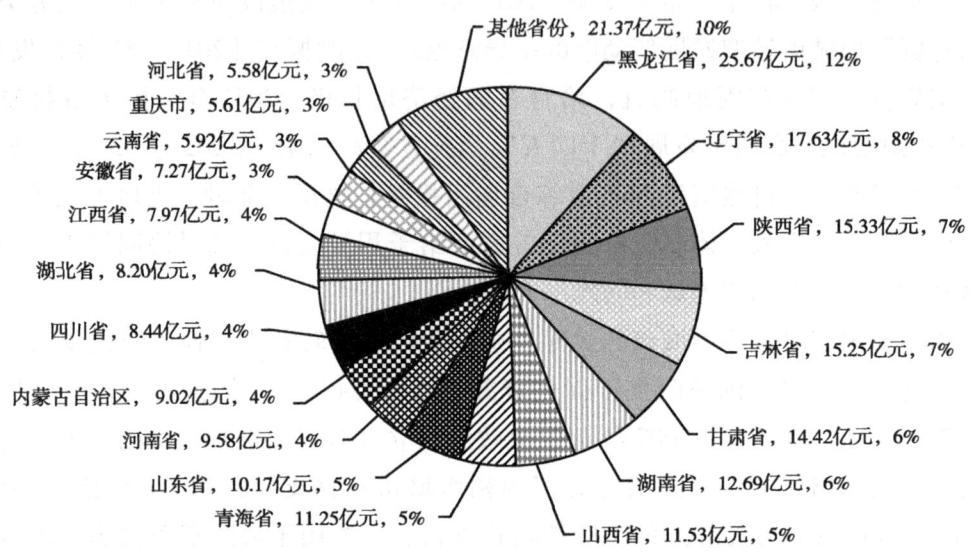

图 2　2020 年中央对地方资源枯竭城市转移支付

资料来源：根据财政部官网数据整理。

2. 竞争性中央财政政策试点示范

我国资源型城市大多数分布在三四五线城市，离中央政府的层级较远，获取中央财政专项补助资金的机会有限，因而国家除了实施普惠性政策支持之外，这些资源型城市也通过参与竞争性评审的方式争取中央专项资金。例如，自 2011 年起我国开始"节能减排财政政策综合示范城市"试点，分三批选择了 30 个示范城市，其中有 12 个是资源型城市。除了向首批示范城市安排的逾 80 亿元中央财政资金外，还按照 3 年示范期每个城市 15 亿—20 亿元的规模再安排综合奖励资金。

北方地区冬季取暖试点是中央财政支持减污降碳协同治理的重要探索。国家有关部门制定了《北方地区冬季清洁取暖的规划（2017—2021 年）》，五年间共有 63 个城市通过竞争性评审入选，其中对前三批的 43 所试点城市已累计投入 493 亿元，其中 20 个资源型城市（河北 4 个、山西 7 个、山东 2 个、河南 3 个、陕西 4 个）成功入选，这些城市借助中央补助资金着力于进行"煤改气""煤改电"，以及地热能、生物质能、太阳能、工业余热、清洁燃煤集中供暖等多种方式清洁取暖改造，在保障北方地区冬季取暖的基础上最大限度地实现节能降耗、提质增效。

（二）地方层面的财政政策

资源型城市除了借助国家层面财政政策支持之外，也在省级政府的支持下，结合自身实际，在产业转型、能源改造、生态修复和保障民生方面出台相应的财政政策，支持资源型城市绿色低碳转型。

1. 改造重点行业

资源型城市通过技改奖补资金支持本地企业延伸拓展产业链条，提升精深加工水平，激励煤炭、电力、钢铁、建材等重点行业技术创新和减污降碳。陕西榆林市在"十三五"期间被列为现代煤化工产业示范区，出台了《榆林市推进煤化工产业高端化发展若干政策》，政府在投资奖励、产业协作补贴、热水电补贴、控制地价等方面给予有力支持，并对高端精细化工项目固定资产投资给予最高不超过 2000 万元的奖励，大力实施煤化工产业高端化发展战略。江西省萍乡市以结构调整、集群集约、绿色转型为重点，支持和推进企业兼并重组，推进废钢铁利用产业一体化，提升技术工艺和节能环保水平。例如，中材萍乡水泥 2021 年投入环保提升改造资金 8400 万元，其中，节能减排技改投入 3400 万元，大部分来自政府补助。

2. 调整能源结构

资源型城市进行能源结构调整通过争取"北方地区冬季清洁取暖试点"工程获得中央及省级相关补助资金，结合自筹形成配套资金。截至 2020 年底，陕西铜川市通过各种方式筹集配套资金 18553.27 万元用于项目实施，其中整合省级环保专项资金 3415.65 万、追加市本级配套资金 4166.71 万元、追加区县预算配套资金 4978.86 万元、撬动企业与居民投入资金 5992.05 万元。辽宁阜新市通过公开招标遴选风电、光伏发电项目，2020 年共计选择体量为 1.3GW 的发电项目，为"冬季清洁取暖试点"提供了新型能源基础，截至"十三五"末阜新新能源装机规模达到 277 万千瓦，占全省的 21%，装机容量位居全省前列。

3. 发展绿色环保新兴产业

资源型城市通过合理使用新能源补贴等手段，扩大战略性新兴产业投资，陕西铜川市 2017—2020 年累计支出 11262 万元用于旧车淘汰与新能源汽车推广。浙江湖州市出台《政府采购支持绿色建材促进建筑品质提升试点工作实施方案》，运用财政性资金选择一批医院、学校、办公楼、综合体、展览馆、体育馆、保障性住房等开展绿色建材试点，将技术成熟、成本合理、应用广泛的绿色建材纳入《绿色建材产品采购目录》，积极发展绿色建筑产业。

4. 生态保护和恢复

一是税费结合提高企业污染成本。资源型城市支持开展水资源税改革试点和环境污染强制责任保险试点，与排污费等其他已有环保税费相结合，进一步提高企业扩大落后产能的成本，预防对生态环境的进一步破坏。铜川市政府通过生态补偿制度进一步传导政策压力，夯实市县环境污染整治工作责任，2017—2020年铜川市共扣缴市级生态补偿资金5802.02万元，其中2018年累计扣缴区县生态补偿资金2384.25万元，2019年累计扣缴区县生态补偿资金3417.77万元。

二是重点着手生态修复。"十三五"期间，铜川市林业共计投入37981万元，实施重点生态保护修复工程。2016—2018年山西大同市探索预算内采煤沉陷区综合治理专项总投资约68亿元①，其中，居民搬迁安置约36亿元，道路、学校等公共基础设施建设约13.8亿元，沉陷区灾害环境恢复和土地复垦约13.8亿元，固废堆积治理约4亿元，矿山地质环境和生态环境详细调查0.4亿元，妥善处理了生态、环保和民生的多重平衡关系。

三是积极引入社会资本参与生态修复建设，创新市场化生态修复机制，典型做法是铜川市印台区漆水河及周边区域生态保护修复工程，采用"BOT+O&M"模式，合作期21年，共投入36867万元。

三、资源型城市低碳转型财政政策的成效与问题

（一）资源型城市低碳转型财政政策的成效分析

1. 财政政策减碳效果的总体分析

党的十八大以来，在各级财政政策带动下，配合其他政策和社会资本的共同参与，全国262个资源型城市地区生产总值由15.7万亿元增加到26.8万亿元，年均增长6%。采矿业增加值占地区生产总值比重从12.8%降至5.5%，服务业增加

---

① 《大同市采煤沉陷区综合治理工作方案（2016—2018年）》（同政办发〔2016〕131号）。

值占地区生产总值比重从 32% 增加到 46.2%。与此同时，资源型地区的生态环境稳步恢复。各类历史遗留矿山地质环境恢复治理率由 28% 提升至 56.8%。单位国内生产总值能耗比 2012 年下降 20%①，节能减排成效明显。

一些资源型城市在培育接续替代产业、保障改善民生、加强生态整治、解决历史遗留问题方面表现突出，国务院特别对江苏省徐州市贾汪区、安徽省铜陵市、江西省景德镇市、山东省枣庄市、河南省濮阳市、湖北省黄石市、四川省泸州市 7 个资源枯竭城市予以督查激励②。通过修复矿业废弃地、利用矿业遗迹改建国家矿山公园等举措，资源型城市的生态效益和社会效益显著提升，城市转型的成果初步显现。伴随经济发展，民生状况也有明显改善，同期资源型地区城镇居民人均可支配收入、农村居民人均纯收入年均增速均超过 8%。

2. 财政政策减碳效果的实证分析

（1）节能减排支出降碳原理。

根据现有研究，减碳的基本路径分排放端和固碳端。在排放端注重能源需求预测、发电侧非碳能源使用、消费端的电氢替代；固碳端分为生态建设与保护以及发展 CCUS 碳捕集技术等。具体来说，降低碳排放量的综合途径大致有四个方面，包括加速建立清洁能源系统、推进产业结构转型升级、发展绿色低碳技术、发展自然碳汇。相应地，节能环保支出如何从相关路径入手，对碳减排起到积极作用就成为发挥减碳作用的关键，笔者将其总结如图 3 所示。

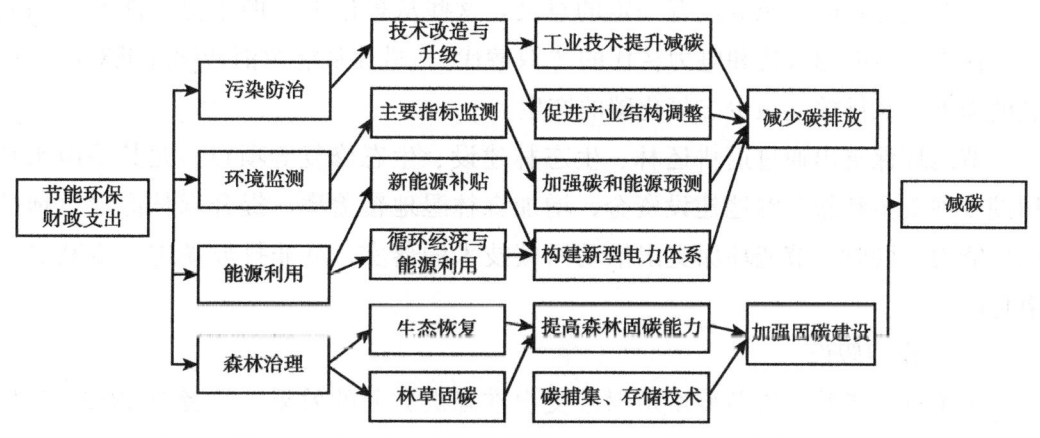

图 3 节能环保财政支出减碳路径

---

① 资料来源：国家发展改革委官网。
② 资料来源：国务院办公厅关于对 2020 年落实有关重大政策措施真抓实干成效明显地方予以督查激励的通报（国办发〔2021〕17 号）。

环保财政支出通过影响环保治理投资促进碳减排，通过污染治理、能源管理、环保监测与验收等影响碳减排，也与降污具有较高的同源性。环保财政支出大致分布在以下四个方面：其一，环境污染预防，这也是传统意义上狭义层面的环境保护，在促进企业技术改造方面有一定激励；其二，资源节约，重点是可再生能源、循环经济和资源综合利用，包括发展新能源等；其三，生态建设，其重点涉及自然生态环境保护、天然林保护、退耕还林、退牧还草、风成沙漠综合治理等；其四，政府管理支出，重点涉及环境监测和检验、政府环境保护行政开支、工业项目环评检查等。

加强企业技术改造。一方面降低碳排放强度，另一方面也是促进现有产业升级，帮助企业在清洁能源和产业上进行投资，以促进绿色经济增长、创造就业机会。这部分资金筛选资助项目遵循若干标准，分别是避免温室气体排放的有效性、创新性、项目成熟度、可扩展性、成本收益比等[1]，推行技术改造补贴，促进产业特色园区循环化健康发展，引导特色园内和中小企业实施洁净生产方式、进行绿色生态化改革，建立以市场化经济引导的绿色技术创新体系。

推进绿色建设。污染治理支出中很大一部分用于城镇环保基础设施建设投资，以及配备更加科学、合理、技术性高的环保设施。城镇的环保基础设施建设投资不仅改善着城镇的形象，更能够满足民众需求，使民众能够享受到美好环境带来的舒适感，从而也使民众自觉地保护环境。

节能环保支出有能源管理和循环经济单项，尤其是新能源补贴、淘汰落后产能等，对促进新旧能源替代有一定的意义。这些从理论上有助于促进能源结构调整，促进清洁能源替代和电力替代的"双替代"，进而从能源消费端降低对高碳产品的需求，在排放端减少二氧化碳的产生。

节能环保支出通过退耕还林、生态林建设、生态修复等项目，尤其是山水林田湖专项资金和相关湿地建设资金，增加森林湿地覆盖率，提升森林湿地草地的固碳能力。同时，节能环保支出推动固碳技术的落实，从非排放端进一步减少二氧化碳。

（2）模型假设。

为了进一步验证资源型城市财政支出在降碳方面的效果，笔者对2013—2019年57个资源型城市的节能环保支出减碳效率进行测度分析。投入指标方面，选取各城市节能环保财政支出作为投入。产出指标方面，考虑到节能环保支出的作用

---

[1] 钟正生. 财政视角下的碳中和 [EB/OL]. 新浪财经, https://baijiahao.baidu.com/s?id=1699366037149290095.

对象,将二氧化碳排放量、废水排放量、粉尘排放量、二氧化硫排放量等综合作为产出指标。

采用了数据包络分析(Data Envelopment Analysis,DEA)方法将具有可比性的多个指标进行处理。鉴于所测度的是碳减排效率,故参考岳书敬(2009)的分析,将数据进行倒数处理,以适应 DEA 模型的要求。

具体而言,节能环保支出的减碳效率表达式为:

$$\min[\theta - \varepsilon(\sum_{i=1}^{m} si^- + \sum_{r=1}^{n} sr^+)]$$

$$\sum_{j=1}^{I} x_{ij} \lambda_j + si^- = \theta x_{ik}$$

$$\sum_{j=1}^{I} y_{rj} \lambda_j + sr^+ = y_{rk}$$

$$\sum_{j=1}^{I} \lambda_j = 1$$

$$\lambda_j, si^-, sr^+ \geq 0, j = 1,2,\cdots,n$$

假设 BCC 模型有多个决策单元 DMU,其中,x_{ij} 为某个决策单元 j 的第 i 个投入量,$x_{ij} \geq 0$;y_{rj} 为某个决策单元 j 的第 r 项输出,$y_{rj} \geq 0$,θ 是目标规划值,λ_j 是规划决策变量,ε 为费阿基米德无穷小,si^-、sr^+ 为松弛变量向量。若 $\theta = 1$,$si^- = 0$,$sr^+ = 0$,则决策单元 DEA 有效;若 $\theta < 1$,则决策单元 DEA 无效;若 $\theta = 1$ 且 $si^- \neq 0$,$sr^+ \neq 0$,决策单元为弱 DEA 有效。

Malmquist 指数法被广泛用于测算生产率变化,其表达式为:

全要素生产率:$M(x^{t+1}, y^{t+1}, x^t, y^t) = \left[\frac{D^t(x^{t+1}, y^{t+1})}{D^t(x^t, y^t)} \times \frac{D^{t+1}(x^{t+1}, y^{t+1})}{D^{t+1}(x^t, y^t)}\right]^{1/2}$

技术效率:$Effch = \frac{D^t(x^{t+1}, y^{t+1})}{D^t(x^t, y^t)}$

技术进步:$Tech = \left[\frac{D^t(x^{t+1}, y^{t+1})}{D^{t+1}(x^{t+1}, y^{t+1})} \times \frac{D^t(x^t, y^t)}{D^{t+1}(x^t, y^t)}\right]^{1/2}$

规模效率:$Tfpch = Effch \times Tech = (Pech \times Sech) \times Tech$

其中,(x^t, y^t) 和 (x^{t+1}, y^{t+1}) 分别表示 t 时期和 t+1 时期的投入产出向量,若 M 指数 > 1,表明效率提高;若 M 指数 < 1,表明效率降低。

(3)测算过程。

①静态指标评估:利用 DEAP2.1 软件对 2013 年和 2019 年中国 20 个资源型城市的投入产出指标进行节能环保支出碳减排效率分析,得到碳减排的综合效率值、纯技术效率值、规模效率值如表 1 所示。

表1　　2013年和2019年的截面数据DEA处理结果

城市/地区	2013年				2019年			
	综合效率	技术效率	规模效率	规模收益	综合效率	技术效率	规模效率	规模收益
张家口市	0.096	0.097	0.986	drs	0.288	0.298	0.966	irs
承德市	0.377	1	0.377	drs	1	1	1	—
邢台市	0.043	0.07	0.612	irs	0.157	0.248	0.636	irs
邯郸市	0.06	0.061	0.993	—	0.835	0.902	0.926	irs
通化市	0.149	0.152	0.981	irs	0.541	0.711	0.761	drs
双鸭山市	1	1	1	—	0.271	0.273	0.99	irs
淮南市	0.701	0.712	0.984	irs	0.228	0.307	0.744	irs
湖州市	0.466	0.524	0.89	irs	0.102	0.231	0.439	irs
宜春市	0.189	0.19	0.997	drs	0.456	0.511	0.891	irs
临沂市	0.1	0.12	0.836	irs	0.244	0.575	0.424	irs
济宁市	0.173	0.278	0.624	irs	0.068	0.247	0.275	irs
泰安市	1	1	1	—	0.072	0.124	0.584	irs
鹤壁市	0.954	0.961	0.993	drs	0.054	0.059	0.923	irs
黄石市	0.934	0.939	0.995	drs	0.163	0.188	0.867	irs
郴州市	0.117	0.126	0.928	irs	0.113	0.123	0.916	irs
毕节市	0.205	0.206	0.997	drs	0.404	0.947	0.427	irs
保山市	1	1	1	—	0.439	0.606	0.724	drs
渭南市	0.28	0.359	0.78	drs	0.852	1	0.852	irs
咸阳市	0.25	0.254	0.982	drs	0.054	0.058	0.929	irs
张掖市	0.987	1	0.987	drs	0.6	1	0.6	drs
平均	0.454	0.502	0.897		0.347	0.47	0.744	
东部地区	0.035	0.173	0.203	irs	0.006	0.045	0.13	irs
中部地区	0.302	0.532	0.568	irs	0.051	0.142	0.363	irs
西部地区	0.369	0.466	0.792	irs	0.142	1	0.142	drs
东北地区	1	1	1	—	1	1	1	—

从综合技术效率指数看，节能环保财政支出效率在2013年和2019年均未达到DEA有效，效率分别为0.454与0.347，整体呈下降趋势且处于较低范畴。从城市角度来看，不同区域节能环保支出的减碳效率还存在一定差异。2013年与2019年各有3个和1个城市达到生产前沿面，表明这些城市的节能环保财政支出

实现了最优配置、结构较为合理、投入产出在不同组合下达到了最佳效果，即获得了最大的减污降碳成效。其余城市都不同程度地存在纯技术效率和规模效率的提升空间，2019年，支出效率最低的是东部地区城市，单独来看，效率处于后三位的城市是咸阳市、鹤壁市、济宁市，应注重加强供给管理水平，设计合理激励制度，扩大投入以达到最佳规模。

节能环保支出的纯技术效率呈下降趋势。2019年节能环保支出的纯技术效率为0.47，节能环保支出规模效率高于纯技术效率，说明管理和技术水平是制约资源型城市节能环保支出效率的主要因素。2013年和2019年纯技术效率有效的城市分别为5个和3个，占比为15%—25%，这些城市在管理和技术等方面较为先进，既定投入实现产出最大化，规模效率较低是导致综合效率较低的主要原因，应调整投资规模，进一步提高规模效益。

节能环保支出的规模效率能够体现出资源型城市节能环保支出是否处于最优规模。规模效率从2013年的0.897到2020年的0.744，略有减少。济宁市、临沂市、毕节市的规模效率值处于较低水平，应进一步扩大对节能环保支出的投入，以达到最佳的规模。从地区来看，规模报酬递增的东部和中部地区应合理加大投入力度，而规模报酬递减的地区因资金未得到有效利用，存在明显的效率损失问题，应特别注意改善资金使用方向。

②动态指标评估。Malmquist指数能动态反映各城市节能环保支出效率的变化趋势，因此运用DEAP2.1软件对2013—2017年中国20个城市的节能环保支出数据进行分析，进而考察全要素生产率的动态变化及异质性。

整体效率变动分析。由表2和表3可知，2013—2019年资源型城市节能环保支出生产率指数均值为0.874，总体上还未达到DEA有效。

表2　　2013—2019年节能环保支出Malmquist指数

年份	技术效率	技术进步	纯技术效率	规模效率	全要素生产率
2013—2014	1.060	0.754	1.319	0.804	0.799
2014—2015	0.827	1.070	0.981	0.843	0.885
2015—2016	0.990	1.092	0.649	1.525	1.081
2016—2017	1.213	0.600	1.207	1.005	0.728
2017—2018	0.504	1.995	0.660	0.763	1.005
2018—2019	0.979	0.756	0.619	1.581	0.746
平均	0.896	0.963	0.863	1.038	0.874

表 3　　各城市节能环保支出 Malmquist 指数

城市	技术效率	技术进步	纯技术效率	规模效率	全要素生产率
张家口市	0.762	1.134	0.809	0.942	0.864
承德市	0.819	1.189	0.648	1.265	0.974
邢台市	1.12	0.962	1.208	0.927	1.077
邯郸市	1.003	1.189	1.158	0.866	1.192
通化市	1.56	1.013	1.6	0.975	1.58
双鸭山市	1	1.14	1	1	1.14
淮南市	0.898	0.953	0.901	0.996	0.856
湖州市	0.774	0.992	0.793	0.976	0.767
宜春市	0.935	0.914	1.017	0.92	0.855
临沂市	0.892	1.044	1.165	0.766	0.931
济宁市	0.958	1.086	0.943	1.016	1.04
泰安市	0.862	0.911	0.901	0.957	0.785
鹤壁市	0.876	1.07	1.01	0.868	0.937
黄石市	0.855	0.902	0.89	0.961	0.771
郴州市	1.277	1.027	1.265	1.01	1.312
毕节市	1.024	1.025	1.041	0.984	1.049
保山市	0.969	0.909	1	0.969	0.88
渭南市	0.951	0.974	0.945	1.006	0.927
咸阳市	1.415	1.197	1.408	1.005	1.693
张掖市	0.956	1.033	1	0.956	0.987
平均	0.896	0.963	0.863	1.038	0.863
东部地区	0.905	0.926	0.918	0.986	0.838
中部地区	0.960	0.926	0.976	0.984	0.889
西部地区	0.913	0.926	0.942	0.969	0.845
东北地区	1	0.926	1	1	0.926

各城市效率变化对比。从表 3 可知，2013—2019 年，邢台市、邯郸市、通化市、双鸭山市、济宁市、郴州市、咸阳市 7 个资源型城市节能环保支出全要素生产效率大于 1，这些地区效率不断提升，发展态势良好。从增长动因来看，邢台市的进步指数有所降低，节能环保支出效率的提升主要源自技术效率的提高，济宁市全要素生产率的提升主要得益于技术进步，而邯郸市、通化市、双鸭山市、郴

州市、咸阳市等城市的技术效率变化和技术变化是同步的，即技术效率与技术进步因素协同发挥推动作用。

区域效率差异对比。从表3可知，2013—2019年，东部、中部、西部、东北地区的节能环保支出的全要素生产率指数均值分别为0.838、0.889、0.845、0.926，综合排名为：东北地区＞中部地区＞西部地区＞东部地区，各区域节能环保支出效率虽然在不同年份呈现上下波动状态，但总体呈现上升趋势。整体上看，各区域的效率提升都得益于技术进步，未来要继续扩大资金投入规模，提升资金管理能力和使用效率。

（4）结果评价。

基于DEA模型测算可以看出，2013年和2019年基础设施供给的综合效率均未达到DEA有效，不同城市的节能环保支出效率相差较大，多数都存在不同程度的纯技术效率和规模效率的提升空间，应注重提升节能环保支出的使用水平，设计合理激励制度，扩大投入以达到最佳规模。

基于Malmquist指数进行动态分析可以看出，2013—2019年资源型城市节能环保效率生产率指数均值大于1，说明支出效率总体呈上升态势。节能环保支出的技术效率变动对综合效率的提高起主要作用，技术进步的驱动作用次之。

从空间分布情况来看，不同城市节能环保支出效率的变动情况相差较大，且不同时间呈现出波动性变化，从效率增长情况来看，东北地区＞西部地区＞中部地区＞东部地区，各地应根据制约因素有针对性地采取有力措施。

（二）资源型城市低碳转型财政政策的问题与挑战

1. 资源型城市历史遗留问题突出

我国不少资源型城市过去长期对矿产资源进行掠夺式、粗放式的开采和利用，不重视资源型城市环境的综合治理与保护，导致其生态环境遭到了严重的破坏。例如，从20纪50年代开始至90年代，黑龙江省四煤城市（鸡西、鹤岗、双鸭山和七台河）开采规模不断扩大，随着井下开采范围不断扩大，矿区及周边建筑物受到影响，居民住宅成片被破坏，部分学校、医院等公共建筑物、基础设施及大面积农田受到损坏，造成耕地减少、滑坡、泥石流、水土流失、水质污染、重金属污染、大气污染等严重的环境和生态问题[①]。这种情况在陕西铜川、江西萍乡

---

① 王杰. 黑龙江省煤炭资源型城市转型的困境与对策［J］. 商业经济，2020（08）：12-13.

等资源型城市也都普遍存在。虽然经过政府十几年不断治理,投入了巨额资金治理,采煤沉陷区问题有所缓解,但是沉陷区的治理问题仍然没有完全结束,在治理过程中受资金所限及政策执行问题,仍有沉陷区群众上访,给地方增加了许多不稳定因素。

资源型城市不仅面临着资源环境方面的历史欠账问题,还面临着因资源型城市转型而带来的一些经济社会问题。在许多资源型城市特别是资源枯竭型城市,煤炭等企业由于减员增效等原因,导致下岗失业人员剧增,而这些下岗失业人员属于结构性失业,劳动技能单一,文化水平单一,如果没有重新培训或接受再教育的机会以掌握新技术,就很难再找到工作,加之不少下岗失业人员年龄较大,再就业困难重重,城市社会保障任务非常艰巨。由于煤城等资源经济困难,税收下降,财政收入无法保障城市转型和改善民生的艰巨任务,造成社会矛盾集聚和社会不稳。

总之,由于资源型城市面临着处理繁重的历史遗留问题(如矿山生态修复、环境治理、社会保障、就业安置等)的支出压力,不少历史遗留问题甚至是积重难返。在这种情况下,地方财政推进能源和产业结构转型将面临重重困难。

2. 部分资源型城市呈现衰落迹象

资源型城市低碳转型不仅在存量上面临挑战,在增量上也面临挑战。目前,中国有262个资源型城市,一部分资源开采已经枯竭、历史遗留问题多,另一部分资源开发强度大、综合利用水平低,转型升级和可持续发展任务艰巨。对于172个成长型和成熟型资源型城市来说,作为国家重要能源供给和后备基地、能源资源安全保障核心区,低碳发展的压力较大。对于67个衰退型资源型城市来说,资源趋于枯竭、经济发展滞后、民生问题突出、生态环境压力大等问题叠加[1]。

资源型城市衰退问题带有一定的区域性。根据张帅等(2020)的相关研究,2011—2017年经济、人口和社会三方面长期收缩城市有3个,分别为丹东市、铁岭市和鸡西市;而短期收缩城市有7个,分别为鞍山市、本溪市、阜新市、辽阳市、齐齐哈尔市、鹤岗市和七台河市。这些城市无论是长期收缩还是短期收缩,均位于我国东北地区。东北地区资源型城市的人均GDP低于非资源型城市和全国平均水平[2](见图4)。从产业结构来看,资源型城市产业结构也有不合理

---

[1] 中国首次界定262资源型城市 67个衰退型城市(名单)[N]. 南方都市报,2013-12.
[2] 王武林,李昕,杨文越. 东北地区资源型城市经济增长与转型路径[J]. 东北亚经济研究,2021,5(06):44-54.

的地方，三次产业偏低的现象较为突出。2020年资源型城市的三次产业结构为16.62∶35.35∶48.03，而非资源型城市则为13.13∶32.89∶53.98，表明资源型城市产业结构调整任重道远。

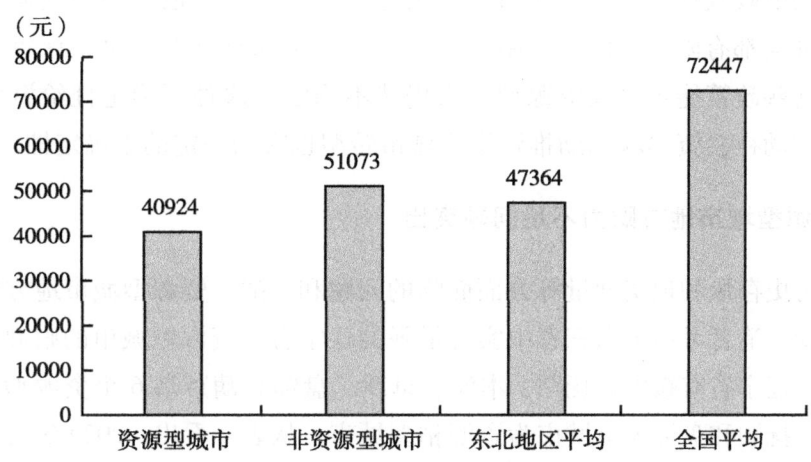

图4　2020年人均GDP对比

资料来源：根据国家统计局有关数据整理。

从人口状况看，东北地区人口流失严重。第七次全国人口普查公报数据显示，东北地区人口为9851万人①，占全国人口的6.98%。同比第六次全国人口普查数据，东北地区人口减少了1100万人，占比降低了1.19个百分点。就人才流失来说，东北地区20所高校2019届毕业生就业质量报告分析显示，按毕业生总数计算毕业生流失率达63.46%，按东北生源口径统计毕业生流失率达到26.45%②。

3. 资源型城市低碳转型财政政策可持续性不强

一是现有资源型城市转型财政政策期间相对较短。以资源枯竭城市财政转移支付政策为例，目前这方面转移支付政策期限为9年，对于转型成功的城市补助比例按照75%、50%和25%的比例逐年下降③。而资源型城市转型往往需要几十年的时间来处理历史存量问题和现实增量问题，不可能在短短几年时间就成功转型。中央政府对资源枯竭城市的财政转移支付期限相对较短，影响了资源型城市低碳转型财政政策效果。

---

① 数据来源：国家统计局。
② 钱诚，孙飞. 从东北高校毕业生就业去向看东北人才流失问题［R］. 国务院发展研究中心调查研究报告［2021年第399号（总6464号）］.
③ 房红，于嘉. 论资源型城市财政支持的原则与措施［J］. 学术交流，2017（01）：128-132.

二是资源型城市低碳转型财政政策面临不确定性。资源枯竭型城市转移支付政策，政策期限相对较短，但政策本身是确定的，而众多的资源城市同时面临着化解历史上巨大的存量债务负担和承担新发展目标任务，亟须得到包括上级转移支付在内的财政政策支持，但从目前中央专项资金来看，地方资源型城市能够用到的政策种类都有限，即便每年中央财政都推出某种类型的竞争性评审资金政策支持，但这些政策能否惠及资源型城市仍然不确定，这种不确定性给资源型城市通过财政带动社会资本联动助推资源型城市转型也带来一定的不确定性。

4. 资源型城市地方财力不足问题突出

由于历史存量和现实增量等方面面临的问题和挑战，资源型城市地方财力也面临现实考验。笔者考察了东三省中实力最强的辽宁省的资源型城市的财政情况。到目前为止，辽宁省有鞍山、抚顺、本溪、阜新、盘锦和葫芦岛6个资源型城市，其中，鞍山、抚顺和盘锦3个城市为资源枯型城市。从表4看出，2020年辽宁省资源型城市人均一般公共预算收入为4554元，同期全国一般公共预算收入为182913.88亿元，人口为14.12亿①，全国人均一般公共预算收入为12953元。换言之，2020年辽宁省资源型城市人均一般公共预算收入只为全国人均一般公共预算收入的35%。即便是经济条件相对好一些的城市，如山西省晋城市2019年的一般公共预算收入为1382122万元，当年人口数（为公安户籍人口数）为2220909人②，人均一般公共预算收入为6223元，也只相当于全国人均一般公共预算收入的50%。

表4　辽宁省资源型城市人均一般公共预算收入（2020年）

城市	资源型城市	资源枯竭型城市	一般公共预算收入（亿元）	人口数（万人）	资源型城市人均一般公共预算收入（元/人）
鞍山	√	√	157.27	336.4	4675
抚顺	√		76.69	202.4	3789
本溪	√		69.66	142.4	4892
阜新	√	√	44.41	181.8	2443
盘锦	√	√	158.37	129.3	12248
葫芦岛	√		69.52	272.4	2552
合计（或平均）			575.92	1264.7	4554

资料来源：根据《辽宁统计年鉴》（2021年）有关数据整理而成。

---

① 数据来源：《中国统计年鉴》（2021年）。
② 晋城市2020年官方人口数无法获得，这里取2019年度数据作为说明。

四、完善资源型城市低碳转型财政政策的相关建议

(一) 加大对资源枯竭型城市财政支持力度

推动资源型城市低碳转型，表面上看属于地方政府事权，不属于中央事权，但从历史长河来看，则是属于中央和地方共享事权。这是因为，在过去计划经济时期或者改革开放初期，这些城市为国家输送大量资源能源，而资源的价格在很大程度上是由国家定价的，资源型城市客观上为国家的发展作出了很大贡献，而资源开发利用的成本和风险（环境风险、资源枯竭、社会稳定风险等）则由地方政府承担，这种成本收益的严重不对称现象在经济学上被称为"外部性"，上级政府特别是中央政府应承担起支持资源型城市低碳发展的责任。因此，建议中央政府要加大对资源型城市特别是资源枯竭型城市的支持力度。具体而言，一是适度延长资源枯竭型城市转移支付的政策期限，考虑可从现行的9年延长到20年；二是在中央财政竞争性评审项目中，对于涉及资源环保和能源产业结构升级的项目，对资源型城市尤其是资源枯竭型城市给予一定的政策倾斜。

(二) 优化资源型城市财政支出结构

一是加大节能环保支持力度，加快能源结构转型升级。节能环保财政支出主要通过影响产业转型、能源使用、固碳减碳技术推广和森林碳汇等要素实现减碳，因此考虑优化节能环保财政支出结构，突出重点项目，达到最优的减碳结果。对资源型城市来说，能源转换可能恰是最艰难的关口，因此，必须优化能源管理事务项支出，精细化、常态化的新旧能耗补偿管理工作，不断创新有效补偿方法，及时处理无效补偿，提高资金使用效率。

二是加快地区产业转型，推进区域协调发展。电力行业是碳排放量最高的行业，而我国电力系统目前主要依靠煤炭，煤炭城市多分布于西部，根据实证结果，煤炭城市的节能环保支出减碳效果又是相对较好的。需要有效发挥转移支付作用，推进基本公共服务均等化，研究出台财税方案支持资源枯竭型城市加快发展。

(三) 多渠道撬动社会资本参与资源型城市低碳转型

一是专项设立资源型城市财政调节发展基金。在已有环保基金上专门成立节能减碳产业基金,以专门扶持发展节能减排的科技与产品。设立了节能减排产业基金企业投入机制,由不同行业按照各自特点建立产业小组,通过投资定额资金共同扶持相关行业节能减排与环保研究,发展生产项目和业务所形成的社会利润将由小组成员共有。而节能减排产业基金为了充分发挥其节能减排的社会职能,需要财政资金支撑,按照基金所扶持的项目社会利润多少进行财政补贴,也可能通过奖金形式鼓励投资成绩较优秀的项目。

二是拓宽融资渠道,加大节能环保投资的总体量。探索节能降碳专项债,地方可以在控制财政资金风险的情况下,创新债权投资方法,通过发债扶持节能减排项目。针对一些基础开发条件相对完善且利润较为固定的节能减排项目,可研究发展节能减排专项债券,并按照项目的正外部性程度以及项目收益潜力,选择的发债主体为国企或者地方政府财政,对产生巨大社会效果但成本无法回收的项目可以由当地人民政府直接发放地方债,并通过未来预计增加的财政收入进行偿债。

三是充分发挥地方财政开支的乘数效应,带动市场主体加大环境投资。政府的节能与环境保护费用毕竟有限,所以各地财政应当发挥地方财政开支的乘数效应,使有限的地方财政开支起到更大效果,从而撬动更多的社会资本投资进入环境保护领域。企业是环境污染防治的重要主体,要增强民营企业对环境保护领域的关注程度,引导市场主体增加对环境保护资金的投入,以落实企业更多的社会责任。

(四) 强化资源型城市低碳转型财政政策集成

欧盟国家早在 20 世纪 90 年代就实现了环保气候资金的整合,将气候变化长期框架纳入预算,实现财政一揽子支持政策。在当前中央和地方财政都面临困难的情况下,要强化财政职能,坚持刀刃向内,向改革要潜力,为此需要调整低碳转型财政支出碎片化的现象,将现行有关节能减排、污染治理、减碳等资金进一步整合,最大限度提高预算资金使用效率和效益。

参考文献:

[1] 白雪洁,汪海凤,闫文凯. 资源衰退、科教支持与城市转型——基于坏产出动态 SBM 模型的资源型城市转型效率研究 [J]. 中国工业经济,2014 (11):30 - 43.

[2] 陈李. 碳中和专题研究报告：欧盟碳中和进程 [EB/OL]. 东吴证券, 2021-04-27.

[3] 陈少强. 建立国家节能减排财政政策综合示范评价与推广平台 [J]. 财政研究, 2012 (10): 33-35.

[4] 陈少强, 程瑜. 完善我国节能减排财政政策的总体取向政策建议 [J]. 财政科学, 2017 (05): 5-11.

[5] 陈莹莹. 运用财税政策促进我国低碳经济发展的观点综述 [J]. 经济研究参考, 2016 (54): 39-45.

[6] 高天明, 刘粤湘, 徐姗姗. 西部资源型城市发展状况及效率分析 [J]. 重庆工商大学学报 (西部论坛), 2009, 19 (05): 25-29.

[7] 金殿臣, 陈昕, 陈旭. 财政分权、环保投入与环境治理——基于中国省级面板的实证研究 [J]. 宁夏社会科学, 2020 (04): 77-85.

[8] 李艳芹, 李宗尧, 梁淑琪. 碳减排的有效工具：绿色财政还是碳交易？——环境库兹涅茨曲线框架下的实证研究 [J]. 经济视角, 2020 (03): 34-41.

[9] 孙秀梅, 王格, 董会忠, 等. 基于 DEA 与 SE-SBM 模型的资源型城市碳排放效率及影响因素研究——以全国 106 个资源型地级市为例 [J]. 科技管理研究, 2016, 36 (23): 78-84.

[10] 汤旖璆. 我国城市经济发展与环境规制关系研究——财政分权下地级市政府环境规制效果分析 [J]. 价格理论与实践, 2017 (09): 144-147.

[11] 王彬彬. 碳中和：人类选择的未来 [N]. 经济观察报, 2021-04-08.

[12] 王亚菲. 公共财政环保投入对环境污染的影响分析 [J]. 财政研究, 2011 (02): 38-42.

[13] 张海莺. "十四五"资源型地区如何发展？这份纲领性文件给出方向 [N]. 中国改革报, 2021-11-15.

[14] 张丽. 环境政策、环保支出对区域碳减排的影响效应研究——兼论政府执行力的作用 [J]. 价格理论与实践, 2018 (06): 38-41.

[15] 张帅, 王成新, 王敬, 等. 中国城市收缩的综合测度及其时空分异特征研究 [J]. 中国人口·资源与环境, 2020. 30 (08): 72-82.

[16] 张盈盈, 何颖莹, 胡志勇. 地方财政节能环保支出的税收和经济效应分析——基于地级市数据的实证检验 [J]. 泉州师范学院学报, 2020, 38 (02): 89-95.

[17] 张中祥, 宋梅. 碳中和背景下资源型城市转型面临的新挑战新机遇 [J]. 国家治理, 2022 (06): 47-51.

[18] 周潇枭, 韩止. 明确财税政策三大研究重点：碳达峰碳中和、房地产调控、平台经济 [N]. 21 世纪经济报道, 2021-03-25.

[19] Jandong Chen, Ming Gao, County-level CO_2 emissions and sequestration in China during 1997—2017 [J]. *Scientific Data*, 2020. 11.

[20] Kwangbok Jeong, Taehoon Hong, Jimin Kim. Development of a CO_2 emission benchmark for achieving the national CO_2 emission reduction target by 2030 [J]. *Energy and Buildings*, 2018 (158): 86-94.

[21] Shapiro J S, Walker R. Why is pollution from US manufacturing declining? The roles of trade,

regulation, productivity, and preferences [J]. *US Census Bureau Center for Economic Studies Paper* No. CES – WP – 15 – 03, 2015.

[22] Wei Sun, Yang Li, Dai Wang, Jie Fan. The efficiencies and their changes of China's resources – based cities employing DEA and Malmquist index models [J]. *Journal of Geographical Sciences*, 2012, 22 (3).

碳边境调节机制国际进展及应对之策

邢 丽 高小萍 王 帆

摘 要：全球气候变化新形势下，各国积极采取碳减排措施进行应对，由于所处经济发展阶段不同，碳减排措施各异，碳定价体系进展程度不一，碳泄漏成为各国普遍关注且致力消除的难题。在短期内无法实行国际碳税的情况下，碳边境调节机制成为各国尤其是发达国家解决碳泄漏难题的首选措施。为此，本文跟进欧盟碳边境调节机制的进展情况以及发达国家、发展中国家针对碳边境调节机制提出的政策应对，研究碳边境调节机制实施的影响因素，分析碳边境调节机制对中国经济、贸易、产业发展及"双碳"目标等的影响。在考虑碳边境调节机制合法性和合理性的基础上，结合中国碳减排实践与未来发展方向，研判中国碳减排政策与碳边境调节机制的适应性，提出在坚持"共同但有区别的责任和各自能力"的原则下，加快中国碳减排进程，推进各项政策的研究与实施，包括加强碳市场体系构建和碳税机制设计，完善碳定价体系，通过产业政策调整、环境政策优化、碳市场完善、碳金融发展、绿色财税政策实施等积极有效应对碳边境调节机制的可能影响。在全球碳中和行动目标中应取得先发优势，争取在国际合作、国际交流中的话语权，参与国际规则的制定并贡献中国智慧和中国方案。

关键词：碳边境调节机制；碳减排；碳定价；绿色政策

[作者简介]

邢丽，经济学博士，中国财政科学研究院副院长、研究员，硕士生导师。中国财政学会第十届理事会副秘书长、中国国际税收研究会第六届理事会理事。主要研究方向为财政、税收理论与政策。

高小萍，经济学博士，副研究员，《财政研究》编辑。近年来主要关注财政基础理论和政策、财政体制（财政分权、转移支付制度）、预算绩效管理、生态补偿制度等相关研究。

王帆，经济学硕士，财政部中国财政科学研究院2020级财政学专业，财政理论与政策方向。近年来主要关注绿色财税政策、气候变化经济学与能源低碳转型、碳市场与企业碳资产管理、政府投融资等相关研究。

International progress of Carbon Border Adjustment Mechanism and Countermeasures

Xing li   Gao Xiaoping   Wang Fan

Abstract: Under the new situation of global climate change, countries actively adopt carbon emission reduction measures to cope with it. Due to the different stages of economic development, carbon emission reduction measures are different, and the progress of carbon pricing system is different, carbon leakage has become a problem that countries are concerned about and committed to eliminate. When international carbon tax cannot be implemented in the short term, carbon border adjustment mechanism has become the first choice for all countries, especially developed countries, to deal with carbon leakage. To this end, this chapter follows up the progress of the carbon border adjustment mechanism of the European Union and the policy responses of developed and developing countries to the carbon border adjustment mechanism, studies the influencing factors of the implementation of the carbon border adjustment mechanism, and analyzes the impact of the carbon border adjustment mechanism on China's economy, trade, industrial development and double carbon goals. Considering carbon border adjustment mechanism, on the basis of legitimacy and rationality, combined with the practice of Chinese carbon emissions and the future development direction, and to China's carbon reduction policy and adaptability of carbon border adjustment mechanism, proposed in adhere to the "common but differentiated responsibilities and respective capabilities" principle, to accelerate the process of China's carbon emissions, and promote the study and implementation of policies, It includes strengthening the construction of the carbon market system and the design of the carbon tax mechanism, improving the carbon pricing system, and actively and effectively addressing the possible impact of the carbon border adjustment mechanism through industrial policy adjustment, environmental policy optimization, carbon market improvement, carbon finance development, and the implementation of green fiscal and tax policies. In order to achieve the goal of global carbon neutrality, we should take the lead, strive for the right to speak in international cooperation and exchanges, participate in the formulation of international rules and contribute Chinese wisdom and solutions.

Keywords: Carbon Border Adjustment Mechanism; carbon emission reduction; carbon pricing; green policy

近 20 年以来，全球碳排放量急剧增加，协议性约束效果不佳，为此，各国政策制定者亟须以一种可履约的承诺、协定乃至法令来控制温升，共同应对全球气候变暖。而碳定价体系作为综合机制，具备政策导向性与可预期性，完善碳定价体系既符合中国"十四五"规划及 2035 年远景目标中建立现代财税金融体制要义，也能反映中国与欧盟、美国为首的发达国家及发展中国家的适应性增长目标，以此在全球碳中和行动目标中取得先发优势，进而为实现中国高质量发展奠定基础。

由于各国所处的经济发展阶段不同，实施碳减排的措施各异，包含碳税及碳排放权交易的碳定价体系进展程度不一，因国际贸易产生的碳泄漏问题成为世界各国普遍关注且致力消除的重点问题。在短期内无法实行国际碳税的情况下，碳边境调节机制成为各国尤其是发达国家解决碳泄漏难题的首选措施。欧盟提出的碳边境调节机制（CBAM），即根据欧盟进口商品的含碳量对其进行价格调整，减少欧盟境内外企业在碳排放成本上的不对称，以保护欧盟企业的竞争力、避免碳泄漏，并激励其贸易伙伴采取更强有力的减排措施。

2021 年 7 月 14 日，欧盟委员会通过了"Fit for 55"应对气候变化一揽子计划，涉及能源、交通、建筑、农业和税收等领域，旨在实现"到 2030 年欧盟温室气体净排放量与 1990 年的水平相比至少减少 55%，到 2050 年实现碳中和"的目标。其中，碳边境调节机制方案要求部分高碳行业的进口产品以向欧盟购买配额证书的方式支付自身碳排放费用，从而达到防止碳泄露和保护本土产业竞争力的目的。欧盟碳边境调节机制落地实施后，将对国际贸易格局产生深远影响。同时，欧盟作为中国第二大贸易伙伴，这一机制的实施也将对中国出口贸易及相关行业发展等产生重大影响，需及早谋划应对。

本章旨在研究碳定价体系之下，涉及政治、经济、外交关系、世贸规则多重连锁链条的碳边境调节机制及其影响，同时结合中国现有碳减排路径，提出在坚持"共同但有区别的责任和各自能力"原则下，研判中国碳减排政策与碳边境调节机制的适应性，争取在国际合作、国际交流中的话语权，并加快中国碳减排的进程，推进各项政策的研究与实施。

一、碳边境调节机制的形成

不同碳减排政策会造成不同国家、不同区域或不同行业的企业成本负担上的差异，如果一个国家或地区的碳减排政策增加了当地成本，那么另一个政策较宽松的国家或地区就会具有贸易优势，生产可能会转移到这些价格较低、标准较低的国家或地区，最终并未减少全球的碳排放量，产生碳泄漏问题。而这意味着需要进行协调才能尽可能减少由于各国或者各区域碳定价政策差异所带来的碳泄漏问题，由此，碳边境调节机制应运而生。回顾历史，碳边境调节机制的雏形早已有之，诸如边境税收调整措施（Border Tax Adjustment，BTA）、边境调节税、边境调节机制、碳边境调节措施、碳关税等。理论层面，其雏形最早出现在 Markusen（1975）的文献中，此后相关理论研究不断深入。一方面，严格碳减排政策的区域需保护单边环境政策的有效性，比如进口地区制定了严格的排放政策，但如果进口商品不受这种约束，本地高耗能企业就可能通过将生产或者工厂转移到该地区之外而使减排政策效果打折扣，或者进口商可能进口更多的碳密集型产品来取代欧盟原产地产品，造成所谓的"碳泄漏"；另一方面，区域外企业以低成本高排放的方式进入区域内部，不对等的环境规制将会对本土企业竞争力造成影响。总体来说，既然是调节，那就有进有出，碳边境调节机制最初基本限于碳边境调节税（俗称"碳关税"），主要有两类：一类是对碳成本较低地区的进口货物加征关税，另一类是对相对于出口地区而言碳成本较高的货物进行出口退税。

（一）全球应对气候变化风险及减排目标的提出

全球气候变化新形势下，伴随着疫情以来全球经济增速放缓以及缓慢复苏，绿色复苏成为当今世界重要议题之一。以欧盟为首的发达经济体先后提出《欧洲绿色新政》等，以政府规章、法令、草案等各种形式推动21世纪中叶的碳中和计划。鉴于欧洲很多发达国家已经实现碳达峰，以英法德为首的欧洲发达国家将气候目标不断加大，一方面采取了政策宣示（如参加气候雄心峰会等）来凸显政策目标；另一方面使用尚未完全成熟的市场机制［如欧盟碳排放交易体系（EU ETS）等］来协调不同行业的碳排放，力求解决碳泄漏问题。

联合国政府间气候变化专门委员会（IPCC）指出，全球温升2℃的影响将比过往预期过的历史数据更加严重。事实上，由于全球气候变暖，自然巨灾频发，其造成的影响也愈加深远。另外，国际公约的约束力不强，给投资者和公众的行动带来了压力。对于各国来说，未来十年是较为重要的十年，各国应当以此为契机加速实现重大减排目标并推动适应性投资蓬勃发展。如果能将目标调整为1.5℃，人类将能减弱甚至消除很多因气候变化带来的不必要损失与风险，同时为未来将要发布的IPCC第六次评估报告（AR6）奠定温度标准和技术路径。

由世界经济论坛出版的《2021年全球风险报告》用矩阵的方式呈现了最新的

全球风险图景，气候应对行动失败在发生概率排名、影响力排名上均位居前列，综合排名第一。而全球温升标准的压降是全球气候治理的标志性事件，反映了世界各国在面对气候变化风险中所采取的相对统一的办法，有助于减缓全球气温变化，促进环境可持续发展。

（二）国际竞合关系下的锦标赛

为应对气候变化风险，实现自身的气候目标，世界各经济体积极采取措施促进本国（地区）碳减排。但是，当一国或地区的气候目标高于其他国家或地区，就存在"碳泄漏"的较高风险，这会削弱全球的减排努力。基于碳定价体系差异而设计的碳边境调节机制自提出以来就存在较多的争议，争议焦点主要在于其能否有效减少碳泄漏风险和维护市场公平竞争。因此，碳边境调节机制最终能否生效，仍是未知数。欧盟委员会的提案还需经欧盟成员国政府、欧洲议会、欧洲理事会讨论，达成一致后才能进入立法程序，整个流程将需要至少一年的时间。如果CBAM落地，欧盟将成为全球首个征收"碳关税"的经济体。早在2012年，包括美国、俄罗斯、印度在内的欧盟贸易伙伴均已对"碳边境调节机制"提出质疑，认为这一机制与世界贸易组织（WTO）规则、国际气候协定不兼容。尽管如此，各国围绕该议题仍进行了或官方或民间的技术性讨论以及国际战略等方面的考量。

1. 欧盟国家的发起与牵头

欧洲大多数发达国家早已走完了工业化、重排放的阶段，在全球气候变化风险加剧的背景下，同时在产业结构调整、经济复苏的大环境下，积极推动绿色产业政策与《欧洲绿色新政》的实施。2019年12月，欧盟委员会《欧洲绿色协议》的发布，体现了其低碳转型与绿色发展意愿强烈，也符合其自身主体利益（如尽可能减少碳泄漏；防止欧盟成员国的产业竞争力下降；鼓励外国贸易伙伴和外国生产者采取与欧盟相当/等同的措施；其收益可用于资助清洁技术创新和基础设施现代化，或用作国际气候融资等）。与此同时相继有国家陆续以政策宣示、拟考虑、行政法令等方式实现碳中和承诺，根据Net Zero Tracker统计，截至2021年底，在全球现有198个国家中，713个地区，1177个城市和2000家公司统计口径中，136个国家、115个地区、235个城市，682家公司宣布了净零排放目标，以上主体占据了全球温室气体排放的88%，GDP的90%，总人口的85%，覆盖了全球绝大多数碳排放量。这一气候变化的时代趋势也进一步将欧盟绿色新政推到台前。

2. 美国、日本等国家的反应策略

目前，美国尚未形成联邦层面的碳定价机制，因而基于美国整体的碳边境调节机制可能无从谈起。但是，早在 2006 年，加州通过了一则关于 2006 年减缓气候变暖的法案，该法案主张通过政府立法和市场价格的手段，力争让加州的温室气体排放恢复至 1990 年的层面上。与此同时，加州政府也充分考虑了州外区域可能存在的碳排放问题，法案里规定了将加州境内所使用的电力（含州内生产和州外进口）置于碳排放交易体系之内。由此可见，在美国地方政府层面，还是有类似的边境调节机制在发挥作用。同时，美国发布了清洁能源改革和环境中立计划（PEEJ），承诺将促使美国在 2050 年实现碳中和，并提出"将对来自未能履行气候和环境义务国家的高碳产品征收碳调整费或实施配额管理"。美国积极推动气候驱动的贸易议程（climate-driven trade agenda），运用气候议题等方式调整国家战略目标，配合较为专业化的施政议政团队来辅助国家发展，保护本国企业竞争力。

美国贸易代表办公室（USTR）曾于 2021 年上半年明确表示，将考虑把碳边境税纳入贸易议程，并将与盟友合作应对未遵守贸易协定环境责任的贸易伙伴。尽管目前美国方面碳定价机制尚不完善，实施碳边境调节机制缺乏基础，但基于碳市场试点以及区域试点连接层面已积累了丰富的经验，预计未来美国将结合自身国情，气候政策与贸易政策并举，采用灵活多元的方式通过气候政策规避贸易风险，来协同欧盟保护区域内企业竞争力的同时打压其他国家。尽管美国提出了一系列联邦层面的碳边境调节、限额交易或碳税制度提案，在立法层面曾有多次尝试，但掣肘于不同生产商在联邦环境法规约束及部分地区明确碳价格约束，过于复杂的成本组合导致不同生产商面对有效的碳价格难以权衡和定价，因而始终未能成功推出全国性的政策。据媒体消息，列举了美国 117 届国会提出的碳定价及碳边境调节相关立法，不同议案在建议的碳定价方式、定价水平、收费对象等关键环节有所差异，碳初始定价从 15 美元/吨 CO_2e 到 59 美元/吨 CO_2e 不等。当然，各项立法作为美国内部部分群体的初步探索和讨论，尚未进入参议院或众议院讨论表决议程，成为正式法律。

2022 年 6 月 7 日，美国参议员 Sheldon Whitehouse 联合其他三位参议员 Chris Coons、Brian Schatz 和 Martin Heinrich 在国会上提出了一项基于窄幅边界调整的碳税立法，该法案名为《清洁竞争法》（Clean Competition Act，CCA），也就是目前大众熟知的美国版碳边境调节机制（CBAM）。《清洁竞争法》是 CBAM 的一种形式，旨在减少气候污染，同时通过新的激励措施加强美国清洁制造业的竞争力。

该法案似乎成功绕过美国没有统一碳价情况，以相对碳排放强度为碳税征收标准线，对超过美国国内平均水平的碳排放征收每吨55美元的费用。征收的对象为进口商和国内生产商，还提供出口退税，这使其更像是一种碳边境调整税而不是关税，可能遵守了世界贸易组织的保护主义规则。Sheldon Whitehouse认为该方案是为碳定价做的努力，让污染有一个成本，但比全面的碳定价容易实现得多。但尽管如此，该法案仍会因基于不同国家的监管制度体系、基准线的过渡性特征乃至相关豁免机制而饱受争议。

英国一直紧密关注和跟进欧盟的CBAM建设。鉴于英国之前早已完成正式脱欧议程，作为欧盟在碳密集型商品方面的主要贸易伙伴，无论CBAM覆盖范围大小，英国都将受到相关影响。所以自2021年下半年开始，英国基于之前欧盟碳市场的经验也在积极加速建设英国碳市场，目前英国碳市场碳价与欧盟碳市场几近于协同联动。

加拿大也拿出了几种方案来征询意见，2021年8月5日，加拿大财政部启动关于碳边境调节机制（Border Carbon Adjustments for Canada，BCA）的探索咨询并向国民征求意见，加拿大将依托三个方面，即环境成果、经济压力、国际参与和贸易关系上的权衡。从环境成果来看，将BCA添加到加拿大的气候政策工具箱中，分析如何在加拿大现有的气候变化政策的基础上实现同等或更好的环境成果；从经济压力来看，研究BCA可能产生的经济影响，以及这些影响在部门和地区之间的分布，包括对消费者的影响；从国际参与和贸易关系来看，加拿大作为一个依赖贸易的经济体，BCA如何影响加拿大的贸易关系，以及与贸易伙伴就BCA合作需要进一步工作的领域。此外，鉴于美国区域碳市场与加拿大区域碳市场的连接，加拿大也有和美国结成联盟的可能。

在欧美减排目标不断提升以及碳协调日趋紧密的同时，日本也不断地进行外交或经济政治方面的调整。日本经济产业省发布了《2050年碳中和绿色增长战略》，战略中指出，通过一系列政策手段推进国家应用新技术加快重点行业减排脱碳，注重技术创新与产业化发展。日本经济产业省将通过监管、补贴和税收优惠等激励措施，动员超过240万亿日元（约合2.33万亿美元）的私营领域绿色投资，针对包括海上风电、核能产业、氢能等在内的14个产业提出具体的发展目标和重点发展任务。日本将以此来促进日本经济的持续复苏，预计到2050年该战略每年将为日本创造近2万亿美元的经济增长。日本可能以此为契机，通过本国技术创新与产业升级来尽可能融入并规避碳边境调节机制所产生的负面影响。与此同时，根据日经新闻在2021年2月的报道称，日本经济产业省将开始考虑实行碳边境税。

3. 其他发展中国家的反应策略

俄罗斯已经明确对欧盟的碳边境税表示反对。欧盟目前是俄罗斯的第一大贸易伙伴，俄罗斯则是欧盟第五大合作伙伴，并且俄罗斯对欧盟的出口，主要为CBAM中所涉及的原材料、石油、天然气，以及金属行业等，尽管以上产品并未纳入范围，但今后可能会对俄罗斯产生较大影响。但与此同时，俄罗斯拥有世界上最大的碳汇——占世界森林面积的1/5。根据最近发表在《自然》杂志上的一项研究，碳汇吸收的二氧化碳比以前想象的还要多。根据有关研究人员收集的数据，西伯利亚森林在过去三十年中有了长足的发展，其碳吸收率也有了很大提高。如果俄罗斯的碳吸收能力得到欧盟的认可，并让该国因其碳排放吸收潜力而免于碳边界调整机制。为此，俄罗斯需要国际认证来证明其吸收排放的潜力。它还需要碳抵消项目的监管支持。

对于经济发展较为依赖化石能源的其他国家，诸如澳大利亚、印度、土耳其、乌克兰等国家也表示反对，同时也有国家持中立态度，如新加坡并不反对碳边境调整机制，他们提到"只要是公平而且符合国际规范与协议的机制"，新加坡当局将会准备好应对该机制。

此外，欧盟CBAM的全面实施将使得韩国钢铁和铝工业受到损失，韩国贸易部门于2022年8月25日对外声称正在寻求与欧盟进行谈判及讨论，以确保包括CBAM在内的环境法规不会给韩国公司带来过多的行政负担。

二、碳边境调节机制的发展趋向

欧盟碳边境调节机制并非一种严格意义上的碳关税，而是在碳定价体系之下的一种贸易政策、环境政策与产业发展优先权的结合。欧盟在2025—2035年将为碳市场中高碳行业免费发放配额，并以每年10%递减，但这种免费将逐渐变成付费，同时考虑到国际贸易因素以及产业因素，欧盟委员会采纳了欧洲议会的提议，强令欧盟进口碳足迹较大产品的进口商在二级市场上以市场价购买碳排放配额，因此，从欧盟的视角来看，欧盟出台的规定并不是一种税或关税。鉴于免费配额补贴与贸易规定相抵触，欧盟委员会才设想只对付费配额进行补贴。但对于其他相关贸易国家而言，往往就这类单边政策笼统定义为碳关税并不为过。

因此，鉴于各国不同的碳定价机制，预期之内的碳边境调节机制将从产业层面对各国经济发展、环境政策及WTO规则乃至国际秩序产生渐进交互式影响（见表1）。

表1　　欧盟碳边境调节机制（CBAM）发展路径

时间	内容
2019年12月11日	欧盟提议《欧洲绿色新政》，欧盟委员会将提议为某些部门建立碳边境调节机制，以降低碳泄漏风险。
2020年3月	欧盟委员会制定了对于CBAM的初始影响评估，宣布实施计划将与立法提案一起准备。
2020年9月16日	欧盟委员会主席乌尔苏拉·冯德莱恩宣布关于CBAM的立法提案将是2021年的主要举措之一。
2020年9月30日	欧洲气候变化与可持续转型圆桌会议发表了题为《欧盟问题和备选方案中的边界碳调节》报告。
2020年10月7日	欧盟委员会环境、公共卫生和食品安全委员会（ENVI）发表了一份题为《环境、公共卫生和食品安全》的报告。建立与世贸组织相容的欧盟碳边境调节机制。报告指出，CBAM是欧盟ETS的补充性必要条件。CBAM"本身并不符合世贸组织规则"，虽然CBAM应涵盖所有进口，但最初它应涵盖较窄的部门清单，特别是"电力部门和能源密集型工业部门，如水泥、钢铁、化学品和化肥"，报告建议，CBAM"必须尽快生效，不迟于2023年生效"。
2021年3月	欧洲议会通过关于欧盟碳边境调节机制（CBAM）的决议，444票赞成，70票反对，181票弃权；本决议将转交欧洲理事会和欧盟委员会；欧盟委员会将在2021年第二季度提交碳边境调节机制的立法提议，预计为欧盟带来50亿—140亿欧元额外收入。
2021年6月	碳边界调节机制（CBAM）的立法草案文本流出，引起舆论反应。
2021年7月14日	欧委会公布设立碳边界调节机制（CBAM）的正式立法草案细则。这将是欧盟对进口产品征收"碳关税"进入立法程序的重要节点。
2022年3月15日	欧盟理事会经济与金融事务委员会（ECOFIN）会议，欧盟27国的财政部长采纳了欧盟理事会轮值主席国法国的碳关税提案。但这份提案回避了欧盟产业获得的免费排放配额的退出时间表、CBAM的收入分配方案、欧盟出口产品的碳成本"退税"等一系列问题，不过显然加速了欧盟理事会内部的共识。
2022年6月22日	欧洲议会经过投票对CBAM条例草案中的部分内容提出修订意见，形成欧盟"碳边境调节机制"条例草案（修正案）（该修正案所对比的原文件为2021年7月欧盟委员会草拟的"碳边境调节机制"条例提案），特别说明：相较于欧委会最初提出的2026年起征方案，欧洲议会方案设计较为缓和，给予了多一年的过渡时间，即从2027年开始，CBAM将开始正式征收。
2022年7月至今	继欧委会、欧盟理事会先后达成各自方案之后，欧盟议会〔内部主要由环境、公众健康和食品安全委员会（ENVI）和国际贸易委员会（INTA）进行方案设计及评估〕将于今年7月前确定方案，后续便进入三方协商以及最终立法阶段。

(一) 碳边境调节机制的最新进展

1. 碳边境调节措施的实施路径

碳边境调节机制计划于2023年1月1日起开始实施,并设置了三年过渡期,将于2026年1月1日起正式开始从碳排放限制相对宽松的国家和地区进口的水泥、电力、化肥、钢铁和铝征收碳关税。从2026年开始,欧盟将逐年减少10%的生产企业免费配额直至2035年完全取消免费配额,同期要求产品进口者根据产品生成过程中产生的碳排放支付碳费用,并逐年提高费率。

该提案发布之后,欧盟议会将与成员国进行磋商,若达成一致,欧盟将对碳边境调节机制进行立法,顺利的话预计欧盟将在2022年完成立法。

2. 碳边境调节机制法案内容解读与分析

该法案于2021年7月14日公布,全文共十一章,总计36条内容,另有五个附件。其法律基础来源于《欧盟运作条约》(TFEU)第191—193条确认并明确了欧盟在气候变化领域的能力。这项建议的法律基础是TFEU第192(1)条。根据TFEU第191条和第192条第1款的规定,联盟应除其他外,为追求下列目标作出贡献:维护、保护和改善环境质量,促进在国际一级采取措施,处理区域或世界范围的环境问题,特别是应对气候变化。欧委会法案声称,欧盟采取行动的理由是辅助性的(对于非排他性能力)(EU action is justified on grounds of subsidiarity (for non–exclusive competence))。但欧委会自身并未提出具体的政治或者经济理由来阐释欧盟这一具体行为主张的缘由。

该法案列明了一般规定,包括提案的主题、范围和关键术语的定义,以及相关管理机关单位和涉及CBAM法案的基本要求。除此之外,法案还对货物申报人的义务和权利、CBAM证书有所规定。比如注册进口商每进口碳排放量为1吨的商品,必须向CBAM行政机关购买一张有独立的编号的CBAM电子凭证,注册进口商购买CBAM电子凭证的数量、价格和日期均将记录在其CBAM系统账户里。

在过渡时间安排上,期限为三年,从2023年1月1日至2025年12月31日。申报单位将按季度报告与上一季度进口相对应的嵌入式排放,详细说明直接和间接排放,并报告在国外支付的任何碳价格。海关当局将通知报关人其CBAM义务,并与主管当局交换信息。该提案开始生效的时间安排,除了其中一些条款只适用于过渡时期外,其他条款将于2026年开始适用。

在预防措施上，比如法案相关条例的授权与执行、评价和审查规定、办理海关边境货物管理手续及对不遵守的处罚，均有所体现，同时对在贸易模式发生变化的情况下规定了相应特别条款。

关于附件所涉及的内容，附件Ⅰ详细定义了列明货物和每一货物的温室气体排放量。附件Ⅱ列出了不适用该措施的原产国和领土。附件Ⅲ涵盖了计算上一个年度进口到欧盟的货物所包含的排放量原则，附件Ⅳ和Ⅴ对报告要求和核查原则予以补充。

细分到具体的方案，在碳边境调节机制包括碳关税、消费税和配额证书3种形式共计6种具体方案中，欧盟详细比较了各方案细节及优缺点，最后选定了第四种方案：

方案一是进口碳税，由进口商在产品进入欧盟时支付。该税将由边境海关征收，其征收基础是反映欧盟碳价格的税，以及产品的默认碳强度。进口商将有机会根据其个人的碳足迹和生产国支付的任何碳价格，要求减少CBAM。

方案二涉及在进口产品上应用一种复制适用于国内生产的欧盟ETS制度的体系。这个选项需要类似于津贴制度下欧盟ETS的证书（CBAM证书）进口商基于嵌入式产品进口到欧盟的排放强度，并购买价格相应的欧盟ETS津贴在任何给定的时间点上。这些证书将不与欧盟排放交易系统配额挂钩，但将反映这些配额的价格，以确保在欧盟排放交易系统下的定价一致。国家气候主管部门将管理CBAM证书的销售，进口商将向负责管理CBAM的主管部门提交进口产品中已核实的嵌入式排放的申报，并提交与申报排放相对应的若干CBAM证书。这种申报和退让将与欧盟排放交易系统下的类似，在进口年度的下一年进行年度对账，并以年度贸易进口量为基础。产品的碳排放强度将基于默认值，然而，进口商将有机会在每年进行核对工作时，根据各自的排放表现，要求减少CBAM。他们将有权就生产国支付的任何碳价格要求减少CBAM（出口时不退款或以其他方式补偿）。

方案三的操作方式与方案二相同，但进口的碳价格是基于第三国生产者的实际排放量，而不是基于欧盟生产者平均水平的默认值。在此选项下，进口商必须报告产品中所包含的实际排放量，并交出相应数量的CBAM证书。

方案四将以与方案三同样的方式适用。它包括交出进口产品的CBAM证书。然而，该方案也考虑了一个从2026年开始的10年阶段性过渡，在此期间，欧盟排放交易体系下的免费配额将以每年10个百分点的幅度逐步取消，而CBAM将逐步实施。在这一分阶段期间，CBAM将按在某一部门分配的免费津贴的数额按比例减少。

方案五是方案三的变体，其范围在价值链中进一步向下扩展。作为半成品和成品的一部分的碳密集型材料将被覆盖在价值链中。对于进口，CBAM将再次基于第三国生产商的实际排放量。

方案六包括对碳密集型材料征收消费税，涵盖在欧盟国内和进口产品的消费，同时延续欧盟排放交易体系，包括免费分配涵盖在欧盟生产的配额。

最终考虑到与世贸规则的兼容性与碳边境调整机制本身的目的，欧盟委员会最终采取了 Jennifer Hillman 式的兼容世贸规则的举措。

欧盟委员会对实施 CBAM 机制未来可能采取政策工具进行了研判，包括进口碳关税、消费税和四种对照 EU ETS 设计的"名义"碳市场。如前所述，最终欧盟经过分析与比较，选择了方案四，即针对 CBAM 覆盖产品的进口商建立一个单独的不可交易的配额（CBAM 证书）池。EU ETS 要求被覆盖的排放设施报告其碳排放量并清缴相应碳排放配额，与之类似，在欧盟 CBAM 下，进口商需要以提交 CBAM 声明的形式报告其进口的 CBAM 覆盖商品的隐含碳排放量，并清缴相应数量的 CBAM 证书。CBAM 证书由进口商从欧盟成员国指定的主管部门处购买，其价格与 EU ETS 下的配额价格挂钩。进口商每年进行一次申报和清缴，均在商品进口后的次年进行。

在覆盖范围上，根据方案，碳边境调节机制初始覆盖行业为钢铁、铝、水泥、化肥和发电 5 个行业，与 EU ETS 涵盖行业相比，未纳入造纸、玻璃、石化、航空等行业。主要原因包括两点：一是这 5 个初始覆盖行业排放水平较高且碳排放量相对容易测算；二是这 5 个行业进口整体大于出口。未来，碳边境调节机制还将考虑纳入其他具有碳泄漏风险的重点行业，如化工、陶瓷等。

需要指出的是，本文所阐述的碳边境调节机制的国际进展只是大国多维博弈中的一种视角，事实上，欧盟 CBAM 历经多次讨论、修订，规则一变再变，涉及中国的产业链产品范围也同步扩展。鉴于 CBAM 条例尚未完成最终立法，尽管各项规定在未来正式实施之前仍存在诸多变数，政府及相关企业仍需密切关注 CBAM 最新进展，以确保及时研判、迅速反应、灵活应对。如何在贸易政策的平衡木中稳步前进，做好原则性的坚持（如坚持"共同但有区别的责任和各自能力"原则等），特别是在这一原则伴随着全球碳中和大目标而逐渐被发达国家所淡化，是我们在多维博弈中进行贸易政策调整和产业结构优化、绿色产业升级的应有之义。

（二）影响碳边境调节机制实施的因素分析

1. 合法性问题

CBAM 本身是否具有合法性以及多大程度上符合国际法仍然存在博弈。多数学者认为 CBAM 违反非歧视原则，另一部分学者则认为讨论相似产品应该基于具体案例的具体情况。第二个争议焦点在于 CBAM 是否违反 GATT 第 20 条（b）款和（g）款。（b）款要求措施应符合为了"保护人类、动物、植物的生命或健康"和"必须的"两个要求，控制气候变化与碳排放毋庸置疑符合保护全人类的生命健康的共同利益；（g）款要求措施应保护可用尽自然资源，以及措施应与限制国内生产共同实施，如果 CBAM 措施可以确保欧盟内外碳税均按欧盟法律同等实施，那仍有很大可能被认定为符合（g）款例外原则。所以在国际法层面如何考量，很大程度上仍然取决于欧盟 CBAM 机制的设计。

就碳定价现状而言，碳边境调节机制极有可能与发展壮大的市场机制——碳排放权交易市场相匹配，通过在碳排放交易市场购买配额的方式，抵消自身碳排放。另一种方式是将对某一区域范围内外进出口货物都征收碳税或者补征碳税。

问题在于，区域联合机制是否可行，在国与国之间的碳边境调节机制是否与 WTO 贸易准则相违背，即使通过合理的框架设计，绕开了原则问题，那么在跨区域协调上该选用何种方案进行协调，无疑考验政策制定者的谈判及施政策略。

2. 合理性问题

在对贸易政策与碳边境调节机制进行分析的过程中，碳的社会成本度量，往往基于传统的外部性理论与公共产品理论来考虑。碳成本既有显性碳成本，也有隐性碳成本。对于该机制理论维度的思考主要包括两个方面：一是对于政策实施有效性的描述，即单一区域所制定的碳减排政策是否有效的问题，如果其他区域并未具备碳减排制度有效的特征，那么此时企业便极有可能外迁或者将产品放在政策覆盖区域外实施，此时便会有碳泄漏。二是从定价的角度进行考量，如何预防其他国家或者地区搭便车，而且不同国家采取的税费也不一致，致使碳定价机制在不同地区效果不一，导致不同国家的相对减排目标不一致，影响碳减排目标的达成。

从碳泄漏的角度看，碳边境调节机制有其合理性，有利于减少外部性等问题，为有对碳排放收费国家和没有对碳排放收费国家的企业提供了公平的竞争环境。但是，在某一时间节点，不同发展阶段的国家或者地区会因为这一政策受到不对等的影响，政策设计者需要充分考虑不同国家企业应当承担的碳成本大小并合理分配权重，而这则涉及不同国家发展观念以及发展程度。此外，碳边境调节机制的实施与碳泄漏之间的因果关系以及对碳泄漏的实际影响程度有待进一步研究，碳边境调节机制所参考的碳定价标准、依据需要多边会议的协商，而不是以某个国家的碳价为直接标准。

在一国与一国之间进行碳边境调节，以及在一国与多国或者多国与多国间的碳边境调节，具有不同的政策难度，各国环境法律法规、碳价体系、碳税设计、执行与监管程度等存在差异，计算各国碳减排相关政策的隐含碳价尚需技术上的突破，这些都要求结合各国经济发展水平、产业结构、能源发展情况、本国碳定价水平、进出口货物协调等多方面来进行框架协调，回到主谈判框架下，不搞单边气候措施，以提供一个公平的竞争环境，并实现碳中和目标，缓解气候变化。

三、碳边境调节机制的影响

就跨国贸易或者区域贸易而言，碳边境调节机制会极大地约束发展中国家的相关产品出口，但同时也会受到贸易结构调整的影响。通过这种方式，发达国家的碳中和目标压力得以缓解，而发展中国家的出口贸易受损，尤其是对涉及该政策且进出口贸易额较大的国家来说，尤为明显。此外，可能出现本地产业转移，不利于本地的经济发展，同时造成碳转移或碳泄漏的问题，没有起到碳减排的作用。

欧盟 CBAM 法案提出之后，联合国贸易和发展会议（UNCTAD）利用一般均衡模型，着眼于 CBAM 对国际贸易、二氧化碳排放、收入和就业的潜在影响，特别关注发展中国家和脆弱国家。该研究指出，引入碳定价机制和 CBAM 有助于减少欧盟内外的二氧化碳排放。国际贸易模式的变化有利于生产相对碳效率高的国家。然而，这只是全球二氧化碳排放量的一小部分。采用 CBAM 导致发展中国家出口下降，有利于发达国家，因为发达国家的生产过程碳密集程度较低。

（一）贸易影响

欧盟计划对包括钢铁、水泥、化肥、铝和电力在内的进口商品征收碳排放费。2021 年 7 月法案提出，进口商将被要求购买电子证书，每张证书代表其进口货物中的 1 吨二氧化碳排放量。证书的价格将与欧盟碳市场上的许可证成本挂钩，并以每周欧盟碳许可证拍卖的平均价格为基础。每年 5 月底前，进口商必须报告他们在上一年进口到欧洲的货物中所包含的碳排放量，以及他们所缴纳的边境税许可证的数量。而欧盟发电厂和工业设施必须从欧盟碳市场购买许可证，以覆盖其碳排放量。但欧盟执委会表示，气候政策雄心与欧盟一致的国家，也许能够免缴边境税。比如冰岛、列支敦士登、挪威和瑞士及 5 个欧盟海外领地将会被豁免，冰岛、列支敦士登、挪威是欧盟排放交易体系内的国家，瑞士则是与欧盟建立了碳市场衔接体系。总之，由于欧盟 CBAM 方案的不确定性，所导致的种种贸易压力对于中国进出口结构调整产生一定影响，但影响仍然无法确定（见表 2）。

表 2   关于欧盟 CBAM 对中国对欧出口影响的部分量化研究

文献/研究	欧盟 CBAM 设计		结论
谢超 & 彭文生（2021）	·覆盖欧盟所有进口产品的全生命周期排放 ·基于出口国相关产品的平均碳排放强度 ·CBAM 价格为 50.8 美元/吨 CO$_2$e		中国对欧出口下降 6.9%
Zhong&Pei（2021）	·覆盖欧盟所有进口产品的直接和电力间接排放 ·基于出口国相关产品的平均碳排放强度 ·CBAM 价格为 50 美元/吨 CO$_2$e		中国对欧出口下降 5.41%
UNCTAD（2021）	·覆盖电力和 EITE 部门产品的直接和电力间接排放 ·基于出口国相关产品的平均碳排放强度 ·CBAM 价格为 44 美元/吨 CO$_2$e		中国对欧出口下降 1.98%
European Commission（2021）	·覆盖电力、钢铁、水泥、化肥、铝等部门的排放 ·CBAM 价格由模型内生确定，2030 年约为 45.4—47.3 欧元/吨 CO$_2$e	·基于欧盟相关产品的平均排放强度且 EU ETS 下无免费分配，采用进口关税或 CBAM 许可证形式	相对基准情景，中国 CBAM 部门对欧出口保持不变
		·基于出口国相关产品的平均碳排放强度，EU ETS 下无免费分配	相对基准情景，中国 CBAM 部门对欧出口下降 11%
		·基于出口国相关产品的平均碳排放强度，自 2026 年起 EU ETS 下免费分配比例每年下降 10%	相对基准情景，中国 CBAM 部门对欧出口下降 13%
Susanne（2021）	·覆盖钢铁部门的直接和电力间接排放 ·CBAM 价格为 60 欧元/吨 CO$_2$e ·考虑 EU ETS 下的配额免费分配和间接成本补偿 ·基于欧盟相关产品的平均碳排放强度		EU ETS 下免费分配比例从 80% 降至 30% 时，中国钢铁部门对欧出口成本增加 0.29—1.05 亿欧元/年，占钢铁部门对欧出口量的 1.7%—6.1%
清华大学	·覆盖 CBAM 产品清单中所有产品的直接排放 ·CBAM 价格为 52 美元/吨 CO$_2$e ·基于出口国相关产品的平均碳排放强度	·不考虑 EU ETS 下的配额免费分配	中国对欧出口成本增加约 3.05 亿美元/年，占 CBAM 覆盖产品对欧出口额的 4.8%
		·考虑 EU ETS 下的配额免费分配	中国对欧出口成本增加约 1 亿美元/年，占 CBAM 覆盖产品对欧出口额的 1.6%

资料来源：清华段茂盛团队研究报告。

虽然各机构的假设条件和基础数据有所不同，导致测算的碳税额度略有不同，但大都认为中国的钢铁和铝两个行业在 CBAM 实施初期将承受较大压力，结合欧盟具体文本涉及的行业以及产品来估算 CBAM 对中国商品征收的额度规模至关重要。

（二）产业及区域影响

中国虽然是欧盟的第一大贸易伙伴，但不是受 CBAM 影响最大的国家。吴必轩根据流出稿所列的产品编码审视欧盟的进口情况曾撰文指出，2020 年对欧盟出口相关产品最多（以出口额计）的 5 个国家是俄罗斯、英国、土耳其、中国和韩国。CBAM 对中国出口的影响集中于钢铁和铝行业。2020 年中国向欧盟出口相关产品总值 18.78 亿欧元，其中钢铁和铝占相关产品总值的 99.79%（钢铁 7.06 亿欧元，37.61%；铝 11.68 亿欧元，62.18%）。因此，在产业范围以及具体产品所含有的直接或者间接碳排放问题上，不确定性依然较大。而据普华永道统计，继 2022 年 6 月修正案之后的产品类型（在钢铁、铝、水泥、肥料、电力等基础上新增化学品与聚合物），合计出口欧盟的金额占向欧盟出口总额从原有不到 2% 抬升至 8%，总比例明显上升（中国海关数据：2021 年中国与欧洲联盟双边货物贸易总额为 5.35 万亿元，同比增长 19.1%，其中，出口额为 33483.41 亿元，同比增长 23.7%，进口额为 20028.43 亿元，同比增长 12.1%，贸易顺差为 13454.98 亿元。此外，中国向欧盟出口产品占全年出口贸易总额的 15.41%）。

鉴于中国产业布局受区域影响，对于东中西部的区域传导也有所差异。尽管近年来部分企业在有组织排放方面已经优于德日先进企业，但由于中国钢企还没有建立具有全球竞争力的低成本稳定生产的产业生态，其他方面如运输、现场抑尘、碳排放等仍需努力，而钢铁行业及铝行业分布密集区域的相关环保压力也越发增加。

（三）"双碳"目标影响

CBAM 机制虽然近几年并不会对中国产生实质性影响，但从国际协调的角度来看，会间接促进中国加强碳计量有关事项的推进，同时有望加快碳定价体系下的碳市场和碳税政策推进的可能。

总之，随着国内能源结构调整加速，贸易结构优化推进，出口商品的能耗强度和碳排放强度都将不断下降。随着 2030 年碳达峰、2060 年碳中和目标的推进，预计中国出口隐含碳排放量会显著降低,因此,碳边境调节机制抑或是碳关税的影响将是一场与能源经济转型此消彼长的比赛。

四、中国碳减排实践与碳边境调节机制应对

面对全球气候风险,各国都无法独善其身,而各国依据自身发展水平的判断,纷纷做出相应的碳中和承诺,无疑是对构建人类命运共同体的最好诠释。价格机制作为市场机制的重要组成部分,在对碳定价机制的形成与调节中,与其相辅相成。因此,在我们理解全球化碳中和背景之后,正确认识碳定价机制,成为解决碳减排的应有之义。碳税作为政府政策干预引导的有效机制,有必要重新纳入思考。鉴于不同国家的资源禀赋、经济水平、发展方式等差异,碳边境调节机制势在必行,如何在碳税、碳关税以及碳排放权交易体系当中互为表里、互相融合,才能不违背《巴黎协定》以及国际环境法等文本的核心原则——共同但有区别的责任,对中国来说任重道远。对于高碳排放或碳定价较低的国家,在进行国际协调时,要保障公平、提升效率,也要注意尊重其经济主权。

(一)中国碳减排实践

在全球碳中和这一大背景下,中国作为负责任大国,在第七十五届联合国大会一般性辩论上,习近平总书记郑重宣布,"中国将提高国家自主贡献力度,采取更加有力的政策和措施,二氧化碳排放力争于2030年前达到峰值,努力争取2060年前实现碳中和"。碳中和承诺不仅体现了大国担当,也反映了中国主动进行能源转型低碳发展的决心,以中国为例,根据《BP世界能源统计年鉴》数据,2019年中国碳排放量在100亿吨左右(见图1)。这样的体量和规模,要在2030年实现碳达峰,同时在1.5℃下控制温升,无疑对国家和企业造成巨大挑战。

尽管各国在碳减排方面达成国际共识,但在能源转型以及碳减排力度方面存在分歧,例如,欧盟致力于借助低碳转型来增强国际影响力以及引领新一轮绿色复苏,同时进行产业结构先行调整;而美国考虑更多的是能源安全问题。中国在履行承诺的同时,也对"30·60"目标有了更进一步的瞄准,以此来进行能源转型与碳中和战略发展,从图1及图2可以看出,近20年中国碳排放量占比逐年升高,也反映了中国经济发展体量和工业化规模的增长,现稳定在20%上下的水平,说明自2010年后中国碳排放占全球比例上升的情况较好地控制住了。

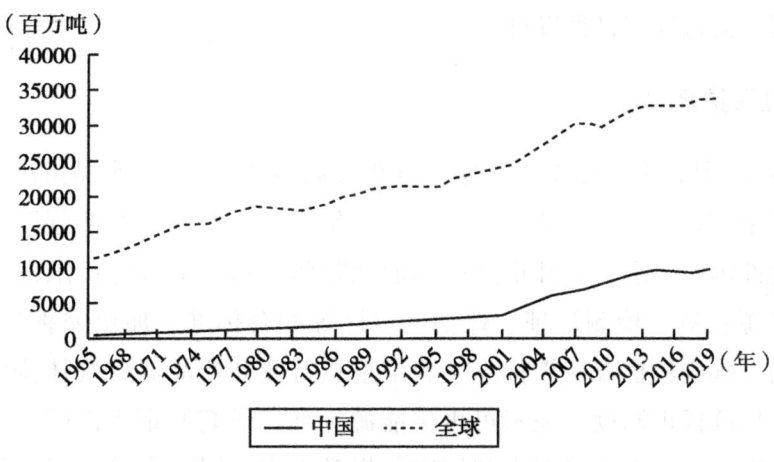

图1　中国及全球碳排放量规模

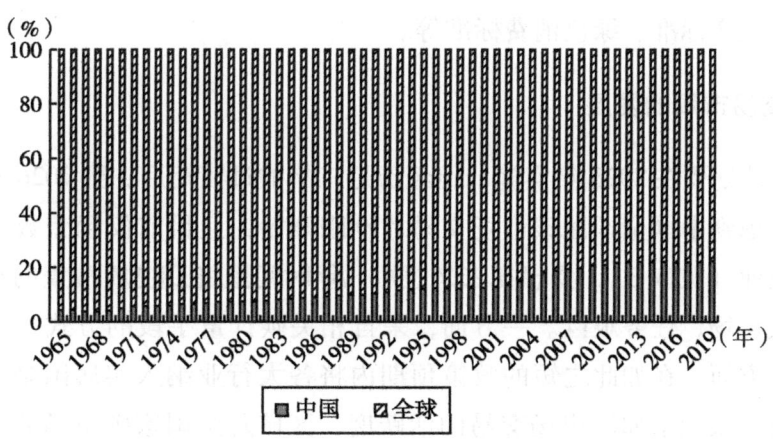

图2　中国碳排放量在全球占比

国内很多机构，如清华大学气候变化与可持续发展研究院等，也预测了不同情景下中国碳排放量的未来变化。目前，中国国内高度跟踪关注碳边境调节机制，中国正在进行碳定价体系的建设过程，经过了近十年的地方碳市场试点探索，于2021年6月25日正式运行全国碳市场，无论是对中国碳减排定价体系，还是对于碳边境调节机制应对，都有积极影响。全国碳市场进度节奏的加快，包括主要高碳排放行业的陆续纳入，都可以在未来消除或者减弱欧盟等发达经济体实施碳边境调节机制的影响。

中国在表明立场的同时，将单位国内生产总值二氧化碳排放下降作为约束性指标纳入五年规划，并将全国目标向地区分解落实并实施考核，通过采取调整产业结构、优化能源结构、节能提高能效、推进碳市场建设、增加森林碳汇等一系列措施，取得显著成效，综合运用财税政策等多种工具积极进行碳减排实践，谋求产业转型，促进经济良性发展。

1. 环境保护规划

2021年10月，中国印发《国家标准化发展纲要》，纲要明确指出，要建立健全碳达峰碳中和标准。加快节能标准更新升级，抓紧修订一批能耗限额、产品设备能效强制性国家标准，提升重点产品能耗限额要求，扩大能耗限额标准覆盖范围，完善能源核算、检测认证、评估、审计等配套标准。加快完善地区、行业、企业、产品等碳排放核查核算标准。制定重点行业和产品温室气体排放标准，完善低碳产品标准标识制度。完善可再生能源标准，研究制定生态碳汇、碳捕集利用与封存标准。实施碳达峰碳中和标准化提升工程。同时也采取了一系列行政措施，持续优化生态系统建设和保护标准，推进自然资源节约集约利用标准，进一步完善绿色生产标准、绿色消费标准等。

2. 碳交易市场的发展

CBAM计划要在2023年实施，但经历近三年的过渡期后，到2026年才真正开始征收。考虑到中国全国性碳市场交易才刚刚开始，且目前仅涵盖数据成熟度较高的发电企业（见表3），要想在未来短短几年时间里将CBAM覆盖的行业全部纳入全国性碳市场，任务艰巨。一方面，来自相关碳计量手段的方式方法问题仍无定型；另一方面，在如此之短的政策预期内将各大行业纳入实属困难，且在纳入的过程中有一系列诸如碳市场交易的活跃度、区域乃至国家碳市场的连接、未来全行业纳入后跨行业的衔接等伴生问题。

表3　　　　　　　　　　中国碳市场发展阶段

事项	时间
发布《关于开展碳排放权交易试点工作的通知》	2011年10月29日
发布《温室气体自愿减排交易管理暂行办法》	2012年6月13日
七大试点相继启动并进行实质性交易	2013—2014年
发布《碳排放权交易管理暂行办法》	2014年12月10日
发布24个行业温室气体排放核算方法与报告指南	2013—2015年
发布《关于切实做好全国碳排放权交易市场启动重点工作的通知》，确定了全国碳市场行业纳入范围	2016年1月11日
福建碳市场启动	2016年
发布《全国碳排放权交易市场建设方案（发电行业）》	2017年12月18日

续表

事项	时间
发布《碳排放权交易管理办法（试行）》	2020年12月31日
全国碳市场上线，与试点碳市场并行（首批纳入全国碳排放配额管理的是发电行业，总计2225家发电企业和自备电厂，二氧化碳排放总量约为40亿吨/年。这些企业将成为参与全国碳市场交易的主体，它们当中90%以上是首次参与碳市场，此前参与区域试点碳市场的发电企业共有186家）	2021年7月16日

尽管面临重重困难，经历了碳试点的初期发展以及经验积累，中国目前初步建立地方试点逐步推进，全国碳市场全行业逐步纳入。预计在"十四五"期间以全国碳市场为主的碳定价体系将逐步完善，进一步发挥市场引导价格的作用。

3. 绿色财税政策的实施

一是发挥税收调节作用。落实节能环保、新能源、生态建设等相关领域的税收优惠政策。未来可能通过设置碳税等方式来循序渐进引导企业预期发展，促进企业的绿色技术创新与提升企业碳排放环境治理水平；同时给予相关企业适当的绿色财税补贴，增强其在绿色发展方面的资金保障能力。另外，也可采用动态可比的多维度评估方式，通过企业的横纵对比，给予有进步的企业一定的绿色财税优惠政策。

财政部及国税总局将成品油纳入消费税征收范围，限制交通运输领域的能源消耗，减免新能源汽车车辆购置税、车船税，引导绿色低碳出行。对污染物征收环境保护税，提高企业排污成本。对清洁能源实施税收减免，出台支持环保产品关税政策。2021年，中国降低了废弃再循环法等环境产品的进口关税。

二是加大财政资金支持力度。通过设立国家基金的方式，来增强财政资金的社会引导作用，同时撬动社会资本，引导金融支持绿色发展。财政部积极安排资金促进节能减排，可再生能源替代和新能源汽车推广，支持北方地区清洁取暖和大气减污降碳，推动大规模国土绿化，生态系统碳汇能力提升等工作。完善政府绿色采购政策，建立绿色采购引导机制，加大绿色产品采购力度，对节能环保政策实施强制采购和优先采购，开展政府采购支持绿色建材应用推广试点工作，支持绿色技术创新和绿色建材、绿色建筑发展。

三是深化完善生态保护补偿机制。通过聚焦重要生态环境要素，完善分类补偿制度，发挥资源税、环境保护税等生态环境保护相关税费以及土地、矿产、海洋等自然资源资产收益管理制度的调节作用。继续推进水资源税改革。逐步探索对预算支出开展生态环保方面的评估。财政部在长江、黄河等重点流域，建立横向生态保护补偿机制,并出台支持政策,对建立机制的地方给予奖励。加强生态保护修复,开展森林和湿地生态效益补偿,促进提高生态功能。

四是加强绿色发展国际合作。财政部与世界银行、亚洲开发银行、亚投行等多边开发机构,开展绿色金融合作,通过G20、金融稳定理事会等国际平台,围绕应对气候变化,促进绿色发展议题,加强交流和政策对话,推动南南务实合作,提供资金、技术、能力建设等各方面的支持,帮助发展中国家提高应对气候变化能力,加速绿色低碳转型。

4. 其他促进碳减排的政策

中国人民银行于2021年11月宣布创设推出碳减排支持工具这一结构性货币政策工具,以稳步有序、精准直达的方式,支持清洁能源、节能环保、碳减排技术等重点领域的发展,并撬动更多社会资金促进碳减排。碳减排支持工具发放对象暂定为全国性金融机构,央行通过"先贷后借"的直达机制,对金融机构向碳减排重点领域内相关企业发放的符合条件的碳减排贷款,按贷款本金的60%提供资金支持,利率为1.75%。为保障碳减排支持工具的精准性和直达性,央行要求金融机构公开披露发放碳减排贷款的情况以及贷款带动的碳减排数量等信息,并由第三方专业机构对这些信息进行核实验证,接受社会公众监督。

(二)碳边境调节机制下的中国立场与主张

减少全球碳排放是所有国家的共同目标,不能单靠发达国家或是单靠某种机制来解决,需要全球各国协商,建立共同的机制,否则就可能出现"按下葫芦浮起瓢"的情况,进而影响国际经济秩序和国际利益分配格局。支持各项有利于降低全球气候变化风险的制度和措施的同时要避免这些制度和措施成为贸易保护的新工具。因此,需要基于发展中国家与发达国家不同发展阶段特点,考虑历史碳排放、人均碳排放等各项要素,结合各国实施的碳减排措施,在坚持"共同但有区别的责任及各自能力"的原则下,综合研判碳定价体系、碳税、碳边境调节机制等的作用及影响,推行符合各国利益的制度安排。例如,碳边境调节机制的合理性与合法性问题,碳边境调节机制的减碳效果,碳边境调节机制下的国际贸易格局变化,等等,这些都是需要利益相关各方进一步研究的问题。

国际货币基金组织(IMF)、经济合作和发展组织(OECD)近期也在研究,诸如碳边境调节等措施如何有助于实现降低温室气体排放的国际努力。在2021年7月9—10日G20会议后发布的联合公报中,G20的财长们也提到碳价格机制应用的国际协调需要进一步得到加强。"多边主义是解决全球性问题的唯一出路。面对全球气候变化挑战，各国是命运共同体，应坚持多边主义，坚持共同但有区别的责任原则和国家自主决定的制度安排，通过更广泛的全球合作，采取符合各自国情的气候行动，携手应对气候变化。"中国是全球气候治理的积极参与者，要主动加入碳边境调节机制的商讨中，争取在国际合作、国际交流中的话语权，同时要分析中国碳减排政策与碳边境调节机制的适应性，充分利用碳抵消机制等条款，加快中国碳减排的进程，推进各项政策的研究与实施。

1. 坚持"共同但有区别的责任及各自能力"原则

"共同但有区别的责任和各自能力"原则源于国际环境法，地球生态系统的整体性需要各国担负起保护环境的共同责任，但是，发达国家、发展中国家对全球环境所施加的压力以及对全球自然资源的消耗方面存在着实际差别，所承担的责任也应有所区别。

碳排放问题既要看当前排放量，更要考虑历史排放量。据科学测算，主要温室气体二氧化碳一旦排放到大气中，短则50年，最长约200年不会消失。也就是说，目前大气中残存的二氧化碳主要是由西方国家的工业化进程带来的，而不是当前发展中国家的排放带来的。发展中国家不应该为发达国家过去的排放造成今日气候问题"埋单"。

碳排放问题既要看总排放量，更要考虑人均排放量。由图3可以看出，就人均碳排放量而言，发达国家远高于中国及其他发展中国家。因此，在碳排放量的公平分配上，发展中国家应积极争取话语权。

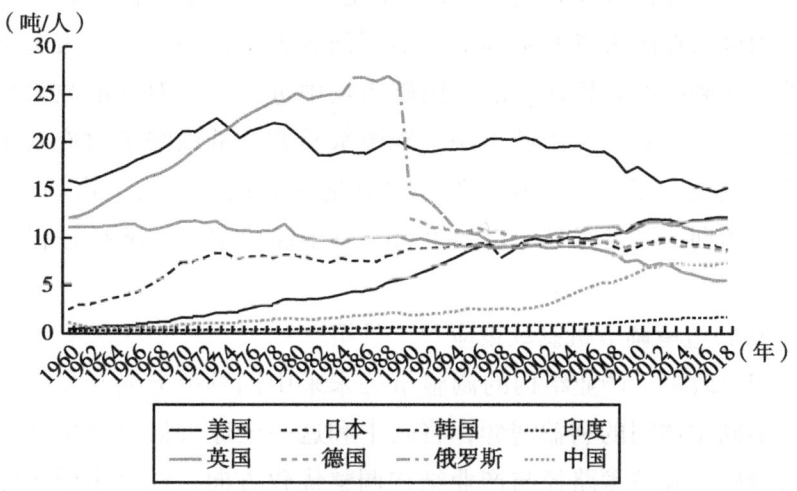

图3 典型国家人均二氧化碳排放量

碳排放问题既要看生产方的排放，更要考虑消费方的问题。工业化国家将碳排放"外包"给了发展中国家——大量碳密集型生产制造出来的产品销往发达国家，作为消费方的国家理应为其中的碳排放承担一定责任。

因此，中国要承担的共同责任是，与国际接轨，制定符合中国发展实际的碳减排政策，包括进一步完善碳交易市场、研究碳税制度安排、加大碳减排技术研发等，为全球碳减排作出应有的贡献。有区别的责任是，在考虑历史排放、人均排放上，结合中国经济发展现实，承担合理而有限的责任。在此原则下，也要对欧美等发达国家的政策设计与实施展开研究并提出中国的方案。

2. 加快中国碳减排进程的政策路径

中国在实现"双碳"目标的进程中，需高度重视欧盟等提出的碳边境调节机制可能对全球产业竞争和国际贸易格局产生的深远影响，不搞单边措施，应考虑与欧盟共同磋商构建双边互认的碳核算体系，争取应对主动权。同时高度关注与此相关的国际气候治理动态，坚持发展中国家定位，坚持共同但有区别的责任原则，积极参与相关国际标准和规则制定，维护中国发展权益。组织专业力量深度参与ESG（即环境、社会和公司治理）国际体系及相关标准认定工作，积极作为，避免受制于人。总之，一方面要和国际体系相衔接，在国际认同的基础上进行双边乃至多边的豁免以减少本国影响；另一方面，面对不同发展阶段的国家，也需坚持国际原则，根据实际情况建立差异化评估体系，以此应对全球碳减排下多元转型的贸易格局。

（1）加强碳市场体系构建与碳税机制设计，完善碳定价体系。

关于碳税是否开征以及如何组合，国内已经有很多学者作出必要的阐述与说明，就此中国可以在碳市场的基础上灵活开征碳税，进而丰富政策选项，在多元化的地方碳市场和已经开始运行的全国碳市场中进行有针对性的政策设计，以抵消世界其他国家政策对于国内的影响。碳税水平的高低反映了政府政策引导，而碳市场的价格则反映了企业预期，如何更好地互相嵌入，用碳市场来灵活定价，用碳税来稳定预期，既是工具，也是手段，对于加快中国碳减排进程的实现具有重要的意义。

（2）丰富碳边境调节机制政策应对工具箱。

第一，产业政策。产业结构的调整事关未来中国发展方向与增长潜力，中国应充分权衡不同主体间的利益博弈，将碳中和这一全球气候治理事件化为主动作为，坚持自身碳中和技术路径与产业结构调整优化方向，针对中国企业未来可能涉及的不适当冲击所造成的合法权益受损采取必要政策措施，在公平公正的外交环境当中寻求多维博弈之下关于贸易政策与产业政策的最优解，提高中国产业发展的政治经济适应度。

第二，环境政策。碳排放量是度量碳规模的一个重要指标，常用替代法进行核算，或者对单一企业或行业来说，将来的精确度量需要完备的工具以及现代化技术。只有在把握碳排放总量以及各部门碳排放结构的基础上，才能预估碳税收入规模，测算碳税对国内经济总量的影响程度。因此，合理度量碳排放水平，关注碳排放量的绝对规模以及占其他国家或世界的相对规模至关重要。

第三，碳市场政策。从碳市场基本制度做起，建立良好、可信、可监督的制度体系，MRV（监测、报告、核查）制度是最基本的保证，同时完善碳配额的现货及期货模式，在市场经济条件下稳中求进，平抑市场波动的同时逐步提高碳市场价格，完善碳交易价格机制，以此积极引导市场预期。

第四，金融政策。伴随着2021年2月《碳排放权交易管理办法（试行）》的施行，全国碳市场发电行业第一个履约周期正式启动，近年来的试点工作有了经验性进展。区域碳市场碳价逐渐稳定，为全国碳市场的推广奠定了基础。积极构建以碳市场为重心的碳金融交易体系，加快行业企业碳盘查，在理解政策的基础上，完善风险控制体系，同时加强碳金融市场建设与产品服务研发与创新。

第五，财税政策。从财税视角来看，征收碳边境调节税与美方加征关税的情况十分类似，由于进口产品实际上最终流向本国的使用者，最终成本还是会由消费者或最终使用者所承担。一方面，建议取消部分行业的出口退税或提高相关产品关税等，甚至必要的时候做好对国内高碳排放产品征收碳税的准备，以此截留与碳排放相关的大部分税收收入，进而用于相关高碳产业升级改造。另一方面，增进相关能源清洁高效利用的产业投资，着力提升技术水平，在可承受的限度内落实能耗双控举措，通过财政投融资的形式降低生产成本，并对新能源相关产业链供应链实施税收优惠等措施，积极引导高碳排放制造业健康发展。

第六，政策与市场双协同。推动能源、电力、绿证、用能权、碳市场协同协作，增强政策可持续性。既要用不同市场来引导价格信号，又要用政策来平抑非理性波动，预留政策空间。

3. 加强气候合作，探索碳减排"中国模式"

欧盟自发布《欧洲绿色新政》后，一直积极引导国际舆论，进行跨国碳边境调节机制探索，而美国在重新加入《巴黎协定》之后，也着手研究碳关税等政策。近来，IMF和OECD也相继就国际碳定价问题发出倡议，IMF提出设置国际碳价下限,OECD 提议建立"OECD/G20 显性和隐性碳定价包容性框架"。二者的核心目的是将各国气候减缓政策"显性化",将气候议题置于财金渠道协商,形成对低碳价国家的舆论和谈判压力,并试图将全球碳减排从各国在"碳减排量"上的责任转移到"碳价格"上来,以维护发达国家利益。对此,中国应坚决遏制以碳定价主导气候谈判的国际倡议,坚持在联合国主渠道下加强气候合作,反对在 G20/OECD、IMF 框架下建立碳定价相关机制,探索碳减排政策的"中国模式",应对气候谈判。

在标准制定中需考虑几个问题:第一,显性、隐性以及负向碳定价的覆盖范围、计量方法、评估标准,对不同国家的适用问题。第二,参与讨论碳关税标准,研究碳边境调节的收支制度安排,基于环境保护的碳边境调节收入可以退回出口国用于技术研发等低碳投资或者作为全球碳减排基金用于气候投资,制定办法应对碳边境调节机制可能引起的结构性通胀问题、利益分配格局变动问题等。第三,尽快完善国内碳市场,以充分发挥碳定价机制的作用,同时,组织专业团队开展研究,测算中国相关环境制度的碳减排效应,计算出口产品的隐含碳价格,并争取国际认可,以抵消碳边境调节费。第四,由于不一致的环境政策,一国(或地区)企业将生产设施转移至境外碳成本较低的地区,并通过国际贸易再将产品出口至移出国(地区)的方式抬升了衡量碳成本的难度,因此,对于碳泄漏以及进出口产品的碳税征收问题,也需进一步测算税收收入以及解决重复征税和进出口退税等问题,牢牢把握中国碳定价主权与经济主权。

碳边境调节机制是碳定价机制的补充,中国要应对的不仅仅是碳边境调节机制,而是整个碳定价机制问题。碳定价是促进碳减排的重要手段,但不是唯一手段,甚至不一定是最有效的手段。应对气候变化和碳减排需要多方面政策的共同作用,需要综合考量社会、经济、生态等各方利益。在促进人与自然和谐共生、推动构建人类命运共同体的进程中,中国应研究并贡献出一条不单纯依靠碳定价的模式,依托财税、金融、价格等多手段并举的绿色低碳政策体系,推动形成绿色低碳的生产方式和生活方式,为其他国家提供借鉴,提升中国在气候变化治理的话语权。

参考文献:

[1] 安琪. 碳边境调节机制与世界贸易组织规则适应性探讨与启示 [J]. 国际石油经济,2020,28(11):10-13.

[2] 巢清尘. 英国应对气候变化施政经验——以政治共识推进政策落实 [N]. 中国气象报. 2016-02-24.

[3] 陈飞翔,石兴梅. 绿色产业的发展和对世界经济的影响[J]. 上海经济研究,2000(06):33-38.

[4] 陈柳钦. 论国际贸易中绿色壁垒与我国绿色产品出口[J]. 国际经贸探索,2001(04):19-22.

[5] ChristopherKardish,段茂盛,陶玉洁,等. 欧盟碳边境调节机制与中国:政策设计选择、潜在应对措施及可能影响[R]. 柏林:adelphi,2021.

[6] 崔焕影. 碳排放权配额分配与交易定价研究[D]. 西南交通大学,2018.

[7] 黄娟,王幸楠. 北欧国家绿色发展的实践与启示[J]. 经济纵横,2015(07):122-125.

[8] 李宏策. 欧盟计划征收碳边境调节税,到底什么情况?[N]. 科技日报,2020-07-27.

[9] 刘奇超,许维萱,沈涛. 后疫情时代,全球碳定价机制将迎重要契机[N]. 中国财经报,2021-02-02(008).

[10] 刘险峰,王清容,尤阳. 碳关税最新国际动议与风险防范[J]. 中国金融,2021(10):83-85.

[11] 卢新德. 论全球绿色浪潮与我国绿色产品的出口[J]. 世界经济与政治论坛,2000(02):5-10.

[12] 钱学锋,龚联梅. 贸易政策不确定性、区域贸易协定与中国制造业出口[J]. 中国工业经济,2017(10):81-98.

[13] 冉静. 气候变化背景下碳边境调整措施研究[D]. 华东政法大学,2020.

[14] 人民银行国际司课题组. 为碳定价:碳税和碳排放权交易[N]. 第一财经日报,2021-02-22.

[15] 盛斌,陈帅. 全球价值链如何改变了贸易政策:对产业升级的影响和启示[J]. 国际经济评论,2015(01):85-97+6.

[16] 盛斌. 贸易保护的新政治经济学:文献综述[J]. 世界经济,2001(01):46-56.

[17] 宋亚植,刘天森,梁大鹏,等. 碳市场合理初始价格区间测算[J]. 资源科学,2019,41(08):1438-1449.

[18] 苏理梅,彭冬冬,兰宜生. 贸易自由化是如何影响我国出口产品质量的?——基于贸易政策不确定性下降的视角[J]. 财经研究,2016,42(04):61-70.

[19] 苏明,傅志华,许文,等. 中国开征碳税的障碍及其应对[J]. 环境经济,2011(04):10-23.

[20] 唐东波. 贸易政策与产业发展:基于全球价值链视角的分析[J]. 管理世界,2012(12):13-22.

[21] 田慧芳. 国际碳中和的进展、趋势及启示[J]. 中国发展观察,2020,251(23):72-74.

[22] 田永. 美国退出《巴黎协定》与全球碳定价机制实践的宏观解析[J]. 价格理论与实践,2017,400(10):30-33.

[23] 佟家栋,李胜旗. 贸易政策不确定性对出口企业产品创新的影响研究[J]. 国际贸易问题,2015(06):25-32.

[24] 王家庭. 绿色壁垒对我国外贸的影响及对策[J]. 国际贸易问题,2001(04):57-60.

［25］王俊. 从制度设想到贸易政策：美国碳关税蜕变之路障碍分析［J］. 世界经济与政治，2011（01）：77-98+157.

［26］王倩. 碳定价机制收入分配效应评估方法及其应用研究［D］. 北京理工大学，2017.

［27］谢超，彭文生. 欧盟碳边境调节机制对中国经济和全球碳减排影响的量化分析［EB/OL］. 中金研究院，2021，https：//www.cicc.com/api/upload/uploadService/dowloadEx? fileId = 50786&tenantId = 123889.

［28］邢丽. 碳税国际协调的理论综述［J］. 经济研究参考，2010（44）：40-49.

［29］邢丽，许文，郝晓婧. 对当前国际碳定价倡议的思考与应对［R］. 中国财政科学研究院研究报告，2022（13）.

［30］姚颖，刘侃，费成博，等. 美国碳边境调节机制工作进展及思考［J］. 环境保护，2021，49（10）：69-74.

［31］张艳. 新时代中国特色绿色发展的经济机理、效率评价与路径选择研究［D］. 西北大学，2018.

［32］郑爽. 国际碳价政策进展及对我国的启示［J］. 中国能源，2019，41（10）：33-37.

［33］周舟. 全球碳定价机制现状与展望分析［N］. 期货日报. 2018-08-21.

［34］朱婧，孙新章，刘学敏，等. 中国绿色经济战略研究［J］. 中国人口·资源与环境，2012，22（04）：7-12.

［35］Böhringer, Christoph & Fischer, Carolyn & Rosendahl, Knut & Rutherford, Thomas. Potential impacts and challenges of border carbon adjustments［EB/OL］. Nature Climate Change, 2022, 12. 10.1038/s41558-021-01250-z.

［36］Bauer, Nico, et al. Quantification of an efficiency-sovereignty trade-off in climate policy［J］. *Nature* 588.7837（2020）：261-266.

［37］Border tax adjustments in the climate policy context：CO_2 versus broad-based GHG emission targeting［J］. *Energy Economics*, 2012, 34（2）：154-167.

［38］Condon, M. and A. Ignaciuk, Border Carbon Adjustment and International Trade：A Literature Review［R］. OECD Trade and Environment Working Papers, No. 2013/06, OECD Publishing, Paris.

［39］Droege, S., Fischer, C. Pricing carbon at the border：Key questions for the eu［J］. *CESifo DICE Report*, 2020, 18（1），30-34.

［40］Markusen, James R. International Externalities and Optimal Tax Structures［J］. *Journal of International Economics*, Elsevier, 1975, 5（1）：15-29.

［41］Mustafa H. Babiker. Climate change policy, market structure, and carbon leakage［J］. *Journal of International Economics*, 2005, 65（2）：421-445.

［42］Qiao-Mei Liang, Ying Fan, Yi-Ming Wei. Carbon taxation policy in China：How to protect energy-and trade-intensive sectors?［J］. *Journal of Policy Modeling*, 2007, 29（2）：311-333.

［43］Stéphanie Monjon, Philippe Quirion. Addressing leakage in the EU ETS：Border adjustment or output-based allocation?［J］. *Ecological Economics*, 2011, 70（11）：1957-1971.

［44］Will export rebate policy be effective for CO_2 emissions reduction in China? A CEEPA-based analysis [J]. *Journal of Cleaner Production*, 2015 (103): 120 – 129.

[45] World Bank. State and Trends of Carbon Pricing 2021 [EB/OL]. Washington, DC: World Bank. © World Bank, https://openknowledge.worldbank.org/handle/10986/35620 License: CC BY 3.0 IGO.

[46] Xianbing Liu, Can Wang, Dongjie Niu, Sunhee Suk, Cunkuan Bao. An analysis of company choice preference to carbon tax policy in China [J]. *Journal of Cleaner Production*, 2015 (103): 393 – 400.

财政支持碳减排投融资的路径与政策创新研究

樊轶侠

摘　要：从碳减排投融资视角探究"双碳"导向下财政金融协同的方向和路径，是高质量发展和国家治理现代化对财税金融体制改革提出的崭新命题。一方面，财政主动作为、调动金融资本大规模投入碳减排投融资项目；另一方面，财政引导私人部门资金投入碳减排融资领域；同时支持碳技术市场的风险—成本—收益结构转化，助力产业绿色低碳转型。本文从碳减排投融资的范围、必要性、可行性出发，深入分析国际经验和典型模式，分析碳减排投融资领域财政金融协同的政策框架。我国应采取"财政指导＋金融市场"模式，发挥财政政策指导作用，并充分发挥金融机构在风险识别、收益评估、跟踪管理等方面的专业优势，提高资金配置效率，在保证经济平稳运行的基础上科学、有序、高效地开展减排降碳工作。

关键词：碳减排投融资；财政金融协同；财政工具

[作者简介]

樊轶侠，经济学博士，中国财政科学研究院资源环境和生态文明研究中心副主任、研究员、博士生导师。中国财政学会区域财政研究专业委员会副秘书长。研究方向为绿色财政政策、税收理论与政策、数字经济等。

Research on thePath and Policy Innovation of Fiscal Support for Carbon Emission Reduction Investment and Financing

Fan Yixia

Abstract: From the perspective of carbon emission reduction investment and financing, exploring the direction and path of fiscal and financial synergy under the guidance of "dual carbon", it is a new proposition put forward by high – quality development and national governance modernization for the reform of the fiscal and taxation financial system. On the one hand, the fiscal initiative to mobilize financial capital to invest in carbon emission reduction investment and financing projects on a large scale; On the other hand, the fiscal policy directs private sector funds into the financing of carbon emission reductions; At the same time, it supports the transformation of the risk – cost – benefit structure of the carbon technology market and helps the industry to transform green and low – carbon. Starting from the scope, necessity and feasibility of carbon emission reduction investment and financing, this paper deeply analyzes international experience and typical models, and analyzes the policy framework of fiscal and financial synergy in the field of carbon emission reduction investment and financing. China should adopt the "financial guidance + financial market" model, give play to the guiding role of fiscal policy, and give full play to the professional advantages of financial institutions in risk identification, income assessment, tracking management, etc. , improve the efficiency of capital allocation, and carry out emission reduction and carbon reduction work in a scientific, orderly and efficient manner on the basis of ensuring the stable operation of the economy.

Keywords: carbon emission reduction investment and financing; fiscal and financial synergy; fiscal policy tools

"落实 2030 年应对气候变化国家自主贡献目标"是"十四五"经济社会发展的重要任务。习近平总书记系列重要讲话和党中央决策部署为推动气候环境治理和可持续发展擘画宏伟蓝图、指明道路方向，彰显了我国坚持绿色低碳发展的战略定力和积极应对气候变化、推动构建人类命运共同体的大国担当。在全面建设社会主义现代化国家和构建新发展格局的过程中，实现零碳目标对于加快生态文明建设、促进高质量发展至关重要。

气候风险是人类生存的根本风险。与私人风险或者金融风险顺周期传导转化为经济风险进而演变为社会风险不同，气候风险直接从长期不可持续发展终点逆向转化为经济风险和社会风险，如碳资产定价敞口引发的系统性金融风险、各国央行逐步将环境标准纳入信用评级体系产生的主权绿色债券评级风险，再如财政因大规模发放可再生能源补贴或绿色低碳转型引发的赤字风险。因此，从气候投融资视角来看"碳达峰碳中和"目标，探究"双碳"导向下财政金融协同的方向和路径，是高质量发展和国家治理现代化对财税金融体制改革提出的崭新命题。

2021 年 12 月，生态环境部联合多部委在全国范围启动气候投融资试点工作。如何合理地平衡和化解各市场主体碳减排的风险，并将碳减排动机逐步融入社会经济发展的行为模式中，是气候投融资政策考量的重点。《关于促进应对气候变化投融资的指导意见》（环气候〔2020〕57 号）提出，"充分发挥市场在气候投融资中的决定性作用，更好发挥政府引导作用，有效发挥金融机构和企业在模式、机制、工具等方面的创新主体作用"。

财政金融政策作为"1＋N"政策体系的重要组成部分，二者协同尚待深入谋划。碳减排投融资政策的完善离不开财政金融政策的协同配合，本文研究将为"双碳"目标下财政支持碳减排投融资政策提供一定参考。

一、我国财政支持碳减排投融资的必要性

动员我国各类资本更好地响应国家应对气候变化战略目标，引导和促进更多资金投向应对气候变化领域，是一项艰巨任务，是一项全新课题。2021 年 12 月发布的《气候投融资试点工作方案》明确，气候投融资支持范围包括减缓和适应两个方面。减缓气候变化方面，包括调整产业结构，积极发展战略性新兴产业；优化能源结构，大力发展非化石能源，实施节能降碳改造工程项目；开展碳捕集、利用与封存试点示范；控制工业、农业、废弃物处理等非能源活动温室气体排放；增加森林、草原及其他碳汇等。适应气候变化方面，包括提高农业、水资源、林

业和生态系统、海洋、气象、防灾减灾救灾等重点领域适应能力;加强适应基础能力建设,加快基础设施建设、提高科技能力等。这就意味着,在上述减缓和适应方面,都属于气候投融资支持的范围。本文所研究的碳减排投融资,仅聚焦于减缓气候变化方面的减碳相关政策。

(一) 我国碳减排投融资需求和供给矛盾突出

首先,投融资缺口较大且分布不平衡。据国家气候战略中心测算,为实现碳达峰碳中和目标,到 2060 年,我国新增气候领域投资需求规模将达约 139 万亿元,年均约 3.5 万亿元,占 2020 年 GDP 的 3.4% 和全社会固定资产投资总额的 6.7% 左右,长期资金缺口年均在 1.6 万亿元以上。2021 年世界资源环境研究所 (World Resources Institute,WRI) 发布报告《加速气候韧性基础设施建设》指出,气候变化风险加大带来的极端天气情况越来越频繁,其强度也越来越难以预测;就中国而言,若全面提高基础设施的气候适应能力,在未来五年内,将会给中国带来近 5000 亿元的年均资金缺口,这一难题亟须通过大量的资金投入和有效的融资手段进行缓解。

其次,绿色金融支持的行业过于集中,供需存在错配。在投融资结构方面,从 2017—2019 年的数据来看,气候投融资的信贷余额主要投向绿色交通运输项目(占比约 44%)和清洁能源项目。从碳减排融资需求来看,能源行业的需求量在几大重点排放领域中最高,而建筑行业的总需求量次之,这表明碳减排资金的投放并不能完全匹配全社会碳减排融资需求。

最后,金融工具也比较单一,尚无法满足融资主体多样性需求。截至 2020 年末,绿色贷款余额近 12 万亿元,存量规模世界第一;绿色债券存量 8132 亿元,居世界第二。然而,绿色信贷仍然是中国最主要的绿色金融工具,占比超过 90%,其余金融工具发展规模有限,部分碳减排投融资需求存在被抑制的风险。

(二) 财政支持碳减排投融资是实现"双碳"目标的必然要求

以开发性及政策性银行、国有大型商业银行的绿色信贷为引领,以股份制商业银行、区域性商业银行、保险公司、公私募基金等各类金融机构的绿色保险、绿色投资为中坚力量,为能源、制造业、交通运输、建筑等领域零碳转型的投融资、风险管理提供金融服务的零碳金融体系,是实现碳中和战略目标的重要保障(朱民等,2021)。财政金融政策协同支持碳减排投融资高质量发展,是我国实现

"双碳"目标和经济社会高质量发展的重要保障。

多种财政政策工具的组合使用，有利于发挥财政金融政策协同作用，推动在能源生产、消费等多个维度实现结构调整。如利用政府低碳专项投资、绿债税收优惠、绿贷财政贴息或担保、绿色投资银行、低碳转型基金等多元财政工具，引导和促进更多资金投向低碳或零碳领域，以更高的资源配置效率推动"双碳"目标的实现。

1. 市场主导型投融资体制发展的延伸

碳减排投融资政策要顺应我国投融资体制转型发展趋势。2014年《国务院关于投资体制改革的决定》放宽市场投资领域，提出鼓励引导社会资本进入经营性的公益事业、基础设施项目建设等领域。2015年《国务院关于调整和完善固定资产投资项目资本金制度的通知》（国发〔2015〕51号）降低市场主体投资门槛，调整固定资产投资项目资本金制度。2016年《中共中央 国务院关于深化投融资体制改革的意见》和2019年《国家发展改革委关于依法依规加强PPP项目投资和建设管理的通知》（发改投资规〔2019〕1098号）实行负面清单制度，最小化企业投资核准范围，简化市场主体投资审批程序，降低制度成本约束，实现政府主导型投融资向市场主导型投融资过渡。2020年《关于促进应对气候变化投融资的指导意见》（环气候〔2020〕57号）重申要求充分发挥市场在气候投融资中的决定性作用。2021年12月发布的《气候投融资工作方案》明确提出，按照"中央统筹、地方为主；分类施策、重点突破；定期评估、总结推广"的工作原则，鼓励试点地方充分发挥创新实践的主动性、积极性，大力探索促进气候投融资的有效路径。

调整产业结构、节能提高能效、优化能源结构、增加生态碳汇等降碳路径，大幅提升资源循环利用效率推动源头减碳，优化重大能源基础设施布局防范碳锁定风险，推动重点区域和行业碳排放率先达峰，可再生能源发展、减排技术应用、产业转型、新型电力系统建设等，都需要在"政府指导+金融市场"下，推动社会资本拓宽融资渠道。

2. 当前碳减排投融资要求在财政推动下完善制度性基础设施

市场融资发挥决定性作用，需要政府补足制度缺位和退出行政越位。制度缺位主要表现在绿色认证标准落后、减排规划滞后。首先，绿色标签权威认证机制尚未完善，部门规章无法有序衔接。国际上有ICMA绿色债券原则和CBI气候债券标准，而我国标准型制度构建略显落后，一方面我国尚未建立起统一的绿色项目评价原则和指标体系，无法实现绿色项目认定、绿色证书发放和银行业金融机构绿色信贷业绩评价方案（银发〔2018〕180号）相融合；另一方面已有的指标体系未考虑碳减排融资项目技术可行性和减排指标设定相关问题，2020年财政部印发《政府和社会资本合作（PPP）项目绩效管理操作指引》将生态影响纳入项目绩效评价共性指标中，但未细化碳减排任务指标。

政府越位主要表现为能源体制改革推进缓慢，能源转型要求建立市场机制打通政府融资渠道。不可否认，行政性垄断为应对国际能源价格波动对国内的冲击，完善电力基础设施和经济发展能源供应都功不可没，但碳中和背景下能源领域市场机制缺失逐步阻碍能源转型，深化能源体制改革要求逐步形成充分竞争的能源市场，放开社会资本进入门槛，建立碳减排市场定价机制，加速政策性碳金融转型为市场性碳金融。

3. 能源结构转型和区域非均衡要求财政引导社会资本充分进入

碳减排融资项目资金流向失衡需要创新政府融资工具，政府更多着眼于适应性融资。以全球数据为例，根据联合国《适应缺口报告》，2017—2018年的气候融资总额为5790亿美元，其中5370亿美元用于缓解，300亿美元用于适应，且适应性资金多用于废水管理、土地使用和灾害风险管理[①]。碳减排项目融资存在巨大缺口，资金主要来源于公共部门，尤其是中央政府，调动私人资金具有挑战性，因此，政府必须留足财政空间适度向适应性项目投资，创新政府融资工具调动私人投资。

能源结构转型是实现"双碳"目标的重点，是未来5—10年最重要的投资领域之一。现有能源工业投资仍集中于电力、蒸汽、热水生产和供应业，而电力市场投资集中于电源投资。未来政府将逐步引导市场大幅减少火电供应，加快资金投向与新型电力系统相匹配的可再生能源、储能和运输技术革新等。

能源转型区域间任务难度不同，要求地方探索差异化融资路径。如图1所示，青海、甘肃、辽宁、河北、山西、新疆、内蒙古、宁夏是降低碳排放强度、加速能源和产业转型的重点省份，其产业结构偏重和经济资源化程度较深，而东部地区或南方地区转型任务相对平稳，其中北京煤炭消费量从2007年2985万吨降低到2018年276.19万吨[②]，碳达峰已经完成。为提高各类减排资金使用效率，借鉴欧盟《绿色投资计划》"公正过渡机制"，可制定促进区域均衡发展的碳减排措施，中央有重点地扶持欠发达地区加快能源转型，地方政府要结合地方实际，因

---

① 适应差距报告2020 [R/OL]. https://wedocs.unep.org/handle/20.500.11822/34721.
② 数据来源：《中国环境统计年鉴》。

地制宜进行碳减排布局，创新区域碳减排融资模式，探索差异化发展路径。

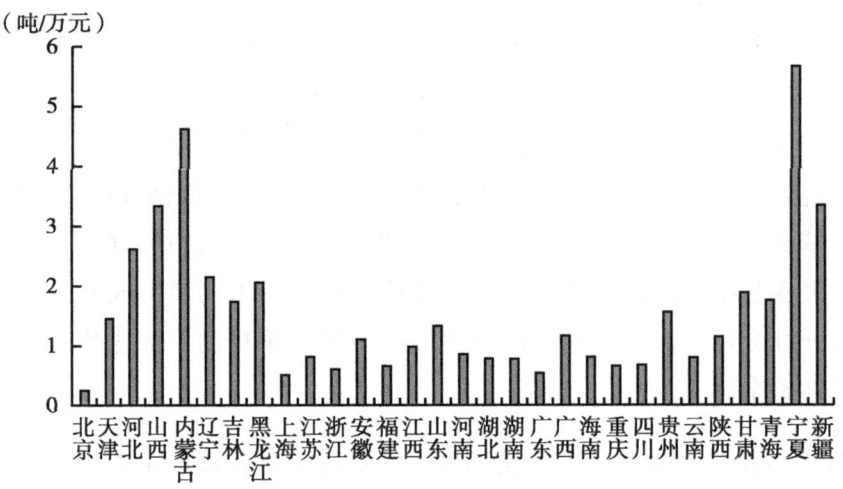

图1 2019年30省区碳排放强度情况（2019年当年价计GDP）

数据来源：《中国能源统计年鉴2020》。

二、我国财政支持碳减排投融资的可行性

在应对气候变化领域，我国财政政策对融资项目的支持存在部门间政策协同性缺失、政策预期不明确、引导方向不明确、引导社会资本投入成效不明显等问题。针对这些问题，财政支持碳减排投融资的可行方向主要聚焦于以下方面。

（一）财政主动作为、调动金融资本投入碳减排项目

气候投融资项目由于项目风险大、产出周期长、营利性不足、外溢性较强以及利益难以分割，使得金融机构在扶持此类项目方面的积极性不高，金融机构的盈利动机和社会责任履行之间存在较大的矛盾，亟须财政激励机制扶持。有研究发现，我国绿色信贷的交易主体双方间博弈往往以"经济人"假设为基础，即银行和相关企业执行绿色信贷政策时，都以满足双方的自利性为前提，绿色信贷存在形式重于实质的负面问题，对此财政政策的设计应着重于在形式（经济效益）与实质（绿色责任）间构建财政、金融、项目间利益—风险分担机制，尤其要降低绿色项目因高风险、低收益特性而导致的融资门槛。

(二) 财政引导私人部门资金投入碳减排融资领域

财政可通过直接"经济利益"让渡，政府引导基金发挥杠杆效应，以及政府投资信用担保等方式，增强碳减排融资项目对私人投资的吸引力。项目收益有限、市场引导机制不完善以及缺乏可靠融资、消费渠道等会导致私人投资缺乏动力，因此，通过税收优惠、财政补贴等政策可以将一部分"经济利益"直接让渡给微观市场主体，间接补充项目收益，长链条支持企业长期生产、投资、研发与经营。再者，财政金融政策协调配合，可放大社会资本投资效益，通过政府引导基金等方式弥补市场失灵和提高社会福利，鼓励产业结构绿色转型。

现有政府投融资虽然引入 PPP 模式，政企合作提高了运营效率，但是资金来源仍旧主要以政府和社会资本金投入以及金融机构贷款等方式出资，碳减排项目中碳权证、碳基金、绿色债券的应用较少。随着碳市场交易体系的完善，上述方式方法的可行性不断增强。此外，碳技术市场应用效益难以转化、收益不稳定、融资形式与实质相背离以及外溢收益难以分割等问题是构成阻碍我国经济低碳转型的重要风险。基于此，财政可以从稳定碳源收益、构建利益关联机制等方面引导私人资本投入碳减排项目中。

三、国际上财政支持碳减排投融资机制创新的主要经验做法

保证碳减排项目一定收益，一些国家通过财政—金融联动和政府引导基金多样化支持，为项目建设期提供资金支持，为项目营运期提供一定可预期的回报、覆盖项目维护成本，主要国家通过创新现有融资工具，较好实现政策目标。

(一) HITs 作为替代性融资工具，支持以社区为基础的小型清洁能源项目

家乡投资信托基金（HITs）源于日本，是 2011 年福岛核电站核泄漏之后日本能源安全受到冲击为发展多样化能源供应引入的新型金融中介融资形式，最早在绿色能源项目方面取得成功之后安倍将其推广到农业部门、中小企业等融资领域（Yoshino & Kaji，2013）。HITs 融合捐款和众筹等资金融资形式，通过互联网平台公司直接联通投资方即个人、家庭、公司和借款方即融资项目和融资企业，项目经

由网络营销公司广告宣传之后，个人投资者可基于互联网平台了解借款人和项目信息，选择他们感兴趣的项目通过互联网投资少量资金（100—5000 美元），兼顾金融风险可控和降低市场信息不对称。若后续项目管理得当，并受到个人投资者的欢迎，银行就会有更高的动力向这些项目发放贷款，此时作为替代性融资工具的 HITs 所筹集的个人投资款项可以逐步退出项目（Naoyuki Yoshino et al.，2019）。

此种项目一般通过提高电力出售价格来保证项目适度收益，如 2000 年通过捐款成立的北海道绿色基金旨在为日本北部的风力发电项目提供资金，所支持的项目总投资中只有 20% 是由银行贷款提供资金，其余 80% 是从感兴趣的个人投资者和北海道绿色基金股权投资获得，该社区风力发电公司向电力公司出售电力作为收入来源，多数情况下风力发电的价格比其他形式的电力高出 5%，但用户愿意额外支付 5% 的费用来拯救环境，因此也能保障融资畅通和适度收益回报（见图 2）。

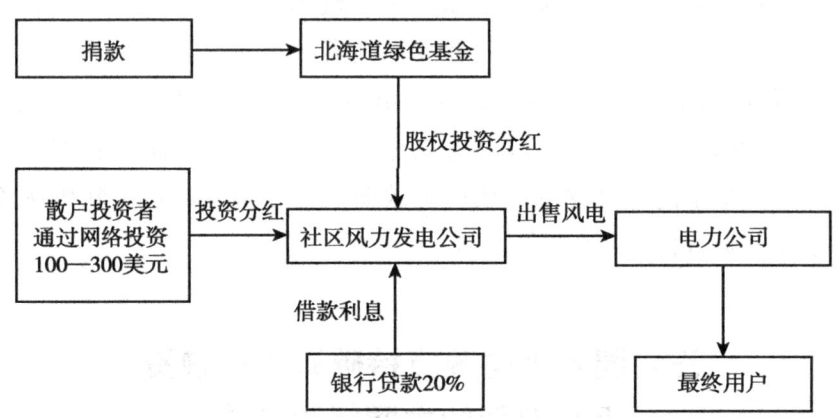

图 2　北海道绿色基金运作示意

事实上，进一步提出 HIT 基金和 DLT 的混合模式，即利用 DLT 技术（分布式分类账或共享分类账技术，其中包含区块链）保证数据的可靠性、提高信息透明度和可审核性，来扩大投资者池，从而降低小规模绿色项目投资的风险。特别是，HIT 基金的资金来源可以更加多样化，政府出资成立的母基金完全可以为其提供一定支持。

（二）以地方政府税收溢出和信贷担保融资，支持大中型清洁能源项目

地方政府税收溢出是指来自绿色能源供应产生的税收。绿色能源供应具有"环境—经济双重红利"，即绿色能源基础设施建设的直接效应和能源供应对生产率正向影响的溢出效应。通过利用可再生资源提供电力，为该地区带来新的房地

产投资、产业迁移、中小企业创业和劳动力就业，带动区域财产税、所得税、增值税收入增加，因此部分地区的税收溢出返还方案提出，可将溢出税收收入的70%（具体比例可根据地区分别测算）返还给气候融资项目，资金剩余30%由地方政府进行资金调配（替代方案是可通过对高污染行业征收碳税将资金注入绿色能源项目中）。Naoyuki Yoshino et al.（2019）基于日本2006—2015年经济增长按照20%的税率测算税收溢出，研究发现假设税收20%返还给投资者，将使绿色基础设施投资的总回报增加39%—44%，尽管税收溢出随着经济发展、基础设施完备而呈现边际递减，但回报依然可观，足以覆盖气候融资项目后续运营的维护成本。

税收溢出政策适用于项目中后期。在气候融资项目建立初期，地区税收溢出效应较低，在其实现独立增值之前，该气候融资项目需要额外资金支持，政府可通过国家金融机构发行绿色债券予以初期支持，或者在金融机构主导型融资市场中，也可引入政府信贷担保计划分担相关风险降低吸收市场金融贷款的难度。

如日本最初引入GCGC就是旨在改善缺乏实物抵押品和信用评级较低的绿色项目的信誉，政府出资运营的绿色信贷担保公司（GCGC）作为融资中介，担保一定比例的银行贷款（一般超过50%），但这并不意味着政府预算负担增加，GCGC向私人气候融资项目收取担保费，以补偿其为私人投资者向金融机构担保的贷款赔偿损失，缺口可由中央政府提供补贴资金和地方政府基于其他气候融资项目产生的税收溢出剩余比例配套注入GCGC予以支持（Farhad Taghizadeh-Hesarya & Naoyuki Yoshino，2020）（见图3）。

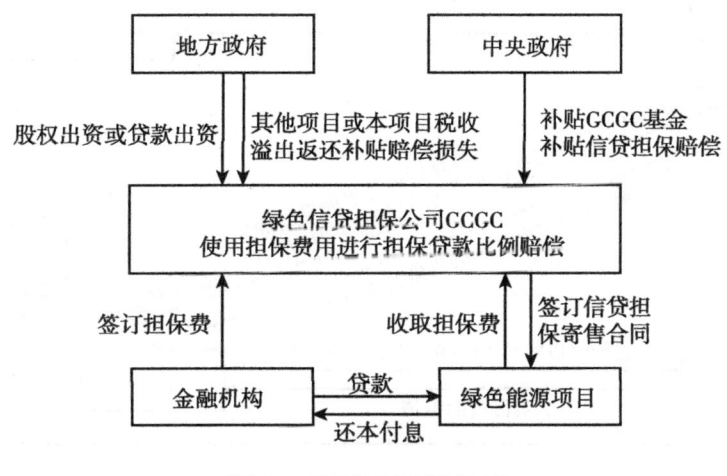

图3 GCGC运行示意

(三) 采用循环基金等为家庭建筑翻新计划融资

循环基金（Revolving Fund）是指通过回收早期投资产生的部分节余进行再投资，减少投资需求并增强投资影响，主要适用于居民建筑翻新计划和能源项目投资计划，属于银行融资方案。循环基金最早见于1987年美国州政府清洁水和饮用水循环基金，1996年美国《安全饮用水法修正案》授权以5：1比例投入资本金，联邦拨款、州匹配资金、贷款偿还、杠杆债券（各州按照1：2发行平衡债券）和其他来源资金随着时间的推移产生持续的水利基础设施资金来源，用于资助实施污水处理和环保项目（Mary Tiemann，2015）。后由于其成本中性、资金节约、绩效跟踪等优势广受青睐（Joe Indvik et al.，2013）。2003年泰国成立能效循环基金（EERF）取得巨大成功，截至2013年底，共实施了292个项目，其中40%是可再生能源（RE）项目，60%是能效提升（EE）项目（Gruning et al.，2012）。

循环基金已经发展出多种不同的运作模式，包括政府性大型循环基金和教育机构等社会主体设立的小型循环基金，其中政府性循环基金可通过政府授权银行管理循环基金进行核准贷款；也可以通过政府成立SPV公司向中小企业、个人直接贷款。但核心在于保证资金结余且不直接通过政府发放贷款扰乱市场金融秩序。此种融资模式旨在吸引低利率金融贷款，撬动私人部门投资（见图4）。

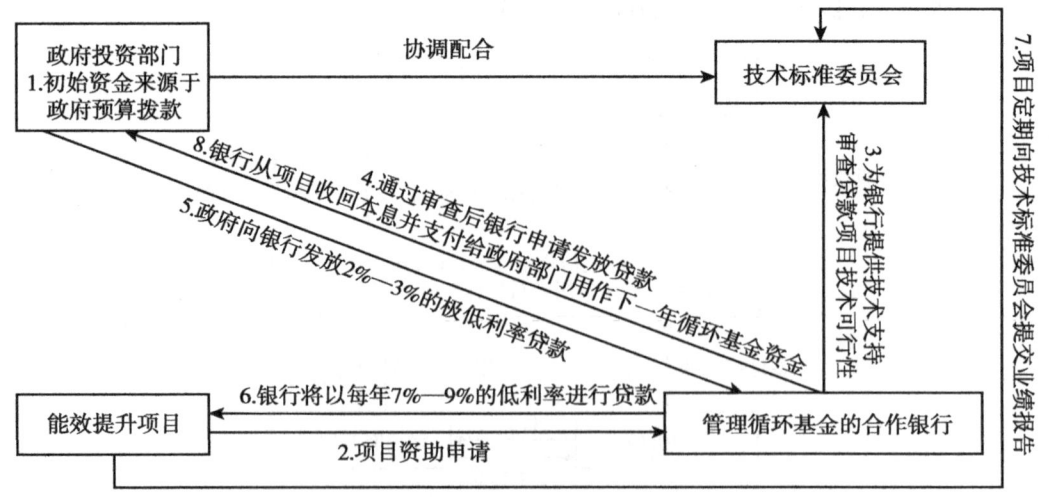

图4 循环基金运作示意

(四) 运用绿色债券进行长期债券融资

上述绿色基金和担保等融资工具的提出主要集中于政府如何调动金融贷款投资,但银行储蓄存款期限较短。若投资于大中型项目会出现资金期限错配,且私人投资在绿色项目中的占比微乎其微,因此,如何调动私人投资者参与积极性是碳减排项目融资的另一个难点。非银行融资方案主要指绿色债券,绿色债券是为环境友好型项目提供资金而发行的债券的一类,在动员大量相对长期的资金方面具有巨大的潜力,其包括三种固定收益工具,即一般债券、项目债券和绿色债券。

相比于一般债券具有无限偿还责任,私人低碳能源项目若要筹集社会资本可根据运营需要发行不同期限的"绿色债券",即发行人拥有可靠收入流为债券提供偿还,如上文所提到的税收溢出部分返还、政府可变市场溢价补贴、碳税补贴、电力销售收入或居民使用费收入等,同时给予经营性税收减免,增加项目的税后回报率,吸引社会投资,如在绿色制造领域,可以通过绿色产业收入和绿色供应链发行绿色债券进行转型升级,且经权威部门"绿色认证"的债券,其绿色标签可逐步推广无风险债券进入投资者的投资组合框架,但绿色项目评价标准混乱、中小企业发行能力较低、非环保项目绿色化打包等不合理行为监管部门也要重视。

同理,公共部门绿色能源项目若要撬动私人投资,也可发行绿色专项债券。类似于美国绿色市政债券的发行,2013年马萨诸塞州发行了首只1亿元绿色市政债,市场反响良好,美国市政绿色债平均期限为10—20年,体现出长线资金支持绿色基础设施建设的合理性,且绿色市政债利率比一般市政债利率更低,有效降低了政府的偿债压力,但利率较低风险较高也制约了私人资本参与绿色债券的可能性,因此,若针对地方政府绿色专项债给予利息适度免税,区别于一般责任债券,可增强对SRI基金、养老金或人寿保险匹配长期项目的吸引力。良好的信用评级和透明度也是影响绿色债券发行的重要因素,如2015年美国爱荷华州金融局发行了3.215亿美元的州循环基金收入债券,评级为AAA级,绿色债券得到了与水相关的费用和税收的支持,收益专门用于供水和废水处理项目。当前我国可持续项目投资中专项债券的使用量较小,且纯绿色专项债发行较少,2020年我国运用专项债支持的生态环保项目和能源项目分别为超过1000个和179个,且多为PPP项目模式,未来仍有扩充空间。

(五) 扩充碳减排项目的营运期收益

除上述融资工具借助外力吸引新资本投入碳减排项目外，还可帮助项目扩大收入来源，以覆盖项目运营成本、融资成本和后续维护成本。固体废物信托基金早已有之，如佐治亚州于1990年成立固体废物信托基金，对该州销售的每一个新轮胎收取1.00美元的费用，该基金用于清理废旧轮胎、支持全州回收计划以及确保废弃垃圾填埋场的安全管理①。但是在城市垃圾填埋场占用大片土地的背景下，除利用上述GCGC担保计划吸引社会资本，废物信托管理基金可优化空间利用，补充项目营运期资金需要。

以垃圾焚烧管理项目为例，通过建立分类、回收、堆肥和废物转化为能源设施，释放出来的垃圾填埋场可以更好地支持其他更有利的用途。一是土地出租产生租金收益；二是若将废物管理项目建在相邻城市间，该城市废物处理器可焚烧来自于其他城市或者其他省份的废物，并收取处理费用，如诸多欧洲城市做法；三是垃圾焚烧产生电力供应，通过向电力公司或用户出售电力产生业务收入。以上收入连同废物管理资金，以及从市政管理预算中获得的补贴和捐款，便足以覆盖运营所需资金，产生可观的税后收益。

上述诸多融资方式都是为解决碳减排融资缺口进行的一些实践创新。部分方案我国国内已经有所实践，如"税融通"等，部分方案还处于设想构思阶段，但充分考虑我国碳减排投融资所处的阶段和紧迫性，通过体制机制创新调动全社会资本参与低碳投资的积极性，显得尤为紧迫。

四、财政支持碳减排投融资机制创新的基本原则

在推动碳减排投融资机制创新的过程中，要统筹发展与安全、政府与市场的关系，加强风险思维，尤其要注意在财政风险与金融风险之间建立防火墙，并有效防范零碳金融风险向财政的转移和聚集。同时，政府碳减排投融资创新需进一步发挥财政的引导示范和对政策性金融的支持作用，引导市场主体在碳减排项目融资中发挥主导作用。

---

① 美国佐治亚州环境保护司，https://epd.georgia.gov/about-us/land-protection-branch/recovered-materials/solid-waste-trust-fund.

（一）分阶段重点施策

生态文明建设和零碳治理的一个前提是遵循自然、顺应自然和保护自然。"分阶段"是指，财政金融政策必须遵循碳达峰碳中和两个阶段的自然属性、技术逻辑和价值规律。技术路线主要是在尊重自然属性条件下，在技术逻辑和价值规律的引领下，设计有效的技术创新方案。2030年之前的"碳达峰"阶段，重点是"减碳"及减污降碳协同增效；2030—2060年，就要把握"减碳"和"增加碳汇"两条主路线。

必须要"先立后破"，率先从碳中和目标的政策体系设计入手，通过完善财政金融政策协同制度体系，推进传统"任务驱动型协同"向"常态性协同"转变，在保证经济平稳运行的基础上科学、有序、高效地开展减排降碳工作，防止零碳转型中的"运动式减碳"和"经济失衡"所导致的失败，成为实现碳中和目标的逻辑前提。在"碳达峰"阶段，财政金融政策协同的重点是低碳转型。如何支持转型金融的机制创新、精准有效是财政政策考量的重点。

（二）采取"财政指导＋金融市场"模式

主要国家通过财政政策支持碳金融，使财政政策和金融政策密切配合，政策效应显著增强。所谓"财政指导＋金融市场"模式，是指发挥财政政策指导作用，并充分发挥金融机构在客户筛选、风险识别、收益评估、跟踪管理等方面的专业优势，以提高资金配置效率、降低行政管理成本。同时，注重避免单纯财政扶持政策的"挤出效应"。

财政支持碳减排投融资的模式应尽量采用市场机制。先由金融机构等市场主体进行绿色项目风险/收益评估和实质性审批并承担市场风险，然后由政府部门（或授权机构）对政策补贴申请进行合规性审查和事后监督管理。在财政支持绿色金融的过程中，适当引入金融机构竞争机制，不断提高政策扶持资金的使用效率和金融机构的服务质量。

加强财政金融机构在规划、引导、规范、服务、鼓励和约束金融业健康发展等方面的协同作用。积极推动政府、金融、企业合作。通过联动措施，支持和配合地方项目和创新活动，为地方经济发展提供更多更好的财政支持。

（三）推动政策性金融与市场机制有机结合

上述税收溢出返还方式、循环基金模式都强调按市场机制运作，融资项目除了要符合绿色低碳发展的导向，还必须具有一定的经济利润，要求投资项目能提供与风险相匹配的投资回报，以保证融资项目本身具有商业可持续性。除了对低碳项目贷款提供贴息或担保支持、设立特殊金融机构、绿色债券免税之外，其他可行手段还包括：适当放松金融机构低碳项目贷款的坏账核销管理，低碳金融产品所得按一定比例减征企业所得税，允许家庭节能改造贷款利息支出作为个人所得税税前抵扣项，等等。

（四）政策性金融与社会资本共同开展投资

可利用政府母基金成立低碳发展引导基金、低碳信贷风险补偿基金等。避免将财政资金作为"政策性红包"直接向企业或个人发放。资金池补充以商业回报为主、以政府注资为辅，最终实现绿色低碳项目本身的可持续发展。根据减缓及适应气候变化项目要求，对节能减排效果、碳交易活跃度、是否进行内部碳定价都应容纳在信息披露内容中。政策性金融机构可在与社会资本共同投资的基础上，提出完善强制披露与自愿披露相结合的碳排放信息披露要求，同时创新项目支持机制。

五、我国财政支持碳减排投融资政策创新的具体思路和建议

为了更好地发挥财政政策对低碳金融的引导和促进作用，应巩固现有财政对绿色金融相关领域的支持，积极发挥各种财政手段的积极激励作用。同时，引导区域绿色发展基金的设立，有效利用PPP等多种参与模式，激活有限的财政资金，利用更多的社会资本发展绿色金融。

（一）软化"碳金融"服务门槛，提高普惠金融效率

注重产业低碳化转型与中小企业可持续发展。财政应重点突破中小企业低碳化转型中技术和资金约束，不仅要通过设立节能减碳专项资金助力用能单位研发

清洁技术、挖掘清洁能源应用潜力以及能源管控等，而且可以借鉴《联合国气候变化框架公约》中 CDM 机制的应用思路，设立"以大带小"的"碳减排"绩效考评机制，对于技术研发水平、资金实力以及低碳转型能力较强的企业可以通过扶持中小企业低碳化转型获得额外的碳配额，该项配额可以同时用于"碳金融"市场交易或者获取财政专项资金支持资格。

考虑到当前我国不同规模企业分布的非均衡状态，CDM 机制的应用、塑型能力较为有限，应尽快让中小企业成为低碳技术创新主体。同时，中小企业规模过小也会影响碳技术应用集约化程度和规模效应水平的提升，而且企业运营规模也对碳转型风险和碳资产起到一定的保障作用，减少因碳资产风险敞口过大而导致的资产价格泡沫。为解决该类问题，财政可以协同金融机构基于定期绩效考评结果，为满足周期性考评的企业提供债转股的优惠条件，鼓励在政府母基金的引导和支撑作用下，推动相关优势中小企业组建联合创新体。联合创新体的建立不仅能够起到项目库的示范引领、经验积累作用，而且可以为 CDM 机制的应用提供单位和人才储备。

（二）发挥"数字化"与"绿色化"协同效应

重点推进数字技术与第二产业融合，发挥工业互联网在边缘层（数据采集）、平台（工业 PaaS）、应用（工业 App）三大层级的绿色节能效益。鼓励互联网技术与碳金融相结合是完善碳资产定价、绿色信用评级以及碳交易市场机制的重要路径，财政可以通过引导基金让利机制，激励工业互联网产业企业、科研机构、金融机构以及环保部门联动合作，研发创新出以碳资产为金融标的的绩效评价方案与平台化碳金融产品服务。

（三）创新低碳项目财政支持方式

一是利用碳配额收益，创新政府财政投入模式。碳配额和开发权的收益可以用于充当财政在基建项目的投入配额，结余财政一般债和专项债支持基建项目的投入资金，地方政府发行绿色专项债券可重点转向支持绿色化转型示范项目和中小型绿色环保项目，合理配置财政资源。充分考虑绿色专项债券配置于中小型绿色项目的偿债风险。如采取地方政府共同为几个绿色项目发行一只专项债。考虑到单个中小型绿色项目利益分割难度较大，可以按照政府发行绿色专项债券时打包的项目测算其集体税收溢出，按照项目规模或其他指标进行税收按比例提取，资金转移到专项债偿债基金中，既可以为中小型绿色项目引入专项债，又可以减轻其偿债压力。

二是发挥碳中和债券的引导作用。目前我国碳中和债券的发行主体以国有企业为主。如银行间市场交易商协会公布了《关于明确碳中和债相关机制的通知》，明确了碳中和债募集资金应全部专项用于清洁能源、清洁交通、可持续建筑、工业低碳改造等绿色项目的建设、运营、收购及偿还绿色项目的有息债务以及其他具有碳减排效益的项目。我国碳中和债券无论在结构上、规模上都还刚刚起步，与主要国家相比尚有不少发展差距。因而，从政策到技术、从政府到市场，充分发挥碳中和债券融资作用，无疑是我国目前重要的创新发展路径。

三是优化财政支出结构，加大对先进技术研发的支持力度，促进零碳发展和能源结构转型，加快成熟零碳技术的推广应用。可集中攻关，重点加大相关基础设施的预算内投资力度，支持风光制氢一体化发展，解决能源转型中的全局性、瓶颈性问题，大力推进现代电力系统建设。

四是创新财政金融协同机制。创新绿色债券、绿色信贷、绿色保险等，其核心在于优化金融资源配置，向具备一定盈利能力的零碳产业倾斜，进而降低财政直接支出或融资的压力。地方政府可以通过税收优惠和贴息等，定向支持金融机构开展气候投融资业务。通过监管创新，鼓励和支持金融机构加大ESG应用，积极开展气候投融资业务。

（四）注重"PPP+低碳金融"项目在基本公共服务中的拓展与应用

当前，我国碳减排投融资往往偏向于大规模的工程设施、技术服务网络建设，以社区为单位的小型低碳技术服务与生态基础设施建设项目也应逐步引入PPP融资模式。然而，这类小型PPP项目由于可借鉴经验较少、标准化解决方案缺失、管理模式较为烦琐、管理成本高等问题，很难通过发行债券、资产抵押等融资方式获取相应的发展基金。

国际经验表明，小型绿色项目的融资渠道主要来自社区型风投基金，但是风投基金可成功退出的相对少，可以借鉴家乡信托基金运作方式，鼓励私人投资者直接对项目进行小额资金投入。财政可以为这类小型PPP建设项目设立专项风险分担基金，并整合省市县各级财政部门和市场担保机构的担保能力提供创新投融资条款为该类PPP项目借款人提供授信，或者可以通过循环基金运作模式由政府向商业银行提供低息贷款鼓励其倾斜性支持中小型绿色项目。在条件成熟时，鼓励小型PPP项目聚合成为大规模特殊目的公司，通过完善分类PPP项目库、公开合作单位信息、提供政府授信担保、完善碳排放绩效评价体系等方式减少聚合机制交易成本，促进优势资源互配。

（五）发挥碳中和债券的政策协调作用

碳中和债券兼具财政金融属性，主要国家从协调财政与货币政策的视角来推动其发展，强化其经济杠杆的作用。如加大碳中和债券调节功能，扩大发行主体，适时考虑发行碳中和地方政府专项债，吸引更多市场闲置资金。再如，扩大碳中和债券融资的行业分布，充分调动全社会绿色投资积极性。还可将绿色项目的气候系数与债券融资比例相结合，提高环境保护和应对气候变化的政策在碳中和债券发展中的相关性和重要性。

参考文献：

[1] 陈小重，徐琳．清洁发展机制（CDM）对中国低碳经济发展的影响——基于CDM效益对等性分析的横向比较［J］．云南财经大学学报（社会科学版），2010，25（03）：25-28．

[2] 邓晓兰，孙长鹏．企业创新、产业升级与政府引导基金的作用机制［J］．山西财经大学学报，2019，41（05）：54-67．

[3] 傅京燕，刘玉丽．粤港澳大湾区绿色债券助推产业转型的实践探索［J］．环境保护，2020，48（12）：24-29．

[4] 柳光强．税收优惠、财政补贴政策的激励效应分析——基于信息不对称理论视角的实证研究［J］．管理世界，2016（10）：62-71．

[5] 钱立华，方琦，鲁政委．刺激政策中的绿色经济与数字经济协同性研究［J］．西南金融，2020（12）：3-13．

[6] 邬彩霞，高媛．数字经济驱动低碳产业发展的机制与效应研究［J］．贵州社会科学，2020（11）：155-161．

[7] 赵荣钦，刘英，李宇翔，等．区域碳补偿研究综述：机制、模式及政策建议［J］．地域研究与开发，2015，34（05）：116-120．

[8] Agliardi E. & Agliardi R. Financing environmentally-sustainable projects with green bonds [J]. *Environment and development economics*, 2019, 24 (6): 608-623.

[9] Barber B. M., Morse A. & Yasuda A. Impact investing [J]. *Journal of Financial Economics*, 2021, 139 (1): 162-185.

[10] Gouldson A., Kerr N., Millward-Hopkins J., Freeman M. C., Topi C. & Sullivan R. Innovative financing models for low carbon transitions: Exploring the case for revolving funds for domestic energy efficiency programmes [J]. *Energy Policy*, 2015 (86): 739-748.

[11] Indvik J., Foley R. & Orlowski M. Green Revolving Funds: An Introductory Guide to

Implementation & Management [J]. *Sustainable Endowments Institute* (*NJ*1), 2013.

[12] Mankata L. M., Owusu-Manu D. G., Hosseini M. R. & Edwards D. J. Analysis of success-dependent factors for green bond financing of infrastructure projects in Ghana [J]. *Journal of Sustainable Finance & Investment*, 2020: 1-17.

[13] Michael Peneder. The problem of private under-investment in innovation: A policy mind map [J]. *Technovation*, 2008, 28 (8).

[14] Ng T. H. & Tao J. Y. Bond financing for renewable energy in Asia [J]. *Energy Policy*, 2016 (95): 509-517.

[15] Riedl A. & Smeets P. Why do investors hold socially responsible mutual funds? [J]. *The Journal of Finance*, 2017, 72 (6): 2505-2550.

[16] Schulz K. & Feist M. Leveraging blockchain technology for innovative climate finance under the Green Climate Fund [J]. *Earth System Governance*, 2021 (7): 100084.

[17] Setyawan D. Formulating revolving fund scheme to support energy efficiency projects in Indonesia [J]. *Energy Procedia*, 2014 (47): 37-46.

[18] Streitferdt V. & Chirarattananon S. Energy efficiency finance support in Thailand: lessons learned from the energy efficiency revolving fund [J]. *Journal of Sustainable Energy & Environment*, 2015 (6): 13-16.

[19] Taghizadeh-Hesary F. & Yoshino N. The way to induce private participation in green finance and investment [J]. *Finance Research Letters*, 2019 (31): 98-103.

[20] Taghizadeh-Hesary F., Yoshino N. Sustainable Solutions for Green Financing and Investment in Renewable Energy Projects [J]. *Energies*, 2020 (13): 788.

[21] Tiemann Mary. Drinking Water State Revolving Fund (DWSRF): Program Overview and Issues, report [R]. February 6, 2015; Washington D. C.

[22] Yoshino N. & Kaji S. *Hometown investment trust funds: A stable way to supply risk capital*. Springer Japan. https://doi.org/10.1007/978-4-431-54309-1.

[23] Yoshino N. & Taghizadeh-Hesary F. Alternatives to bank finance: Role of carbon tax and hometown investment trust funds in developing green energy projects in Asia [R]. ADBI Working Paper, 2017, (No. 761).

[24] Yoshino N., Taghi Zadeh Hesary F. & Nakahigashi M. Modelling the social funding and spill-over tax for addressing the green energy financing gap [J]. *Economic Modelling*, 2019 (77): 34-41.

图书在版编目（CIP）数据

中国绿色财政报告.2022：聚焦碳达峰碳中和／邢丽，傅志华主编． -- 北京：中国财政经济出版社，2023.1

（中国财政科学研究院年度智库报告）

ISBN 978－7－5223－1862－2

Ⅰ.①中… Ⅱ.①邢…②傅… Ⅲ.①财政政策－研究报告－中国－2022 Ⅳ.①F812.0

中国国家版本馆 CIP 数据核字（2023）第 003738 号

| 责任编辑：闫 娟 | 责任印制：刘春年 |
| 封面设计：陈宇琰 | 责任校对：徐艳丽 |

中国绿色财政报告2022：聚焦碳达峰碳中和
ZHONGGUO LVSE CAIZHENG BAOGAO 2022：JUJIAO TANDAFENG TANZHONGHE

中国财政经济出版社 出版

URL：http：//www.cfeph.cn

E－mail：cfeph@cfeph.cn

（版权所有　翻印必究）

社址：北京市海淀区阜成路甲28号　邮政编码：100142

营销中心电话：010－88191522

天猫网店：中国财政经济出版社旗舰店

网址：https：//zgczjjcbs.tmall.com

北京财经印刷厂印刷　各地新华书店经销

成品尺寸：185mm×260mm　16开　14.25 印张　259 000 字

2023 年 1 月第 1 版　2023 年 1 月北京第 1 次印刷

定价：88.00 元

ISBN 978－7－5223－1862－2

（图书出现印装问题，本社负责调换，电话：010－88190548）

本社质量投诉电话：010－88190744

打击盗版举报热线：010－88191661　　QQ：2242791300